U0554078

中国社会科学院创新工程学术出版资助项目

萨维茨基的欧亚主义思想研究

Евразийство П.Н.Савицкого

粟瑞雪 著

社会科学文献出版社
SOCIAL SCIENCES ACADEMIC PRESS (CHINA)

目录

序言

20 世纪的俄国经历了太多的风雨波澜。然而更引发人们思考的历史现象是，这场持续百年的“大雷雨”的爆发几乎集中在 20 世纪的头 20 年和最后 20 年里，而“欧亚主义”（евразийство）则在诡秘的俄国百年风云中扮演了一个特殊角色。

1921 年在俄国侨民聚居的保加利亚的索非亚出版了一本文集《面向东方》（«Исход к Востоку»），主要作者是地理学家和经济学家萨维茨基（П.Н.Савицкий）、哲学家卡尔萨文（Л.П.Карсавин）、法学家和哲学家阿列克谢耶夫（Н.Н.Алексеев）、哲学家比齐里（П.М.Бицилли）、哲学家和语言学家特鲁别茨科伊（Н.С.Трубецкой），该文集出版标志着俄罗斯欧亚主义思潮的诞生。① 随后，在布拉格、巴黎、索非亚、柏林、贝尔格莱德、

① 文集共收入比齐里的《旧阶层历史中的东方与西方》、特鲁别茨科伊的《论真实的和虚假的民族主义》《俄罗斯问题》《论图兰因素和俄国文化》《我们和他人》《普遍欧亚民族主义》、萨维茨基的《欧亚主义》《两个世界》《草原和定居》《主人和经济》、阿列克谢耶夫的《欧亚主义者与国家》和卡尔萨文的《政治基础》12 篇文章。

布鲁塞尔、维也纳、罗马以及中国的哈尔滨等地出版了《欧亚主义》《欧亚学报》(«Евразийский временник»)和《欧亚主义新闻》(«Евразийская хроника»)等刊物。一时间，欧亚主义成为俄侨思想界的显学，欧亚主义者们也被请到各地进行演讲和辩论，卡尔萨文在巴黎主办了欧亚主义讲习班，阿列克谢耶夫于1929年筹备建立欧亚主义党(партия "Евразия")，一度试图将欧亚主义思潮转变为社会运动。

欧亚主义思潮是俄国知识界300年来不懈思考的结晶，是俄国知识分子贡献给世界思想文化宝库的瑰宝。正如当代俄罗斯哲学家、俄罗斯科学院哲学研究所教授帕纳林(А.С.Панарин)在其主编的《历史哲学》(«Философия истории»)中对欧亚主义所做的如下概括："俄罗斯发展的欧亚模式依据的是四个思想:(1)确认作为欧亚洲的俄罗斯思想，其发展道路走的是一条特殊的道路;(2)把文化看成是一种和谐的个性的思想;(3)在东正教信仰的基础上对理想进行论证;(4)关于理想国家的学说。其主要动力是这样一种思想，即俄罗斯及在其国土上居住的人民，其在人类历史上的地位是预先规定好的，其特殊的道路和自己的使命也是预先设定好了的。" ①

欧亚主义思潮首先是对18世纪彼得一世大改革以来，俄国社会急剧动荡，继而东－西两极分裂的大背景下，俄国思想文化界对俄罗斯的民族属性、文化属性、国家属性和发展道路的200年苦苦思考的回答。

19世纪俄国著名史学家克柳切夫斯基(В.О.Ключевский)评论："在改革前的农村和新俄罗斯中产生的不是我国历史两个相邻的时期，而是两个相互敌对的风格和生活倾向，这种风格和倾向导致俄国社会的分化，并导致彼此间斗争，取代了他们本应和睦地与自己共同生活中的困难处境的斗争。" ②

基辅罗斯和莫斯科公国时代的"本土俄罗斯"与彼得一世(Пётр Ⅰ)

① Панарин А.С. Философия истории. М., 1999. с.172-173.

② Семенникова Л.И. Россия в мировом сообществе цивилизаций. Брянск, 1996. с.152.

和叶卡捷琳娜二世（Екатерина Ⅱ）开创的“文明俄罗斯”并存和对抗的结果就是在一个国家里，实际上分化出了拥有完全不同的价值观和理想的两个社会，导致俄罗斯分裂（расколотость России）的悲剧，而且这种分化随着国家的发展有越来越严重之势。于是，“分裂性不可避免地将选择道路问题摆在国家面前。如果选择‘本土’化道路，就意味着采取伊凡四世时代启动的东方类型道路。如果选择‘文明’化道路，就意味着拒绝基辅罗斯、诺夫哥罗德共和国和莫斯科公国的传统，接受欧洲传统。俄国几乎用了300年来解决这个难题”。①

极负历史使命的俄国知识分子试图解决这一历史难题——“冯维津命题”（Проблема Д.И.Фонвизина）—“恰达耶夫问题”（Вопросы П.Я.Чаадаева）—赫尔岑（А.И.Герцен）所称“斯芬克斯之谜”，其结果是引发俄国知识界的世纪大讨论并导致知识界的分野，形成了“西方主义”（Западничество）和“斯拉夫主义”（Славянофильство）的思想传统。

欧亚主义思潮出现试图弥补彼得一世－叶卡捷琳娜二世西化改革导致的社会分裂和西方主义－斯拉夫主义的思想鸿沟。

尽管欧亚主义者承认自己是斯拉夫主义思想的继承者，但同时声明不赞同斯拉夫主义者把俄罗斯民族特性作为决定俄罗斯文化历史特点的主要因素，欧亚主义者认为在决定俄罗斯“欧亚现象”的因素中，决定性因素除去文化和历史因素外，还包括地理因素。同欧洲相比，俄国没有真正的封建主义、文艺复兴、人道主义和宗教改革，长期处在死气沉沉的停滞状态，俄国历史中包含亚洲的特性。与此同时，俄国又通过基督教同西方联系起来，同基督教世界混合在一起。因此，不能把俄国完全看成是亚洲国家。总之，由于俄罗斯介于欧洲和亚洲、东方和西方之间，横跨欧亚两个大陆，这种位置决定它始终都必须意识到自己是在极端不同的两极中存

① Семеникова Л.И. Россия в мировом сообществе цивилизаций. Брянск, 1996. с. 156.

在，随时与两极发生关系，受到两种文化的影响。欧亚主义者强烈反对西化——欧化，认为横跨欧亚大陆的俄国是一个独特的欧亚世界，居住在这个世界的是非欧非亚的欧亚人，其文化也是非欧非亚的欧亚文化。即作为欧亚文化国家、与亚洲文化即“图兰文化”（Туранская культура）内在联系的俄国与西欧世界相提并论；俄罗斯不能盲目追随西方，而应寻找和坚持自己的道路。

其次，欧亚主义思潮的产生与20世纪的头20年俄国面临的国内外环境密切相关，颠沛流离之中的俄国侨民思想家——欧亚主义者试图解决因20世纪初以来连续和剧烈的战争－革命导致俄国存亡续绝的命运问题。

20世纪初的俄国经历了三次战争：1904~1905年日俄战争，1914~1918年第一次世界大战，1918~1922年国内战争；经历了三次革命：1905年革命，1917年二月革命，1917年十月革命。战争与革命带来的幻灭与重生的感受波及整个俄国社会，影响至每一个俄国人。第一次世界大战削弱了欧洲霸权，西方文明出现了危机；同时，十月革命后的一部分知识分子认为，建立起的苏维埃政权破坏了俄国原有的一切社会道德基础，摧毁了俄罗斯的文化。

欧亚主义者一方面严厉批判苏维埃政权的文化政策和对知识分子的迫害，另一方面寄希望于代表国家力量的布尔什维克。欧亚主义思潮的代表人物阿列克谢耶夫既反对以彼得堡为中心的罗曼诺夫王朝，也反对以莫斯科为中心的苏维埃政权，而是从俄罗斯古代村社体制和民间谚语等民族传统中寻找借鉴，建立重在保障公民精神发展的欧亚主义国家。阿列克谢耶夫认为从形式上看，欧亚主义接近马克思主义的社会主义，尽管其世界观却与后者完全不一样，但欧亚主义的终极目的还是要借助国家力量进行国家政治和社会改造。他认为列宁亲手缔造的一党专政与一系列代表机构相结合的苏维埃体制是一种恒定性与变化性相结合的有效机制。将这两种因素恰到好处地结合起来，即可构成欧亚主义国家体制的基础。同路标转换派（сменовеховцы）一样，欧亚主义者对新经济政策（Новая экономическая политика）持谨慎的合作态度。在他们看来，无论是社会主义还是共产主义都是西方的舶来品，完全不适合俄国的国情，新经济政策的实施表明苏维埃政权已改弦更张，表明“共产主义意识形态无疑死了”，① “欧亚主义者要竭尽全力渗透这一新的体制，假借新政权之手建立自己的新国家”。② 西方的道路走不通，俄国应该走自己的道路——欧亚主义的道路。而且欧亚主义者与布尔什维克在一些思想上不谋而合，如强调思想意识在国家建设中的指导作用，主张联邦主义原则，主张不屈服西方的压力走自己的道路等。

最后，欧亚主义在20世纪末21世纪初化身为新欧亚主义（неоевразийство）重返世人的视线，并且超越欧洲主义－大西洋主义（европеизм-атлантизм）与斯拉夫主义的思想和道路之争，成为新俄罗斯领导人和社会共识的国家发展战略。

苏联解体后，俄罗斯国家与民族被以“文明冲突论”（Clash of Civilizations）透视世界的美国著名学者亨廷顿（Samuel P. Huntington）视为出现“认同危机”的“无所适从的国家”。③ 于是，回归欧洲和西方成为俄罗斯领导人和社会的主攻方向。欧洲主义－大西洋主义在1993年前是俄罗斯社会的主流思潮，许多学者试图从文化、宗教、语言甚至族缘、血缘方面寻找俄罗斯与西欧的共同点。利哈乔夫院士（Д.С.Лихачёв）认为俄国从来就不是东方国家，“在俄罗斯文化的产生中，拜占庭和斯堪的那维亚起了决定性的作用”，“拜占庭文化给了罗斯基督教精神的性质，而斯堪的那维亚大体上给了它军事部落的体制”，他断言：“实际上亚洲游牧民族的影

① Савицкий П.Н. Континент Евразия. М., 1997. с.15.

② Алексеев Н.Н. Русский народ и государство. М., 2000.с. 177.

③ 〔美〕亨廷顿：《文明的冲突与世界秩序的重建》，周琪等译，新华出版社，1998：22。

响在定居后的罗斯是微不足道的。”① 他甚至创造了一个新名词：斯堪多斯拉维亚（Скандославия），即斯堪的纳维亚（Скандинавия）加上斯拉夫人（славяне）。曾担任过政府代总理的俄罗斯社会民族问题独立研究所所长盖达尔（Е.Т.Гайдар）认为：“在最近几个世纪活跃在历史舞台上的各种文明中，欧洲文明是最成功的”，“俄罗斯是东方国家中第一个接触西方的国家。它是世界上唯一的没有走上西方道路的国家，但是，几个世纪以来一直处在几乎跟上的状态中”。② 外交部部长科济列夫强调：“从历史的倾向、文化优势、价值取向和文明的论点看，俄罗斯人是欧洲民族。”俄罗斯与西方“将尽一切努力来倡导共同的民主价值观”。③ 俄驻美大使卢金（В.П.Лукин）干脆称欧洲主义－大西洋主义思潮为“意识形态化的民主国际主义”，以区别于苏联时代的“无产阶级国际主义”。④

然而，几年来西方模式实践的失败宣告了欧洲主义－大西洋主义道路的破产，也使这种思潮受到了激烈的批判，思想文化界陷入一片迷茫之中。当代哲学家梅茹耶夫（В.М.Межуев）痛苦地思索：“我们是这样一些人，我们没有找到相对性的真理，而且也不会对它加以评价……不能令我们满足的正是所谓健全的理性。如果我们需要真理，那么这必定是最后的、具有终极意义的真理——我们总是生活在谎言之中，原因正在于此；如果我们需要自由，那么——事实上是绝对的自由；而如果需要善，那么，对不起，应当是达到神圣地步的善——而这也正是我们总是在恶中生活的原因。”⑤

在国家复兴和社会转型全面受挫之后，俄罗斯思想文化界开始了反思。“俄罗斯路标在何方？”成为知识分子讨论的热点。就在这样的背景下，欧

① 〔俄〕利哈乔夫：《解读俄罗斯》，吴晓都等译，北京大学出版社，2003：21。

② Гайдар Е.Т. Государство и эволюция.М., 1995. с. 52-53.

③ Независимая газета. М., 1 апр. 1992.

④ Дугин А. Основы геополитики: геополитическое будущее России. М., 1997. с. 409.

⑤ Россия и запад:культурное взаимодействие. матер. круглого стола // Вопросы философии. М., 1996. №. 6.

亚主义登场了。

欧亚主义思潮的影响不断扩大，并且得到了政府和社会的广泛认同。叶利钦总统在1996年向俄罗斯科学院提出了为俄罗斯制定新的意识形态的要求，要求他们在一年之内确定俄罗斯的“民族思想”（национальная идея）。① 副总统鲁茨科依（А.В.Руцкой）也表示：“从我国的地缘政治形势看，很显然，俄罗斯代表着连接亚洲和欧洲的唯一桥梁。谁成了这块土地的主人，谁就将成为世界的主人。”② 欧亚主义变成了街谈巷议和理论研究的热点，并以异乎寻常的活力传播和发展，甚至出现了以欧亚主义思想为基础的俄罗斯地缘政治学说。凡是有关文化学、民族学、哲学、历史、地理、国际政治尤其是俄罗斯命运的会议和文章，几乎没有不提到欧亚主义的。在俄罗斯科学院之下设有一个欧亚研究中心，莫斯科成立了欧亚主义出版社，《欧亚主义》杂志创刊。在俄国政治家和学者杜金（А.Дугин）的领导下，2001年，欧亚主义全俄社会政治运动在莫斯科举行了成立大会，2002年改名为国际欧亚主义运动（международное евразийское движение），并获准在俄罗斯联邦司法部登记。该运动还建有自己的网站（http://www.evrazia.org），成员包括了政界、军界、文化界和商界的显赫人士，杜金担任运动的最高机构欧亚主义委员会（евразийский комитет）主席。著名电影导演米哈尔科夫（Никита Михалков）在接受采访时表示：“俄罗斯永远是欧亚国家，在我们这里，如果说有道路的话，我想，这就是自己的发展道路——欧亚主义的道路”，“今天在俄国土地上，欧亚主义的伟大思想是可以实现的”。③

为区别于20世纪20~30年代俄国侨民中兴起的欧亚主义，90年代后盛

① 也可以译为“国家思想”或“国家精神”，它与“俄罗斯思想”或“俄罗斯精神”的概念基本接近。

② Советская Россия. М., 26 дек. 1992.

③ Мы-Евразия // Континент. М.,1992. № .70.с. 320.

行于俄罗斯的欧亚主义被冠之以新欧亚主义的名称。

新欧亚主义者认为种种迹象表明西方工业文明已经走到尽头，但工业文明与技术文明本身并不是坏东西，原因在于进入后工业文明和后现代化阶段的西方文化本身无法推进现代化继续发展。在这方面，俄罗斯文化无疑具有无可比拟的优越性和对现代文明的亲和性。因为，“俄罗斯社会意识中迄今还留有与现代化相对立的传统价值，尽管它不适合工业文明的要求，但更适合后工业文明的要求。从而使俄罗斯社会的后工业文明时代的来临更为容易。俄罗斯摆脱现有的历史处境的出路在于实现晚发工业化国家的现代化与后现代化的有机结合，从而使俄罗斯踏上一条无与伦比的新路”。①

新欧亚主义者的政治理想是建立在权威主义和强国主义的基础之上的，这是与斯拉夫主义和欧亚主义相比较大的区别之处。斯拉夫主义者和欧亚主义者在较多情况下扮演了政府的反对派的角色，而新欧亚主义者则强调政治上的“权威主义”、文化上的“本土主义”和价值观上的“民族主义”，维护当前政府的权威。他们在沙皇政府教育大臣乌瓦罗夫1832年提出的“官方国民性”三原则（“东正教、专制制度和民族性”）中找到了思想的灵感，将其发展成为“新国民性”三原则:“俄罗斯思想”（русская идея）、“人民主权”（народный суверенитет）和“强国主义”（державизм），这种立场很自然地得到了俄罗斯政府的支持和提倡。

2000年普京（В.В.Путин）执政和2012年重新执政后，肯定了欧亚主义的国家发展道路和发展战略。他强调:“俄罗斯过去是，将来也还会是一个伟大的国家，它的地缘政治、经济和文化的不可分割性决定了这一点。”② 在内政方面，普京主张实行“可控制的民主”和“可控制的市场经

---

① Модернизация русского общества. матер. круглого стола // Вестник Российской Академии науки. М., 1993. № 3.

② Путин В.В. Россия на рубеже тысячелетий // Независимая газета. М., 30 дек. 1999.

济”，并根据苏联70年经济建设和俄罗斯20世纪90年代经济转轨的经验教训，制定了“强国主义”的基本方针。根据这一基本方针，既没有继续叶利钦时期激进的经济改革计划，也没有回到苏联时代的计划经济轨道，而是强调在不引发大的社会动荡的前提下逐步改革，强调遵循温和的自由市场经济原则，建立由国家调控的自由社会经济体系。在外交方面，普京把“东西方并重”外交进一步发展为各个层次的平衡外交。

在20世纪90年代初，欧亚主义始被中国学者译介到国内，并且在较长时间内被归属为斯拉夫主义流派中的哲学思潮。当普京执政并把欧亚主义视为国家发展战略之后，这一思潮又立即被国内学界视为外交策略。因此，除去相对较多的译介文章和十余篇学术论文及数部硕士和博士学位论文之外，中国学术界关于欧亚主义的研究相当薄弱。这是极不正常的学术现象，亟待中国学术界关注和突破。

比较而言，在译介到国内的欧亚主义思想家中，阿列克谢耶夫、特鲁别茨科伊、维尔纳茨基和古米廖夫（Л.Н.Гумилев）等已有专题研究，而萨维茨基却始终未能给予应有的关注。

在欧亚主义的思想谱系中，萨维茨基不仅是欧亚主义的集大成者，更是承前启后的代表人物，他的特殊作用无人可以取代。他与特鲁别茨科伊、阿列克谢耶夫、苏符钦斯基、卡尔萨文、维尔纳茨基和弗洛罗夫斯基等同时代，参与了欧亚主义思想的创建和运动的推广。萨维茨基影响了苏联境内唯一的欧亚主义者——古米廖夫，后者自称是“最后一个欧亚主义者”。古米廖夫与侨居欧洲的萨维茨基建立了长期通信联系，并且在两人通信10年后的1966年，终于在布拉格会面。萨维茨基的地缘政治和文化地理思想直接影响了古米廖夫的著作《民族起源与地球生态环境》（«Этногенез и биосфера земли»）和《欧亚世界的韵律：时代与文明》（«Ритм Евразии:Эпохи и цивилизации»）。

萨维茨基认为：“欧亚大陆不能只划分为欧洲和亚洲两个部分，应当一分为三，即欧洲、亚洲和欧亚世界（或称‘欧亚俄罗斯’）。”① 萨维茨基还作过一首诗，反映了他的欧亚主义思想：“我们——不属于东方，也不属于西方，我们的生活方式和种族是特殊的。我们——是完整的东西方，我们——是其高峰的旅行者。”②

萨维茨基不仅是欧亚主义思想的创始人，而且是国际学术界公认的地缘政治学家。他长期担任欧亚主义委员会主席及其基金会主要负责人，在理论研究方面著述颇丰。萨维茨基从欧亚世界特殊的地理环境与位置和蒙古人统治该世界的历史，进一步论述了这一世界的特殊性与民族的融合性，认为欧亚俄罗斯是一个与欧洲（西欧）和亚洲（东亚和南亚）鼎足而立的特殊发展空间，在世界文明进程中处于极端重要的地位。作为成吉思汗和帖木儿事业的继承者，俄罗斯现在要注意通过非武力的途径来统一这一空间；在西方，要致力于建立“大陆屏障”和保持“海上平衡”，联合英国来对抗德国的扩张。③

粟瑞雪的著作首开国内学界深入研究欧亚主义思想的先河，更重要的是她注意到了萨维茨基的特殊地位和作用。

该著作的学术贡献在以下方面。

第一，作者强调萨维茨基在俄国第一个提出了相对严谨、周密的地缘政治理论，他是俄国地缘政治学派当之无愧的创始人。俄国的空间气候特征、经济发展条件、东西方文化的联系和相互影响是萨维茨基学术研究的中心。萨维茨基的基本观点是：欧亚俄罗斯是与欧洲和亚洲鼎立的特殊地理世界。在与欧亚主义同时代的、和欧亚主义出现之前的其他俄国哲学流

---

① 美国学者查尔斯·克洛弗（Charles Clover）认为萨维茨基抄袭英国地缘政治学家麦金德关于欧亚“心脏地带”理论。（参见《国外理论动态》，1999 年第 10 期）。

② Челыщев Е.П. Культурное наследие российской эмиграции 1917-1940. М., 1994. Т. 1. с. 146.

③ Новикова Л.И., Сиземская И.Н. Россия между Европой и Азией: Евразийский соблазн. Антология. М., 1993. с. 103, 107, 119, 128.

派的思想中，关于俄国国家现在与将来的地理和地缘政治的边界问题是不明确的。萨维茨基的欧亚主义地缘政治模式填补了这一空白，他创立了自己完整、独特的地缘政治学说——萨维茨基的地缘政治学说。作为俄国地缘政治学派的创始人，萨维茨基提出了独特的文化地缘观念。他首先提出了自己的文化中心“位移观”（точка зрения перемещения）。在他看来，有一些民族对其周围的历史环境产生过重大影响，从这些民族的文化中心发生地理位移的观点可以研究文化的演变。文化迁移观是萨维茨基独特的文化地缘思想之一，与拉采尔和麦金德等西方政治地缘学派的思想有所差异，为世界地缘政治思想补充了新的内容。他强调，几乎是在英国著名地缘政治学家麦金德（Halford John Mackinder）提出“地理枢纽”学说（The Geographical Pivot）、欧亚“心脏地带”（Heartland）和美国著名地缘政治学家斯皮克曼（Nicholas John Spykman）提出“边缘地带”理论（Rimland theory）的同时，萨维茨基提出了“发展空间”学说（месторазвитие）。

第二，作者认为萨维茨基创造了欧亚主义世界观的基础和中心，提出了欧亚俄罗斯世界的理想，从“思想制度”（идеократия）国家、国家－私有经济模式等方面阐释了自己的政治和经济思想。萨维茨基提出，欧亚主义思想有两个基础或前提用于建设真理思想的概念：个性学说（учение о личности）与东正教信仰。萨维茨基认为，布尔什维主义是思想制度的不完美体现，真正的思想制度是欧亚主义，其执政思想的目标是——为居住在该自给自足特殊世界的全体民族谋福利。

第三，作者肯定了萨维茨基欧亚主义思想和地缘政治设想的现实意义。即萨维茨基的欧亚主义学说促进了当代俄罗斯新的民族国家意识形态的创立，这种意识形态推动了俄罗斯与独联体各民族的互助合作和俄罗斯经济的集约发展。普京担任俄罗斯总统期间采取的某些政策，体现了萨维茨基欧亚主义思想的内涵。普京的外交政策首先以国家统一和领土完整为基础，利用经济外交改变地缘政治的关系。俄罗斯横跨欧亚大陆的地缘位置决定了普京政策的原则之一是既面向西方，又面向东方。从前天的俄国历史、昨天的苏联历史和今天的俄罗斯现实中，我们可以清晰地看到俄国文化传统，包括欧亚主义传统的作用，它如影随形般地影响着俄罗斯（包括苏联）的社会进程，并从某种意义上预示着明天的俄罗斯发展取向。最后，还必须提到自称“最后一个欧亚主义者”的列夫·古米廖夫，他生活在苏联时代，既不属于欧亚主义者，也不是新欧亚主义者，但正是由于他的思想活动才完成了欧亚主义和新欧亚主义的历史汇通。

粟瑞雪是我指导的首批博士生中的一员。我在 3 至 4 年内对 4 位同学采取了少见的严格要求乃至“专制独裁”的指导作风，可喜的是，4 位同学顺利地度过了“残酷的”攻读博士学位的期限，并且在各自的工作岗位和家庭生活中扮演着成功的角色。值得一提的是，在同学中，粟瑞雪不仅是占少数的女性，而且拥有几项“第一”：年龄最大；工作最重；家务最多；学习最用功；研究最刻苦。她原毕业于俄罗斯语言专业，从事的亦是俄罗斯语言教学工作。从事欧亚主义和萨维茨基思想研究不仅需要扎实的历史学基础，而且要求拥有较丰富的理论素养和学术史的积累，并且国内学界几无前人的同题研究，所有的原始资料、档案和文献均要取自俄文或西文，其研究的难度和繁重是他人难以想象的。但是，她克服了一切难以克服的困难，并且为自己争取到了赴俄罗斯留学 1 年的宝贵机会，最终完成了博士学位论文《萨维茨基的欧亚主义思想研究》和这部沉甸甸的学术著作。作为她的老师，我为她取得的成就而骄傲，更为她刻苦学习和钻研的精神而感动。

本人是粟瑞雪的博士学位论文（2009 年）和学术著作（2014 年）的第一位读者，并且非常荣幸地受邀为她这部学术著作作序。在我 20 余年的教学和研究过程中，我始终坚信“师生共荣”和“教学相长”这两个道理。我衷心祝愿粟瑞雪副教授在今后的日子中，将日常教学与长时段研究紧密结合，将俄罗斯语言与文化、历史紧密结合，将欧亚主义思想与俄罗斯现实紧密结合，将美妙的歌声与幸福的人生紧密结合，似百花采蜜，如春蚕吐丝，尽享工作、事业和家庭的人生乐趣，尽情驰骋于自己喜爱的领域，为中国的俄罗斯学事业做出新的贡献。

是为简序。

张建华

2014 年春节雪后初八于“不求甚解居”

第一章　学术史及问题提出

一　选题意义

1. 欧亚主义思潮的学术意义

欧亚主义是一种世界观、哲学和地缘政治思想。从狭义上讲，它指 20 世纪 20 年代在俄国侨民中产生的、一直延续到第二次世界大战前的一个哲学流派。既是当时俄国侨民的社会心理现象和思想现象，也是一种科学理念。其代表人物有萨维茨基、特鲁别茨科伊[①]、阿列克谢耶夫[②]、苏符钦

① 特鲁别茨科伊（公爵，1890~1938 年，维也纳），俄国著名语言学家、哲学家和欧亚主义政论家。

② 阿列克谢耶夫（1879~1964 年），职业律师家庭出身，俄国哲学家、法学家、欧亚主义思想家之一。

斯基[1]（П.П.Сувчинский）、卡尔萨文[2]、维尔纳茨基[3]（Г.В.Вернадский）和弗洛罗夫斯基[4]（Г.В.Флоровский）等，该流派被冠之以古典欧亚主义（классическое евразийство）之称。从广义上讲，它还包括了盛行于苏联解体后俄罗斯思想文化界的一种理论——新欧亚主义，杜金（А.Г.Дугин）是这一理论最重要的代表。

俄国著名宗教哲学家别尔嘉耶夫（Н.А.Бердяев）（1874~1948年，出生在基辅，葬于巴黎）认为欧亚主义是“唯一一个革命后的思想流派，它是在侨民中出现的、非常积极的流派；其他所有的流派，‘右的’和‘左的’，都带有革命前的性质，因此是没有希望的”。[5]

欧亚主义一词是从其同根词 Евразия（欧亚大陆）演变而来。《苏联百科词典》（« Советский энциклопедический словарь »）对 Евразия 的解释是：“地球北半球最大的大陆（其部分岛屿在南半球），面积约 5340 万平方公里，人口约 27 亿（1976 年），人口最多的国家有中国、印度、苏联。欧亚大陆包括欧洲和亚洲。”[6]《简明大英百科全书》（« Concise Encyclopaedia Britannica »）对 Eurasia 的解释是：“指欧洲和亚洲相连的大陆。欧洲部分在地理上为从亚洲向西伸入大西洋的几个半岛。两洲之间无明确分界，划分是文化而非自然地理上的，传统上以乌拉山和高加索山为界。苏联地理学者将乌拉山划入欧洲，高加索山划入亚洲。”[7] 以上说法基本是就 Евразия

---

① 苏符钦斯基（1892~1985 年），波兰世袭贵族，俄国哲学家、音乐家、文学批评家、欧亚主义政论家。

② 卡尔萨文（1882~1952 年），俄国宗教哲学家、诗人。

③ 维尔纳茨基（1888~1973 年），俄国著名历史学家，其父弗·伊·维尔纳茨基是俄苏自然科学家、思想家和社会活动家。

④ 弗洛罗夫斯基（1893~1979 年），俄国著名宗教思想家、神学家、历史学家。

⑤ Бердяев Н.А. Евразийцы // Путь. № 1. 1925. С.135.

⑥ Прохоров А. М. и др, *Советский энциклопедический словарь.* издательство Советская энциклопедия, М., 1980. С. 426.

⑦ 《简明大英百科全书（ Concise Encyclopaedia Britannica ）》，台湾中华书局，1988，106。

所做的自然地理的概念解释，基本不包含政治地理（地缘政治）和文化地理上的概念解释。而在欧亚主义思想家那里，对“欧亚大陆”概念做出的解释则是：“‘欧亚大陆’不是分为欧洲和亚洲，而是一分为三：1）欧亚大陆本身；2）亚洲大陆（中国、印度、伊朗）；3）欧洲大陆（按西涅曼河和多瑙河口的分界线与欧亚大陆交界）。欧亚大陆的边界与俄国的边界相符。”（萨维茨基语）① 而当代俄罗斯政治家兼学者杜金认为，欧亚主义是一种“革新的思想体系，一种方案，一种计划，一种新的精神和地缘政治的建设，是人民对自己的国家体制、文化和世界观的选择”②。

实际上，欧亚主义者是那些最早体察到俄罗斯国家内部双重矛盾的思想家，他们认为西方主义（западничество）和斯拉夫主义（славянофильство）提出的道路都行不通，断言只有第三条道路将拯救俄国。这种思想在20世纪20年代是非常独特的。正如杜金所言：“对当时事件的欧亚主义分析，直到现在仍以其深刻、精确、一致性和远见让人震惊，但最主要的是这种分析在今天仍是现实的。”③ 当俄罗斯人重新面临选择未来的重要决定时，欧亚主义者的观点、思想、探索和理论就显得更有价值、更现实。对欧亚主义的研究已成为世界历史学中的重要课题。

对俄罗斯的史学研究不可能绕开20世纪20~30年代俄国侨民的思想遗产，作为当今俄罗斯与独联体国家主要思想之一的欧亚主义，对俄罗斯社会和整个后苏联空间都产生了一定的影响。由萨维茨基命名的“欧亚大陆”或“欧亚俄罗斯”是一个独特的历史地理世界（包含苏联大部分领土），作为后苏联空间真正中心的俄罗斯明显复兴的趋势使这一思想具有了特殊的意义。

十月革命后，相当多的俄国知识分子精英离开了俄国，成为许多国家

---

① Савицкий П.Н. *Континент Евразия*. издательство Аграф, М., 1997. С. 41.
② Савицкий П.Н. *Континент Евразия*. издательство Аграф, М., 1997. С. 8.
③ Савицкий П.Н. *Континент Евразия*. издательство Аграф, М., 1997. С. 8.

的侨民。对俄国真挚的热爱和对其未来的信心，使他们在艰苦的侨民环境中依然积极思考俄国的命运，分析革命的原因。侨民分析十月革命的原因不只局限于争论与布尔什维克斗争的战略和战术，还有寻找新的、历史理论研究的方法。诞生于俄国侨民中的欧亚主义不仅是学术理论，也是政治理论，欧亚主义者还积极研究了未来改造俄国的方案。因此，客观、全面地研究欧亚主义的学术观点体系，分析它最杰出代表的理念，是我们现实的研究任务之一。

2. 萨维茨基与欧亚主义思潮

萨维茨基的名字与欧亚主义有密不可分的联系，他是这一流派的主要思想家和领袖。欧亚主义思想总体上带有明显的地缘政治色彩，萨维茨基的欧亚主义思想主要表现在 20 世纪 20~30 年代俄侨的欧亚主义出版物和他领导的欧亚主义运动中。萨维茨基撰写了欧亚主义思想的大部分纲领性文件，在 20 世纪 20 年代的俄侨欧亚主义思潮和运动中发挥了中心作用。

萨维茨基欧亚主义思想的核心是地缘政治思想，但其学说的实质是历史、社会学、地缘政治、民族学、政治和宗教观点的交织。俄国的空间气候特征，经济发展条件，东西方文化的联系和相互影响是萨维茨基学术研究的中心。解决这些问题就要直接转向俄国历史，研究不同历史时期俄国国家制度发展的问题，以及 1917 年革命和苏维埃制度确立的原因。萨维茨基的独特理念不仅是欧亚主义运动杰出代表多年劳动的结果，而且是天才的地理学家、经济学家、历史学家的学术研究成果。他经受了革命、内战和侨民的全部苦难，一生都致力于论证和分析俄国的民族、文化区别，寻找它发展的最佳道路。

苏联传统的观点认为，欧亚大陆分为两部分，欧洲和亚洲。萨维茨基一反传统的观点，把广义的欧亚大陆分为三部分，欧亚俄罗斯（狭义的欧亚大陆）是与“欧洲”（非传统意义上的欧洲）和亚洲鼎立的特殊地理世界。在他看来，俄罗斯既不是欧洲，也不是亚洲，而是一个非欧非亚的欧亚洲；俄罗斯人不是欧洲人，也不是亚洲人，而是欧亚人。

“萨维茨基的名字是与欧亚主义概念同义的”，① 在所有欧亚主义者中只有他专攻地缘政治学。作为俄国地缘政治学派的创始人，萨维茨基创造了独特的文化地缘观念，提出了文化迁移（миграция культуры）的观点、欧亚大陆的概念和发展空间（месторазвитие）的概念，阐释了欧亚主义文化（евразийская культура）。他创造了欧亚主义世界观的基础和中心，解释了欧亚主义的“一统性”（соборность）原则，提出了欧亚俄罗斯世界的理想。萨维茨基还从“思想制度”（идеократия）国家、“国家—私有经济”模式等方面阐释了自己的政治和经济思想。萨维茨基的欧亚主义观点有哲学、思想、地缘政治、地理、经济等不同方面的内容，通过阐释以他为代表的欧亚主义者的思想及政治学术活动，能够部分展现20世纪20~30年代俄侨社会的状况和当时侨民运动的历史。结合当时苏联国内的情况，能够揭示整个俄国社会半个多世纪的变迁。另外，通过把欧亚主义和与它同时代或有先后继承关系的思想流派进行对比研究，能够深入了解俄罗斯民族的思想文化传统，具有较重要的学术意义。

萨维茨基的欧亚主义思想在俄国社会思想史上占有十分重要的地位，我们应将其观点系统化，循序渐进地阐述；并将萨维茨基和另几位著名欧亚主义思想家的欧亚主义思想观点、内容和实践进行对比。

二 相关研究综述

1. 俄罗斯学者关于欧亚主义问题研究综述

对俄罗斯民族的起源和命运的深刻思考，似乎是俄国知识分子的一个历史课题。十月革命后，在俄国侨民知识分子中出现了一个新的思想和政

---

① Савицкий П.Н. *Континент Евразия.* издательство Аграф, М., 1997. С. 10.

治流派，“在历史哲学文献中称之为‘革命后的’思想流派，这些流派之一就是欧亚主义”。① 狭义上的欧亚主义从 20 世纪 20 年代产生并延续到 20 世纪 30 年代末。广义上的欧亚主义则是指盛行于苏联解体时俄罗斯思想文化界的一种理论，即在历史和地理方面是指西方世界文明之外的整个世界；在军事和战略方面是指不赞同美国及其北约盟国实行扩张政策的国家；在文化方面是指继承和发展固有的国家、民族、宗教和文化传统；在社会方面是指经营方式的多样化和公平社会。它被冠以新欧亚主义之称。然而，当代俄罗斯学者、莫斯科国立法学院教授伊萨耶夫（И.Исаев）（1945~）则断言：“欧亚主义者给出了并不令人信服和正确的答案。”② 如此看来，我们有必要对俄罗斯学术界关于 20 世纪 20 年代欧亚主义思想起源的研究和当代“新欧亚主义”的滥觞做一学术梳理。

欧亚主义思想流派的起源

欧亚主义——这一 20 世纪 20 年代产生于俄罗斯境外的思想流派，在苏联解体前后，再次引起俄国内外学者的广泛关注。俄罗斯本土学者和俄侨学者对欧亚主义起源的哲学和政治因素进行了深入分析。哲学博士诺维科娃（Л.Новикова）（1927~）等人认为，现代社会学、政治学和俄罗斯文学都不能回避这个诞生于境外，却催生了国内社会思想中的独特思想流派。这是因为，在该流派理论研究中定义了一系列富有成效的思想，其中部分观点与当前探索中的取代苏联、建立新的欧洲和亚洲独立国家联盟构想是一致的。此外，学者们认为，今天该思想流派尚缺乏完整的概念，所以欧亚主义在很大程度上仍借用的是布尔什维主义思想。“欧亚主义的双重性、

① Евразийство: за и против,вчера и сегодня, материалы “круглого стола” // Вопросы философии. 1995 № 6.

② И.Исаев, Евразийство: миф или традиция? // Коммунист. М., 1992 № 12.

它变为新布尔什维主义的危险当时就被其论敌指了出来，如米留科夫[①]（П.Н.Милюков）、别尔嘉耶夫、基泽韦捷尔[②]（А.А.Кизеветтер）、斯捷蓬[③]（Ф.А.Степун）、比齐里[④]。”[⑤] 莫斯科国立法学院教授伊萨耶夫认为，认识欧亚主义理念有助于读者更好地理解社会精神复兴、建立新的国家制度等问题。

俄国知识分子历来负有使命感，他们一直都在思考俄国发展的道路问题。从斯拉夫主义者、西方主义者以及革命民主主义者，从民粹派到马克思主义者和俄国侨民中的先进知识分子、欧亚主义者，都无时不在关注祖国的命运，以国家振兴为己任，具有强烈的责任感。欧亚主义思想流派经受过 1905 年革命民主愿望破灭的失望，对二月革命产生过希望，经历了第一次世界大战，饱尝驱逐或“志愿”侨民的痛苦，笼罩整个侨民群体的悲惨感受决定了他们共同的情绪。他们“认为自己不仅被驱逐，而且被赶进了死胡同”[⑥]。十月革命后，侨居国外的知识分子的现实生活和思想际遇成为欧亚主义出现和被大部分知识分子接受的重要原因之一。俄罗斯学者诺维科娃等人认为：“欧亚主义是那部分被驱逐的知识分子的反应，为保存俄罗斯文化而斗争是其主要任务。”[⑦] 1921 年 3 月苏俄实行“新经济政策”，这种“暂时的后退”，“让欧亚主义者及其他侨民团体对布尔什维主义体制的力量怀疑起来，并产生了制度是‘人民’手中工具的论题”。[⑧] 欧亚主义者顺应时事，提出了自己的纲领。

俄罗斯学者对欧亚主义流派诞生日期的界定主要有两种观点。一些学

---

① 米留科夫（1859~1943 年），俄国政治活动家、历史学家和政论家。

② 基泽韦捷尔（1866~1933 年），俄国历史学家、政论家、政治活动家。

③ 斯捷蓬（1884~1965 年），俄国哲学家、社会学家、历史学家。

④ 比齐里（1879~1953 年），俄国历史学家、文艺学家。

⑤ Л.Новикова, И.Сиземская, Два лика евразийства // Свободная мысль. 1992 № 7.

⑥ Л.Новикова, И.Сиземская, Два лика евразийства // Свободная мысль. 1992 № 7.

⑦ Л.Новикова, И.Сиземская, Евразийский искус // Философские науки. 1991 № 12.

⑧ Л.Люкс, Евразийство // Вопросы философии. 1993 № 6. с.110.

者，如弗·帕先科[①]（В.Я.Пащенко）、谢·波洛温金[②]（С.М.Половинкин）、利·波洛玛廖娃（Л.В.Пономарева）、阿·索博列夫（А.И.Соболев）等，将特鲁别茨科依公爵的书《欧洲与人类》（« Европа и человечество »）1920 年在索非亚出版作为标志。但该书中还没有出现术语“欧亚主义”，未对俄罗斯的社会政治过程进行独特的欧亚主义分析，也没有提出俄罗斯社会的改造方式。而大部分当代学者，如万达尔科夫斯卡娅[③]（М.Г.Вандалковская）、维连达（И.В.Вилента）、诺维科娃、西泽姆斯卡娅[④]（И.Н.Сиземская）、尼·托尔斯泰（Н.И.Толстой）、乌尔汗诺娃（Р.А.Урханова）等则认为，欧亚主义出现的日期应向后推一年，以 1921 年 8 月在索菲亚出版集体著作《面向东方·预感和实现·欧亚主义者的观点》（也简称《面向东方》）（« Исход к Востоку·Предчувствия и свершения·Утверждение евразийцев »）为开端。“‘欧亚主义’术语本身和以非传统观点分析俄罗斯历史发展及新的改造方案——这一切都包含在这本文集里，因此这个观点是得到充分论证的。”[⑤]

欧亚主义者以文集《面向东方》作为纲领，先后在布拉格、巴黎和柏林出版欧亚主义者的专著和文集。1922 年出版了第二本书——《在途中。欧亚主义者的观点》（« На путях.Утверждение евразийцев »）；1926 年，《欧亚主义（尝试系统解释）》（« Евразийство.Опыт систематического изложения »）一书详细阐释了欧亚主义思想；1931 年，巴黎出版了做 10 年总结的文集《三十年代》（« Тридцатые годы »）。1925~1937 年，在布拉格出版了 12 册《欧亚主义新闻》，其中包括理论性文章、宣传和政治活动

---

① 帕先科（1940~），俄罗斯哲学博士。

② 波洛温金（1935~），俄罗斯历史学家。

③ 万达尔科夫斯卡娅（1932~），俄罗斯历史学家、史学博士、教授。

④ 西泽姆斯卡娅（1938~），哲学博士、社会哲学专家。

⑤ Евразийство : за и против, вчера и сегодня, материалы “ круглого стола ” // Вопросы философии. 1995 № 6.

的总结汇报、苏联政治和经济生活述评等。

在欧亚主义出版机构庇护下，欧亚主义者还出版了与其思想接近的作者们的专著。另外，创办了《欧亚学报》（在柏林和巴黎），从20世纪20年代后半期开始在巴黎发行报纸《欧亚主义者》（« Евразиец »）。欧亚主义的组织者和知识分子领袖都相对年轻，他们不以传统方式认识历史、文化和政治，欧亚主义出版物在俄侨中引起巨大反响。政治上他们不属于任何一个革命前产生的侨民流派。伊萨耶夫在评价欧亚主义流派的性质时认为："和俄罗斯国外的那些组织一样，像路标转换派、青年罗斯人（младороссы）、民族布尔什维克（национал-большевики）、白十字架派（белокрестовцы）、西徐亚人（скифы）一样，它宣布自己是后革命流派。"①

尽管出版活动蓬勃发展，政治宣传活动十分积极，并取得一定成绩，但欧亚主义运动在20世纪20年代末就已经进入危机和分裂阶段。比齐里、弗洛罗夫斯基等诸多著名思想家脱离了欧亚主义运动。在巴黎出版与苏维埃政权思想接近的周报《欧亚大陆》是欧亚主义运动开始分化最重要的证据。"后来的情况促使运动的创始者们专门发表《关于〈欧亚大陆〉报》（«О газете 'Евразия' »）的声明书（1929年），批评欧亚主义'巴黎派'（'парижское направление' евразийства），并宣布与之划清界限。分裂之后，欧亚主义浪潮开始衰退。"② 欧亚主义运动近20年的历史可分为3个阶段，"1921~1925年，主要在东欧和德国；1926~1929年，以巴黎为中心；1930~1939年，经历一系列严重危机和分裂之后，运动进入尾声，但仍以小规模组织形式在个别侨民中心存在"。③ 俄侨学者留克斯（Л.Люкс）认为，欧亚主义运动的繁荣时期在20世纪20年代。对欧亚主义者而言，20年代民族社会主义专政还没有在政治层面显现出来，斯大林独裁只是初露端倪，

① И.Исаев, Евразийство : миф или традиция? // Коммунист. М., 1992 № 12.

② Л.Новикова, И.Сиземская, Два лика евразийства // Свободная мысль. 1992 № 7.

③ С.С.Хоружий, Евразийство и ВКП // Вопросы философии. 1992 № 2.

其政治现实还未显现清晰的极权面孔。这是借助被控制的运动试图改造世界的思想统治运动的胜利时刻。某些欧亚主义者参与新俄罗斯政治发展的愿望极其强烈，以至于受到他们在 20 年代中期指责过的路标转换派所经受的同样的诱惑。

一些人对布尔什维克体制产生好感。在此问题上出现了尖锐的分歧，并导致 1929 年运动的分裂。在巴黎出现了艾伏隆（С.Я.Эфрон）和斯维亚托波尔克–米尔斯基（Д.П.Святополк-Мирский）领导的、围绕《欧亚大陆》杂志联合起来的欧亚主义亲苏派（просоветское крыло евразийцев）。20 世纪 30 年代初，苏联开展工业化和农业集体化时，欧亚主义者被这些改造的巨大规模所迷惑。1933 年，欧亚主义者佩尔［Пейль Владимир Александрович（1907~1947），欧亚主义政论家］描写了用来替换过时的无序经济管理的集中计划经济新时代的胜利。对于萨维茨基来说，这意味着效仿西方的终点。在俄罗斯出现了宏伟的最终征服了西方的社会经济模式。20 世纪 20 年代结束了，意识形态尝试的时代也结束了。他们从“内部”影响斯大林国家体制的主张，显露出自身的虚幻性。盲从和让自己无条件为极权国家牺牲是这些制度建立的原则。像欧亚主义者这种政治力量在当时的苏联并没有位置。斯大林模式建立后，这种运动很快就瓦解了。

欧亚主义运动失败的原因一方面和极权专制的胜利有关，另一方面原因则是：这些人在整个欧洲弥漫沙文主义情绪并达到空前紧张时宣传民族共同体。欧亚主义者坚决反对民族分立主义和沙皇帝国时期单一民族的分离主义，大力夸奖联合的“欧亚大陆”宗教、经济和政治优势。与此同时，俄罗斯侨民中的非俄罗斯族代表在其中只看到俄罗斯大国的新形式。因为对大部分欧亚主义者不言而喻的是，在欧亚主义联邦中俄罗斯民族将扮演霸主角色，而苏俄则越来越多地隔绝了来自国外的任何思想渗透。

另外，欧亚主义者的失败是由于一种简单的情况，他们的学说对于他们着力影响的大部分俄国侨民青年来说过于复杂。欧亚主义仍然是哲学家和学者的理念，在运动中没有足够的政治宣传者来传播和普及这种理念。要理解欧亚主义历史哲学和文化哲学的范畴，需要某些知识分子的努力。当时，欧亚主义者是在意识形态简单化统治时期表明态度的。在影响侨民青年的斗争中，他们比不上思想要求不太严格，但是态度更加坚决的团体，如卡齐姆—贝克（Казем-бек）领导的青年罗斯人、20 世纪 30 年代的青年一代民族联盟（Национальный союз молодого поколения）和未来的人民劳动联盟（будущий НТС）等。

尽管如此，欧亚主义运动在 20 世纪 20~30 年代的苏联境外并不是某种偶然和异类的事物。很多带有民族主义意向的派别——路标转换派、青年罗斯人和其他派别在某些方面都接近于欧亚主义者。很多人谈论东西方的对立，认为“俄罗斯的使命是拯救世界免受西方的有害影响”①，“甚至那些在意识中对欧亚主义持有批评情绪的作者，也经常遵循它的逻辑”②。欧亚主义运动虽然失败了，但当时它唤醒了一种思想，召集了不少的拥护者，并在侨民圈中获得明显成功。“思想，如同思想应当的那样，它们留下来了。它们不能被消灭。它们可以被遗忘一些时候。人们曾经忘记了它们。当现在的苏联帝国又濒于崩溃时，当认为自己既属欧洲又属亚洲的民族统一思想重新具有现实意义时，要把它们回忆起来。”③

从 20 世纪 50 年代到 80 年代，古米廖夫发展和深化了这一流派。20 世纪 80 年代俄罗斯学术界对欧亚主义的兴趣与古米廖夫的著作流行有密切关系。古米廖夫是早期杰出的欧亚主义者中最后一位。学术界在对欧亚主义创始人产生兴趣的同时，逐步形成新欧亚主义思想，出现于 20 世纪 80 年代末或 90 年代初（创立者是哲学家杜金）的新欧亚主义思想对这门深刻的、

---

① Л.Люкс, Евразийство // Вопросы философии, 1993 № 6.

② В. Л. Каганский, Кривда и правда евразийства // Общественные науки и сов ременность. 2003 № 4.

③ Л.Новикова, И.Сиземская, Два лика евразийства // Свободная мысль. 1992 № 7.

充满创造直觉的哲学进行了新的解读。它扩展了欧亚主义的传统概念，并引入了新的思想及方法论。在主要价值取向上与其近似的俄罗斯地缘政治学派为新欧亚主义思想的创立做出了贡献。“我们正在创立一种俄罗斯暂时还没有的、建立在世界观之上的欧亚主义运动。我们的目的——既不是夺取政权，也不是为权力而斗争，而是为影响政权而斗争。这是不同的事物。”[①]

欧亚主义蕴含的思想内容

俄罗斯学者一致认为，欧亚主义是反西方主义的。诺维科娃等人认为，欧亚主义者坚决反对西方主义者和斯拉夫主义者的选择，保持“中间的”（серединная）立场：俄罗斯文化不是欧洲文化，也不是亚洲文化之一，不是这些因素及其总和的机械组合。应当把它作为“中间的”欧亚主义文化与欧洲、亚洲文化相对立。欧亚主义者不想把俄罗斯视为复原欧洲事务的一个文化省。但是，“在指责‘新西方派’（новые западники）对欧洲的奴颜婢膝时，欧亚主义者与盲目崇拜俄罗斯民族生活斯拉夫根的老斯拉夫派不同，前者更重视东方的‘图兰’因素以及成吉思汗遗产对俄罗斯民族文化的实质影响”。[②] 当代哲学家赫鲁日（С.С.Хоружий）也认为，“对斯拉夫派的创立者来说，消除我们高层人物中根深蒂固的西方主义思想及其奴性、近视的眼光更重要。俄罗斯因之而自古注定，宗教发展和历史道路是依附的、模仿的和不独立的”。[③] 但他同时认为，斯拉夫主义关于俄罗斯历史与文化独特基础的主题，实质上也是欧亚主义的主题。欧亚主义是一个历史文化概念，其中俄罗斯被看作欧亚大陆——一个特殊的民族地理世

---

① А. Дугин, Евразийство: от философии к политике // Независимая газета. 30.05. 2001.

② Л.Новикова, И.Сиземская, Два лика евразийства // Свободная мысль. 1992 № 7.

③ С.С.Хоружий, Евразийство и ВКП // Вопросы философии. 1992 № 2.

界，占据东欧、西西伯利亚、突厥斯坦平原的 1/3 的亚洲、欧洲中央空间。这个世界拥有区别于欧洲、亚洲文化的独特欧亚主义文化，在主要民族基础方面是俄罗斯的，宗教内容上是东正教的。

欧亚主义思想明显属于斯拉夫主义的轨道，但与老斯拉夫派的观点相比有很大进步。欧亚主义者舍弃了斯拉夫兄弟情谊思想，代之赋予欧亚主义文化强烈的亚洲倾向，将图兰民族性（туранские народности）列入这种文化，用继承把罗斯和成吉思汗帝国联系起来，宣布“俄罗斯革命砍出了一扇朝向亚洲的窗户”。更重要的是，它对传统意识形态的复兴体现得更敏感、更强硬、更具唯物主义。

俄罗斯科学院世界文学研究所高级研究员奥奇罗娃（Т.Н.Очирова）认为，欧亚主义思想的实质在于俄罗斯是一个特殊的社会文化世界。处于东西方界限之外的俄罗斯，在历史和地缘政治上起着某种联结这两个开端的文化统一作用。她指出，这种文化复调主义（культурный полифонизм）和文化统一（культурный синтез）的根源首先在于，俄罗斯历史上出现过两股移民浪潮，一股向东，一股向西，相互碰撞和交汇。西方派的思想观点让人们只看到欧洲文明的成果，而不注意藏在其背后的创造过程，这促使人们学习的不是创造，不是艺术，而是模仿现成的形式。“他们的盲目崇拜，会导致创作潜力的衰退、文化的衰落和乌托邦情绪的波动。”①

伊萨耶夫也撰文写道，欧亚主义所有理论构件的出发点在于欧亚俄罗斯（Россия-Евразия）是独一无二的地理、文化世界的思想。欧亚大陆思想是理念的核心。该理论的拥护者认为，它的地理状况影响到欧亚大陆的整个历史。当河流穿过领土，在子午圈 的方向上流动时，就把从西向东连绵的草原带联结成一个整体。“草原地带”（степная полоса）是它历史的主要脊梁。因此欧亚大陆的统一不可能是某一河流地区出现并保持不动的国

① Полюса евразийства, из истории русской общественной мысли.

家。因为任何河流国家必然处于横穿它的草原的威胁之下。相反，占领草原的人，容易成为整个欧亚大陆的政治统一者。“俄罗斯帝国用建设西伯利亚大铁路来把‘草原思想’（степная идея）移植到现代政治和经济生活中完全不是偶然的。”[①] 他在另一篇文章中写道，欧亚大陆在地理完整的基础上奠定了它文化统一的基础，但大陆文化的统一不能和民族国家的统一混淆。因此将“欧亚俄罗斯”和任何欧洲的联邦国家进行对比都是无法律根据的。“如果这里允许类比的话，那至少应和诸如查理曼帝国（империя Карла Великого）、神圣罗马帝国（Священная Римская империя）和拿破仑帝国（империя Наполеона）这样的民族地理组织类比。在这种比较中，欧亚大陆的稳定和现实统一是明显的。”[②]

俄侨学者留克斯与前几位学者的观点稍有不同，他认为欧亚主义的独特之处是特别强调俄罗斯的亚洲部分。从彼得一世（Пётр Первый）开始，俄罗斯孜孜不倦地为被承认为欧洲强国而奋斗。西方人士对此努力的反应，通常持怀疑态度。西方认为俄罗斯在欧洲是某种异类，尽管实行了表面上的西化，但实质上仍然是亚洲国家：欧洲事务是同义于“西方事物”的，欧洲也有自己的东方——这一事实经常被忽视。俄罗斯大部分作家在抗议欧洲概念的这种断章取义时都未成功。革命又火上浇油，复兴了这种观念。欧亚主义者认为，俄罗斯在欧洲什么也做不了，应当转到另一个方向，关上彼得大帝打开的朝向欧洲的窗户。“俄罗斯国家真正的先驱不是基辅罗斯，而是蒙古封建帝国。特鲁别茨科依曾经指出，基辅罗斯只占有俄罗斯现有领土的二十分之一，而原先的金帐汗国（Золотая Орда）大致与现在的俄罗斯领土相符。”[③]

---

① И.Исаев, Евразийство: миф или традиция? // Коммунист. 1992 № 12.

② И.Исаев, Евразийство, идеология государственности // Общественные науки и современность. 1994 № 5.

③ Л.Люкс, Евразийство // Вопросы философии. 1993 № 6.

国家学说是欧亚主义的基础思想。著名法学家、欧亚主义者阿列克谢耶夫认为，欧亚主义文化产生了新型国家，实现了非宗教欧亚主义世界所有领域的统一和完整。“欧亚主义者坚信，一个国家的文化和民族越健康，其国家权力就越大，越残酷。”① 俄罗斯本身既不是亚洲，也不是欧洲——这是欧亚主义者的主要地缘政治论题。因而只能称俄罗斯的欧洲部分和俄罗斯的亚洲部分，“没有‘欧洲的俄罗斯’和‘亚洲的俄罗斯’一说，只有位于乌拉尔山脉东西两侧的俄罗斯”②。

除了地理、文化、国家和地缘政治等方面，留克斯还提到欧亚主义者的其他思想：分析革命和评论西方。欧亚主义者认为，革命是俄罗斯被强制西化的直接后果。它破坏了俄罗斯帝国的领土完整，表现了人民对彼得一世所创立事物的激烈抗议，是彼得一世改革引起的国家分裂的最终结果。彼得一世毁灭了俄罗斯内在威力的基础：还没有一个外国征服者能把民族文化和几个世纪形成的民族秩序破坏到如此程度。阿列克谢耶夫强调，争取个人主权的斗争贯穿整个欧洲的历史。欧亚主义思想家把受东正教庇护的古罗斯和谐形象与这个被内讧弄得四分五裂的西方做了对比。“东正教世界体制的基础——不是个人为自己权利的斗争，也不是独立的个体，而是兄弟友爱和人民的团结。”③

对欧亚主义思潮和流派的评价

俄罗斯教育科学院院士伊萨耶夫将欧亚主义与路标转换派进行对比，认为路标转换派普遍不清楚政治纲领的制定，他们的典型特点是意识形态组成多样，根据事实制定不确定的纲领，思想范围过宽。而欧亚主义能更

① Л.Новикова, И.Сиземская, Два лика евразийства // Свободная мысль. 1992 № 7.

② А.Дугин, Основы геополитики. издательство “Арктогея-центр”, 1999.

③ Л.Люкс, Евразийство // Вопросы философии. 1993 № 6.

明确地表达路标转换派的政治意向，赋予它明确的纲领和理论形式。“欧亚主义在总的形式中给自己的思想观点下定义，结果正是这个流派得以从路标转换派总思潮中做出更有逻辑、更彻底的结论。欧亚主义比本国的路标转换派更长久的事实是最好的证明，它笼罩了30年代。”[①]

在对布尔什维克的态度方面，欧亚主义者不认为布尔什维克是绝对的灾难和绝对的恶。但在评价俄国历史的苏联时期时，他们得出了难以置信的结论：在苏联实现了有特色的、极端的、欧亚主义的异教变体。如果把欧亚主义看作一种语言，那么欧亚主义者认为苏联时期是这种语言的方言，是破产的极其自相矛盾的变体。欧亚主义者只是在推测上犯了点小错，因为二战时期的爱国主义、民族主义延缓了必然的结局。“欧亚主义者在苏联国家看到了建设性的方面：始终保卫民族利益和真正的思想统治。”[②] 欧亚主义者对布尔什维克相对容忍的态度冒犯了许多人。例如，20世纪俄国著名宗教哲学家斯捷蓬强调，欧亚主义者在布尔什维主义和西方自由主义的对比中，不仅看到了布尔什维主义某些好的方面，而且在批判欧洲民主制度时甚至走得更远。欧亚主义者本身并不否认自己思想上无论是和布尔什维克，还是和意大利法西斯的一致。特鲁别茨科依毫不隐讳地描述了这一点。在文集《欧亚主义》中，法西斯被称为“一种建立议会民主体系稳定平衡的尝试”。

但欧亚主义思想家并不认为布尔什维主义和法西斯主义是“真正的思想统治”（подлинные идеократии）。他们认为，法西斯的政治哲学是折中主义。这种哲学的内容只限于颂扬意大利国家，欧亚主义者在这种颂扬中没有找到更深刻的、宗教的根源。法西斯无法创造能与布尔什维主义竞争抗衡的意识形态。布尔什维主义同样也不能对在西方占统治地位的思想进

---

① И.Исаев, Евразийство: идеология государственности // Общественные науки и современность. 1994 № 5.

② А.Дугин, Евразийство : от философии к политике // Независимая газета. 30.05.2001.

行真正抉择。照特鲁别茨科依的说法，1917 年以前，俄国君主庇护整个欧洲的保守力量，现在布尔什维克保护和支持欧洲共产党。这意味着，俄罗斯的执政者和以前一样，使俄罗斯卷入了不必要的冲突中。对布尔什维克的另一种看法是：虽然他们挽救了俄罗斯帝国免于崩塌，但不能保证国家的长久统一。特鲁别茨科依认为，俄罗斯数世纪以来统一的保卫者是俄罗斯人民，现在它仍捍卫着俄罗斯的统一。但俄罗斯的非俄罗斯民族不断增长的民族意识使俄罗斯人的垄断地位变得不稳固。“因此特鲁别茨科依批评俄罗斯的沙文主义者：他们不允许和俄罗斯的其他民族妥协，是拿帝国的稳固来押宝。这会导致俄罗斯国家缩小到大俄罗斯中心。”①

在对欧亚主义的评价中，第二代欧亚主义者、后宣布脱离欧亚主义运动的著名哲学家比齐里认为，欧亚主义有两副面孔。研究欧亚主义作为俄罗斯“发展空间”的问题本身是欧亚主义的第一副明亮的、启发式的面孔。但欧亚主义者本人完全采用另一种方式发展自己的思想。在其中能发现欧亚主义的第二副面孔——诱惑人的，但令人厌恶的面孔。欧亚主义者受到的“诱惑”在于，他们努力追逐的也许是政权，也许是从布尔什维克手中拯救俄罗斯。他们决定利用这个政权本身现成的结构，用“统一和唯一的”东正教欧亚主义党（православно-евразийская партия）代替执政的共产党。但是，东正教欧亚主义党主张专政破坏了欧亚主义者宣布的统一的发展空间，俄罗斯境内的非俄罗斯民族由于自己的文化，尤其是宗教传统，必然会成为次等民族。

20 世纪著名的宗教哲学家别尔嘉耶夫也给予了类似的评价。一方面他认为，欧亚主义是唯一革命的思想流派，这是年轻的、天才的，但同时感情狂热的欧亚主义者团体的主要优点。另一方面他认为按布尔什维主义和意大利法西斯模式设计出的国家主义是毒果，对欧亚主义者

---

① Л.Люкс, Евразийство // Вопросы философии. 1993 № 6.

是“诱惑”。欧亚主义遭到的最深刻批判来自弗洛罗夫斯基，他开办了第一家欧亚主义的出版社，后来以自我批评的文章《欧亚主义的诱惑》（«Евразийский соблазн »）结束了出版社的存在。欧亚主义者因抱有希望而自慰，认为正是他们的思想——东正教欧亚主义思想将把俄罗斯带回它真正发展的道路。弗洛罗夫斯基戳穿了这种幻想。他认为东正教欧亚主义思想是一种不会实现的产物，会引导俄罗斯走向“消失的深渊”（бездна отпадения）。

“欧亚主义者不会也不能回答他们自己提出的问题。”① 别尔嘉耶夫在1924年4月21日给苏符钦斯基的信中写道，欧亚主义是一个小宗派，具有宗派心理学的全部特征。它想要广泛影响并打算征服俄罗斯。布尔什维主义取得了巨大成就，具有非常典型的宗派特征。欧亚主义者完全没感觉到时代的全部灾难和责任，如果他们幻想重建俄罗斯东正教生活方式的话。欧亚主义者是有文化的人，他们不熟悉蒙昧主义的粗糙形式，但尤为危险的是，他们以更薄弱的形式强化蒙昧主义，并对它作思想上和文化上的论证。“与陀思妥耶夫斯基②（Ф.Достоевский）、索洛维约夫③（В.Соловьев）和20世纪宗教运动相比，欧亚主义是后退的运动，返回到基列耶夫斯基④（П.Киреевский）或达尼列夫斯基⑤（Н.Данилевский）。”⑥ 别尔嘉耶夫指责欧亚主义者低估了东正教的多面性。在他眼中，欧亚主义鼓吹的是文化孤立主义和分立主义。

留克斯也在文中谈到，旧知识分子的代表极端尖锐地批评了欧

---

① Л.Новикова, И.Сиземская, Два лика евразийства // Свободная мысль. 1992 № 7.

② 陀思妥耶夫斯基（1821~1881年），俄罗斯著名作家、哲学家、思想家。

③ 索罗维约夫（1853~1900年），俄罗斯宗教思想家、政论家、文学批评家。

④ 基列耶夫斯基（1808~1856年），俄罗斯作家、民俗学家、古文献学家。

⑤ 达尼列夫斯基（1822~1885年），俄罗斯社会学家、文化学家、政论家、自然科学家、地缘政治学家、文明历史观的创立者之一、泛斯拉夫主义思想家。

⑥ М.А.Колеров, Братство св. Софии: “ веховцы ” и евразийцы（1921-1925）// Вопросы философии. 1994 № 10.

亚主义者。辩论主要发表在杂志《道路》(«Путь»）和《当代论丛》(«Современные записки »)（巴黎）上。斯捷蓬 1924 年在《当代论丛》中写道，不能把欧洲和亚洲想象成两幅俄罗斯轮流生存的图景：欧洲主义和亚洲因素——这是俄罗斯本质的两个组成部分。既无权轻视其中任何一个，也不能离开其中之一。

欧亚主义者激进的反欧洲纲领不光受到批评，也得到了肯定。白军被彻底粉碎以后，很多侨民解释布尔什维克制度之敌失利的原因，是西方强国支持不力和不彻底。还有驱逐的苦恼、伤自尊的贫困、飘零异国他乡、不被赏识的环境等。这一切都是俄罗斯与欧洲辩论的心理背景。斯捷蓬曾指出，从西方借来的共和国和社会主义思想使俄罗斯遭受了无尽的屈辱。有过这种经历，几乎不可能出现反对欧亚主义的意向。并非欧亚主义拥护者的斯捷蓬预言了它光明的未来，认为欧亚主义思想符合时代精神。"但这种'精神'，他认为，永远落后于现实。因此，欧亚主义者特鲁别茨科伊、萨维茨基和其他人——没有发现他们的学说站不住脚。"[①]

20 世纪 80 年代末，苏联解体时，大西洋主义的（атлантистские）、亲美的（проамериканские）价值模式占了上风。90 年代初期实现了古典欧亚主义代表的预言，苏联意识形态不能胜任时代的挑战，若在这一刻转向欧亚主义思想将有机会避免悲剧。非常遗憾，那时候无人提及欧亚主义。但国家建设实践不能忍受空白，于是"对俄罗斯有害的大西洋主义（атлантизм）适时填补了思想的真空"[②]。对俄罗斯来说，大西洋战略的前景如何呢？当代俄罗斯哲学家、俄罗斯科学院哲学所博士帕纳林认为，"俄罗斯不具备第二次世界大战结束后美国在欧洲具有的优势。它现在既没有胜利者的荣光，也没有它固有的力量资源。俄罗斯没有掌握强大资源的手

---

① Л.Люкс, Евразийство // Вопросы философии. 1993 № 6.

② А.Дугин, Евразийство : от философии к политике // Независимая газета. 30.05.2001.

段，只留下‘薄弱的’社会文化影响”。①

在俄罗斯现代研究文献中，欧亚主义方案的拥护者，如别索诺夫（Б.Н.Бессонов）、杜金、马利亚温（В.В.Малявин）和切斯诺科夫（Г.Д.Чесноков）等，也反对大西洋主义和俄罗斯的亲西方发展，宣布必须恢复苏联解体之后的完整空间，建立斯拉夫突厥一体化和欧亚主义的超级大国。欧亚主义思想在当代的生命力，是别出心裁地承认苏联绝不是某种人为的构成。在苏联居住的民族很早就出现在这片土地上，他们在统一的国家构成中生活到十月革命之前，试图用原苏联 15 个加盟共和国之一来确定俄罗斯国家制度的范围，从一开始就是人为的。根据他们的观点，作为俄罗斯发展方案的欧亚主义思想的主要功能，在于它一体化的功能。

如果欧亚主义方案的拥护者在解释它的前景时整体上完全一致的话，那么它的对手，如加曼（О.В.Гаман）、伊格纳托夫（А.Игнатов）、米亚罗（К.Г.Мяло）和男修道院院长埃科诺姆采夫（Иоанн Экономцев）等，则指出了它不可能实现的各种原因。当代研究者米亚罗认为，古典欧亚主义所依据的主要前提现在实际上已经消失或变成了自己的对立物。古典欧亚主义者认为，欧亚主义不仅是俄罗斯应对灾难的方法，而且是全欧洲灾难的应对法则。

因此首先要疏远西方。而如今在共同的社会心理氛围中不仅没显露出西方危机，相反，从 1935 年起就存在西方中心主义急剧上升的情况。俄罗斯完全失去了历史和文化领导者的超凡性，在中亚和图兰民族眼中丧失了那种欧洲和亚洲之间联结环节的中介角色，20 世纪初的古典欧亚主义就来源于这种角色。

俄罗斯东正教会的某些代表也指出了欧亚主义方案不可能实现的原因。埃科诺姆采夫认为，如果承认在民族起源中宗教因素具有主要意义，那么可得出结论，是东正教创造了俄罗斯文化。而欧亚主义的伊斯兰和佛教因素将有意识地排除东正教因素。他认为，存在导致俄罗斯的民族文化产生

① А.Панарин, Между атлантизмом и евразийством // Свободная мысль. 1993 № 11.

新悲剧的危险。西泽姆斯卡娅不承认在现代欧亚主义中有“任何实证的东西”（ничто позитивное），没看见任何“生长点”（точки роста）。她认为，当前的任务，不在于把俄罗斯从欧洲“排挤出去”，而相反，在于让它加入全世界欧洲化过程。吉连科（Ф.И.Гиренко）认为，欧亚主义国家没有未来。俄罗斯是帝国主义国家，要求限制国家主权和自决权，而欧亚主义者不考虑这个，他们希望像布尔什维克那样，把国家给予每个民族。给了以后，俄罗斯人就没有了国家。

此外，亚美尼亚当代作家穆拉江（И.М.Мурадян）和马努克扬（С.А.Манукян）认为，俄罗斯不能成为欧亚大陆的中心。这种“实用主义”（прагматичный）地区的中心，也许是宗教精神作用极端强大的国家（如梵蒂冈、以色列或某些伊斯兰中心——沙特阿拉伯的麦加）。至于俄罗斯，到现在它也不能完成哪怕是东正教世界的领导强国的作用。

二人不怀疑俄罗斯的复兴，但认为这只能靠民族主义，而不是靠世界主义来实现。他们认为召唤俄罗斯建立新的、万能国家的欧亚主义是俄罗斯历史的绝路，因此不能从思想、经济、政治和心理上被支撑。二人认为，“俄罗斯注定要为技术领先地位而不断地斗争，同时它的伙伴除了部分东斯拉夫人，只能是亚美尼亚”。①

以上是俄罗斯学者以及原苏联加盟共和国之一亚美尼亚的学者对欧亚主义问题研究的简要概述。

笔者认为，20 世纪 20~30 年代俄国侨民运动中的欧亚主义思潮是一种特殊的爱国主义，是俄侨思想文化界唯一创新的历史哲学学说。欧亚主义者的观点反映了当时俄侨界对俄国道路的认识。他们试图解决由来已久的“西方派”与“斯拉夫派”之争，指出俄国应走自己独特的欧亚主义道路。欧亚主义者尝试帮助俄侨同胞解除因真正的思乡病引起的精神危机，赋予

① Евразийство : за и против, вчера и сегодня, материалы “круглого стола ” // Вопросы философии. 1995 № 6.

苦难的侨民生活以目的和意义，表现了“没有祖国的爱国者”鲜明的爱国主义思想。欧亚主义的主要思想在俄国社会思想的宝库中不仅没有失去自己的意义，还获得了新的生命。这一问题目前仍继续为俄罗斯学术界所关注，并将得到进一步探讨和研究。

2. 欧美学者关于俄国欧亚主义的研究状况

西方学术界的一般研究情况

20 世纪 20 年代末欧亚主义进入危机和分裂阶段。几乎与此同时，西方出现了研究俄国欧亚主义问题的有关著作。这些著作并不是专论欧亚主义，而是将其视为俄国侨民中的一种新思潮。如德国学者舒伯特在《欧洲和东部之魂》中的论述。[①] 1955 年，艾·萨尔基相涅茨（Э.Саркисянец）出版德文专著《俄罗斯与东方救世论》，研究了俄罗斯与东方的文化和精神交流，其中收集了大量决定欧亚主义某些精神前提的资料。[②]

1961 年德国历史学家奥托·博斯（Отто Босс）出版的著作对研究欧亚主义有很大贡献。 他认为，欧亚主义者粗糙的地理决定论导致认定作为历史文化、语言和政治统一模式的欧亚大陆的地理统一。“因而博斯强调了在划分作为发展空间的欧亚大陆时，两个最重要的缺陷——地理决定论和孤立主义。”[③] 博斯认为，欧亚主义者过高评价了蒙古枷锁的意义，他们认识历史过程采用决定论观点。“实质上这包含欧亚主义历史、发展、纲领，是

---

① Schubart W. *Europa und die Seele Des Ostens*. Plingen.1979. pp. 39, 41.;转引: Назаров М. *Миссия русской змиграции*.Т.1.Стовpополь.1992. С .23.

② 参见：Альдо Феррари К истории Евразийской идеи : взгляд с Запада // Евразийство: проблемы осмысления.-2002.Уфа , С .39。

③ Быстрюков В.Ю. Общественно-политическая и научная деятельность Петра Николаевича Савицкого в годы эмиграции（1920-1938 гг.）. Автореферат диссертации. Самара – 2003. С .8.

关于马克思主义和革命的第一部学术著作。”①

德国斯拉夫学家、政治学家、文化学家留克斯（Л. Люкс，他也是一位俄国侨民学者）认为，“欧亚主义不是偶然的现象，它与青年罗斯派和路标转换派以及德国的‘保守主义革命’政治流派是同源的”。② 这两大流派，欧亚主义者和“保守主义革命”的拥护者，把自己与自由主义和民主相对立，努力掌握极权主义政党，在与官僚主义机器、机关、难以控制运动的力量相对立时，都相信思想的万能；两个流派都具有精英性和“贵族”性。留克斯指出，这些流派的区别在于对宗教和暴力的态度。欧亚主义者认为宗教是精神复兴的基础，不承认暴力；对“保守主义革命”的拥护者来说，宗教几乎没有意义，而对暴力进行了某种“美化”。

留克斯强调，这些带有自然相似和差别的流派，出现在20世纪20年代，那时无论在俄国还是德国，“政治现实都还未来得及显出清晰的极权面孔”：斯大林和希特勒胜利之后，这些运动随着极权专制的胜利就分裂了。他认为，这是试图借助思想改善世界的思想统治制度的“成功时刻”。但是他们的思想在“意识形态简单化统治的时代”不能风行起来。留克斯作出结论，“欧亚主义思想不仅是俄罗斯，而且是全欧洲危机的症状，在精神志向上欧亚主义者更接近西方的欧洲人，而不是自己的同胞”。③ 呼吁“神圣罗斯”，寻找失去的根等，对20年代的苏联知识分子来说是陌生的。“彻底的新事物正是远古的复兴和否定直接的过去。因此欧亚主义者为了神圣罗斯而排斥彼得堡罗斯。”④ 但欧亚主义的“文化悲观主义”，批评议会民

① Вандалковская М.Г. Историческая наука российской эмиграции:евразийский соблазн. М.:Памятники исторической мысли. 1997. С.8.

② Вандалковская М.Г. Историческая наука российской эмиграции:евразийский соблазн. М.:Памятники исторической мысли. 1997. С.9.

③ Вандалковская М.Г. Историческая наука российской эмиграции : евразийский соблазн. М.: Памятники исторической мысли. 1997. С.9.

④ Люкс Л. К вопросу об истории идейного развития «первой» русской эмиграции // Вопросы философии. 1992. № 9. С. 161.

主，更多是反映西欧的，而不是俄罗斯内部的过程和思潮。他指出，革命后的俄罗斯，在文化方面朝向的不是东方，而是依靠帝国时期的文化价值和 19 世纪的俄罗斯来支撑，这只证明了欧亚主义者本身关于西方文化具有“强烈”吸引力的论题。

另一位德国历史学家阿先·伊格纳托夫（Ассен Игнатов）也因欧亚主义思想在俄罗斯复兴而对此作过研究。他认为，欧亚主义“不真实地解释俄国历史，导致虚构的政治纲领”，是“意识形态的神话”，是“保守主义政治目标的合法化手段”。①

1956 年，旅居美国的俄侨诗人、批评家、文学家格·斯图卢威（Греб Струве）② 在美国发表《驱逐中的俄罗斯文学》(«Русская литература в изгнании»）一书，其中第三章名为:“欧亚主义：面向东方。”③ 他强调欧亚主义者的反欧洲主义、反社会主义和“悲惨的世界观”，在 20 世纪 20 年代初他们取得了“不小的胜利”。在文学政论和组织意识形态领域，他指出了 20 年代中期欧亚主义的危机及其演变。

美国加利福尼亚大学教授尼·梁赞诺夫斯基（N.Riasanovsky）1967 年发表文章评价欧亚主义“……在全部帝国崩溃时坚决捍卫统一而不可分割的俄罗斯”。④

对欧亚主义持否定态度的美国哲学家弗·谢·瓦尔沙夫斯基（В.С.Варшавский）把欧亚主义理论看作确立极权制度的轨道，批评地评价“把鞑靼蒙古帝国变成俄罗斯帝国的奇迹，以及鞑靼时期强制俄罗斯化和东正教化的奇迹”。他认为，尽管俄罗斯从鞑靼统治时期就是东方专制国家，

① Игнатов А. «Евразийство» и поиск русской культурной идентичности // Вопросы философии. 1995. № 6. С. 63.

② 他是著名俄侨思想家斯图卢威（П.Б.Струве，1870~1944）的长子。

③ Струве Г. Русская литература в изгнании. Нью-Йорк. 1956. С.42.

④ Riasanovsky N.V. The emergense of Eurasianism // California Slavic Stadies. 1967. Vol. 4. pp. 39-72. Российское издание: Рязановский Н.В. Возникновение евразийства // Звезда. 1995. № 2. С. 39.

但蒙古帝国和布尔什维主义俄罗斯之间不存在继承关系。“从鞑靼枷锁无论如何不可能推出把共产主义国家变成极权国家的事物。”他认为，必须在俄罗斯的马克思主义思想传播中，而不是革命前的俄罗斯历史中寻找解释“布尔什维主义政变”的原因。①

美国作家罗曼·古利（Роман Гуль）把20世纪20年代初俄侨中出现的欧亚主义和路标转换派相对比，认为这两派在思想追求方面有差异。“欧亚主义者来自斯拉夫主义，在他们的思想中东正教因素起了巨大作用；路标转换派来自西方主义，但也强调突出自己激昂慷慨的爱国主义。”②

而美国历史学家谢·格·普什卡列夫（С.Г.Пушкарев）则对20世纪20年代在布拉格产生的全新的思想政治侨民联合组织“青年罗斯人”和“欧亚主义者”进行了比较。“‘青年罗斯人’的政治理想是‘苏维埃君主制’（советская монархия），口号是‘沙皇和苏维埃’（царь и советы）。”③他认为欧亚主义思想更多是欧亚主义情感，当时“在布拉格的欧亚主义者不多，34人。他们与欧亚主义的内在联系不是出于意识形态和政治动机。他们大部分是白派军人，愤恨欧洲在国内战争时未能足够的支持白派运动”。④

另一美国学者米·阿古尔斯基（М.Агурский）把欧亚主义看作“宗教基础上的路标转换派”，民族布尔什维主义的变体之一。⑤ 美国历史学家罗·查·威廉姆斯（Robert Chadwell Williams）强调欧亚主义者的“成就是

---

① Вандалковская М.Г. Историческая наука российской эмиграции:евразийский соблазн. М.:Памятники исторической мысли. 1997. С.8.

② Гуль Р. Я унёс Россию. Нью-Йорк , издательство мост , 1981. С. 173.

③ Пушкарев С.Г. О русской эмиграции в Праге（1921-1945）// Новый журнал. Нью-Йорк , 1983. Кн. 151. С. 141.

④ Пушкарев С.Г. О русской эмиграции в Праге（1921-1945）// Новый журнал. Нью-Йорк , 1983. Кн. 151. С. 143.

⑤ Агурский М. Идеология национал-большевизма. М., издательство алгоритм . 2003. С.106.

学术性的，而不在政治方面”。①

法国巴黎大学的历史语言学博士彼·叶·科瓦列夫斯基（П.Е.Ковалевский）拥护欧亚主义认为俄罗斯是综合欧洲和亚洲起源的国家这一观点，但指出，“俄罗斯的历史道路也是综合的，而不是仿效的”。② 草原和游牧民族的作用被欧亚主义者夸大了，俄罗斯永远是河湖和森林国家，而不是草原国家，草原对它永远是起破坏作用的，而向东方的运动是“民族性的和自然的开发新土地”。

持部分肯定态度的法国女作家齐·阿·沙霍夫斯卡娅（З.О.Шаховская）认为欧亚主义是“最独特和最新的思想流派”，“因自身极其复杂”，对把欧亚主义看作“只是面向东方”的普通读者来说，很难理解它。但沙霍夫斯卡娅强调在欧亚主义中“精神先于物质”，并指出它无力避免政治化。③

法国哲学家弗·弗·津科夫斯基（В.В.Зеньковский）承认欧亚主义者的功绩在于关注俄国历史上的“东方主题”，反对指责欧亚主义者有亲布尔什维主义倾向。但同时也指出他们特有的夸张——用对欧洲的敌对态度“排除”正面特征，用日常生活偷换文化等。④

波兰学者柳齐安·苏哈涅克（Люциан Суханек）指出，对于“未来主义时代的斯拉夫主义者”——欧亚主义者而言，西方腐败的主题是批评西方世界的重点，包括对国家模式、法律体系、政治生活形式和理论上的纯理性主义。⑤

---

① Williams R.C. Culture in Exile:Russian Emigres in Germany（1881-1941）. Cornell University Press , Ithaca and London. 1972. C.261.

② Ковалевский П.Е. Исторический путь России. Ч. 1. Париж. 1946. С . 95.

③ Вандалковская М.Г. Историческая наука российской эмиграции:евразийский соблазн. М.:Памятники исторической мысли. 1997. С .8.

④ Вандалковская М.Г. Историческая наука российской эмиграции:евразийский соблазн. М.:Памятники исторической мысли. 1997. С .8.

⑤ Люциан Суханек Россия и Европа.Евразийство:предшественники и продолжатели // Культурное наследие российской эмиграции（1917-1940）. Кн. 1. М., 1994. С .180-181.

意大利托斯卡纳大学教授阿尔多·费拉里（Альдо Феррари）研究西方学者的观点后指出，“西方学者主要把欧亚主义综合理解为某种立场，因俄罗斯文化与现代化和作为现代化先锋的西方无法合理共存而推出。在这方面它实质上被看作文化和政治中虚假的神话题材，本身带有某种危险。”①

根据纯西方中心主义的观点，欧亚主义只能被看成多面历史进化的偏离。实际上可以发现，西方学者对它的评价和他们对俄罗斯的原则性态度有关。把该国家与西方标准相比，越是被认为不合常规，他们就越不大承认欧亚主义的可行，因为该理念最激进地表现出俄罗斯要求历史文化独立于西方。

比如，专门研究早期俄罗斯史的资深专家、美国历史学家哈尔别林（Ч.Дж.Харперин）认为，“格·维尔纳茨基（Г.Вернадский）从 1920 年开始的专著研究非常一般。其学术声誉不是建立在这些著作的优点上。此外，在分析格·维尔纳茨基的精神发展和史学进化时，不能不否定表现在这些作品中的欧亚主义思想最负面的东西”。② 另外，哈尔别林证明，格·维尔纳茨基因长期居住美国，所以其政治观点在 1940 年末产生了变化。他回到了他的家庭及所处的社会环境固有的民主传统中，尽管欧亚主义者轻视且愤恨地排斥该社会环境。由此可见，哈尔别林认为，接受西方的政治文化基础本身已经是进步了。这种偏见普遍存在。

法国民族学家、人类学家、社会学家，结构主义的主要代表之一——科·列维·斯特罗斯（К.Леви-Стросс）也证明，“民族中心主义实际上是所有文化固有的，无论是古代的，还是现代的，西方文化也不例外”。③

因此，研究欧亚主义要求开放式理解历史文化特点，其中包括理解在

---

① Альдо Феррари К истории Евразийской идеи : взгляд с Запада // Евразийство: проблемы осмысления.-2002.-Уфа ,- С .40.

② Альдо Феррари К истории Евразийской идеи : взгляд с Запада // Евразийство: проблемы осмысления.-2002.-Уфа ,- С .40.

③ Там же. – С .41.

不同文明历史进化中表现出具体多元化的俄罗斯特点。但是，费拉里强调，现代西方文化并不特别适合采用这种观点。他指出，从启蒙时代到黑格尔哲学和现代西方文化中的马克思主义，确立了极其自我中心主义的片面历史观，超越了如乔·维柯（Дж.Вико）和其他历史学家提出的非此即彼的路线。近几个世纪政治经济水平上取得的明显优势促进了这一点，该优势在各地都引起被描述为“全球西方化”（“глобальная вестернизация”）的过程。

费拉里认为，对那些尚未着手在全部范围内研究真正的欧亚主义运动，甚至不打算把它列入俄罗斯文化的西方学者来说，欧亚主义是一块绊脚石。他们试图强调欧亚主义的边缘状态并非偶然。但“这一精神运动毫无疑问是现代俄罗斯思想内部的新元素。欧亚主义者本身不反对从俄罗斯历史的各个流派中借用很多东西：忠于东正教，反西方主义，不接受彼得一世改革等。尤其是萨维茨基坚持把欧亚主义列入现代俄罗斯文化的‘两个世界’之一，尼·弗·果戈理（Н.В.Гоголь）、费·马·陀思妥耶夫斯基（Ф.М.Достоевский）、康·列昂季耶夫（К.Леонтьев）和弗·索洛维约夫（В.Соловьёв）都是西方主义者和进步派的激烈反对者”。[①]

西方学者们努力在欧亚主义的具体基础上，在其诞生地解释它，说明该流派能够确立是因为它吸收了革命前俄罗斯已经形成的、范围广阔的历史文化促进因素，后来在两次世界大战之间充满矛盾冲突的背景中，该因素因俄国侨民的精神促进作用被修订。正是这一点主要构成了研究的对象，在紧密联系的不同方面展开研究。一方面是研究那些能被确定为俄罗斯文化的东方目标的事物，另一方面是研究历史的形态化和多线观，这是俄罗斯文化的重要特点。如果考虑到这两个方面，那么欧亚主义，或欧亚主义前景，对俄罗斯文化总体而言，就不再是陌生或边缘的现象，相反，是俄罗斯文化连续的表现，值得认真、深入地研究。从西欧的观点来看，还有

① Альдо Феррари К истории Евразийской идеи : взгляд с Запада // Евразийство: проблемы осмысления.-2002.-Уфа ,- С.41.

一种解释欧亚主义的说法，就是把它与两次世界大战之间其他的欧洲精神运动作对照，后者属“保守主义革命”的总范畴。

最后，研究这一精神运动的潜力和资源本身，从因西方与非欧洲文明（中国、日本、印度、土耳其等）交会而引起类似历史文化问题的角度看，尚未被足够使用。

关于俄罗斯文明的新范式

意大利学者费拉里指出，俄国文化“东方定位”（восточная ориентация）的明显特征被西方确定，出现在19世纪中期，那时俄罗斯因彼得一世改革而彻底欧化的公理争夺战正在多方面展开。由于推行欧化，俄罗斯文化几乎完全吸收了欧洲关于亚洲和东方的概念，把后二者看作与欧洲相对立的负面的起源，是与自由相悖的专制和奴隶制，是反理性的激情，否定行动的静观和反对进步的停滞。欧洲克服了中世纪固有的、既冲突又均等的态度，度过了因奥斯曼帝国的猛攻引起的担忧期，因自身先进的工艺和启蒙已经在藐视东方，主要用气候条件和执政性质来解释东方的落后。

他还认为，到黑格尔时期，东方在欧洲文化中被看作已经过去的历史阶段和已经处于边缘状态的形式，就像已被西方超过的文明的初期。为了说明自己愿意一下子使俄罗斯脱离亚洲，永远与体现文明进步的欧洲联合在一起，彼得一世之后的俄罗斯自我意识完全接受了这一观点。从这种思想定义来看，俄罗斯本身双重的欧亚自然条件就被看作某种类似产生殖民地的帝国，划分出欧洲宗主国和欧洲外的殖民地。但是俄罗斯帝国的领土不在海外，而是与宗主国密不可分地联系在一起，这使它们难以被明确划分。与英国和苏格兰，法国和西班牙不同，俄罗斯本身就是一个帝国，而不是拥有什么别的。这一点正是阻碍彼得大帝有效实现其思想意图的众多因素之一，尽管传播政策强大有力。

费拉里强调，俄罗斯因彼得一世改革而获得了借鉴社会制度的形式，但未来得及适应它们，因其地缘文化和地缘政治特征不符合西方模式。俄罗斯的欧化主要是在整个18世纪，被俄国社会的受教育阶层无条件接受。在这一长久的过渡性仿效期，俄罗斯效法欧洲的工艺、组织模式、文化形式、风俗和习气。尽管这种仿效的最极端形式遭到越来越强的抵制，在政治和文化领域中不被接受，但仿效的过程仍在发生。通过文化形式表现的抵制暂未触及俄罗斯属于欧洲这一自我意识的中心论题；体现在文学和史学领域的反西方情绪，主要旨在确立俄罗斯的民族自尊感。在整个18世纪的“爱国主义者”阶层中，没有尝试推出与欧洲原则相对立的独立原则。虽然该意识形态在19世纪30年代的文化和政治领域经历了危机，但斯拉夫主义者和“官方国民性”的拥护者在证实俄罗斯的亚洲或东方实质时，从来没想与西方主义者对立，只限于在它独立的思想原则基础上与欧洲对立。

克里木战争之后，俄罗斯一方面开始加紧向东方扩张，另一方面调整那些不涉及西方主要目标的文化流派，把一些非此即彼的，后被欧亚主义吸取并再现的因素引入俄罗斯文化内部。这一切都发生在各种各样的文化领域，包括科学和艺术活动中。首先是在地理方面的重新认识，认为欧洲不表示一个独立的大陆，而只是亚洲的一个半岛。1845年在彼得堡诞生的地理协会，成为俄罗斯文化与东方接近的、具有学术水平的另一重要流派，其主要任务是对帝国的非俄罗斯领土进行地理和民族学研究。费拉里认为，这种俄罗斯意识向东方的扩张，就像帝国主义扩张本身一样，主要发生在思想观念领域中，欧洲中心的前景对其产生了影响。但正是那时在俄罗斯文化内部，不同的观点开始成熟，其中可以发现追求某种与亚洲和东方文化的精神现象。长期“开发东方”的过程为欧亚主义思想在后革命年代的出现作好了准备。该过程本身的很多方面像西方所发生的情况，另外还具有俄罗斯地理和历史文化状况的特色。俄罗斯不必在海外殖民地中寻找东方，它能感觉自己与东方有关，几乎是其自然景观的参与者。这所有不同的因素导致革命前后的几十年间，东方和亚洲在俄罗斯的文化中直接起了重要的作用。

费拉里认为，欧亚主义者在俄罗斯文化内部提供了新现象，同时他们接受了俄罗斯文化中已经出现的、因俄国革命及其引起的那些划时代变化而产生的潮流和趋势。费拉里指出，像所有为丧失思想特色所威胁的国家一样，俄罗斯应当通过理解和有意识地回归自己本身独立的历史文化价值而与罗曼—德国文明相对立。从特鲁别茨科伊本人的文章《俄罗斯文化的上层和下层人物。俄罗斯文化的民族基础》(«Верхи и низы русской культуры. Этническая основа русской культуры »)(1921 年)开始，整个后来的欧亚主义精神之路，都是试图确立这种价值。但想在其基础上建造后苏联时期的，独立于西方、罗曼—德国模式的新俄罗斯的希望很快落空。这样，欧亚主义可能被作为多线性历史概念的新表现而研究，该理念构成了俄罗斯文化鲜为人知和未经充分研究的特点。在该理念范围内可以研究西方范畴之外自己的特点，并创造确立世界历史中特殊地位和独立作用的理论基础。

欧亚主义在俄罗斯的流行不是偶然的，主要是因为与未被彻底接受的西方文化紧张、冲突和有益于发展的关系而造成。克里木战争导致俄罗斯与西方国家关系的危机，历史多线理念的主要方案出现在俄罗斯的西方属性遭到怀疑时，欧亚主义者的论题出现在使俄罗斯西方化终结的革命之后。因此，费拉里指出，欧亚主义成为文明理论发展的重要阶段。

欧亚主义者希望他们的思想被苏联政权接受，这是不可能实现的，在政治方面他们的方案彻底失败了。但该流派的代表们还进行了历史的、人类学的、语言学的，以及地理的研究，其结果值得更认真地关注。他们把俄罗斯定义为欧亚主义世界的中央核心，历史和文化区别于远东和欧洲，这在苏联时期未遭反驳。苏联在其存在的约 70 年间，确实创造了独立的地缘政治本质，与西方尖锐对立，部分实现了欧亚主义者的论题。

欧亚主义前景在后苏联时期的俄罗斯复兴，在费拉里看来，这是现代文化最有趣的现象之一，是潜在地、创造性地回应共产主义意识形态在俄罗斯的危机和苏联解体提出的挑战。“这种应对，一方面起源于重要的、尽管长期被低估的俄罗斯精神传统流派，另一方面，努力给后苏联时期的俄罗斯提供地缘政治和地缘文化范畴，旨在建立政治中心型的国际政治体系。”① 你可以接受欧亚主义或反对它，但不能否定它的优点。

以上简单介绍了欧美学者对最重要的俄侨历史哲学流派——欧亚主义的一般研究，笔者认为，他们对欧亚主义是关注的，并几乎一致同意既为思想流派，又是思想运动的欧亚主义属于1917年以后值得书写的俄侨历史。欧美研究者大多以旁观者的角度，把欧亚主义放在当时的历史时代和社会背景中进行分析，并与同时代的其他流派和运动作对比。学者中有不少俄侨，其父辈或本人曾参与过或亲身经历过该运动，对欧亚主义有较强烈的感性认识，但笔者认为，他们的研究仍不够详尽。欧亚主义运动的某些方面值得更深入地探讨。比如，其参加者的精确构成，与苏联的现实相联系，以及在欧洲思想内部产生的欧亚主义是如何与欧洲思想这一更广阔的背景相协调的，等等。

关于欧亚主义起源的问题也极其复杂，因为它与俄罗斯以前的观点之间极不一致，缺少原则性联系。回答这个问题至少要从三个方面归纳影响它产生的因素：世界历史的进程，俄罗斯和欧洲思想的发展，社会和心理状况。细节研究还需要更大量的、各种各样的因素，比如，“欧亚主义的4位创始人中有3位，萨维茨基、苏符钦斯基和弗洛罗夫斯基都出生于乌克兰。第4位，特鲁别茨科伊是立陶宛大公格基明（Гедимин）的后裔、世袭公爵，与西部俄罗斯有紧密的历史联系”。② 欧亚主义者和俄罗斯贵族的关系也值得研究，因为包括运动的领袖萨维茨基和特鲁别茨科伊在内的一些欧亚主义者都是贵族。值得注意的还有，欧亚主义的批评家在被分为右

① Альдо Феррари К истории Евразийской идеи : взгляд с Запада // Евразийство: проблемы осмысления.-2002.-Уфа ,- С .50.

② Riasanovsky N.V. The emergense of Eurasianism // California Slavic Stadies. 1967. Vol. 4. P. 39-72. Российское издание: Рязановский Н.В. Возникновение евразийства // Звезда. 1995. № 2. С. 44.

的和左的传统政治思想空间中确立欧亚主义者的地位时常常互相矛盾。

但最重要的问题是，曾为俄国知识分子的欧亚主义者与祖国断绝联系，被驱逐到西方后的总体情形如何。某些欧亚主义者作为西方任何一所著名大学的学者和教师在自己的新生活中甚至能获得很多，但他们本当占据祖国精神文化发展中的应有地位，因为他们是在俄罗斯接受的培养和教育，作为这一辈人的代表，他们经受了彻底的失败。对于欧亚主义者来说，什么也没有留下，只有创立极端主义的幻想理论，从中寻找可行的出路。他们辗转迁移，始终在西方，回不了祖国，革命和内战的悲剧之后是悲惨无止境的侨居生活。因此，反西方主义是欧亚主义运动最强烈的情感因素。这类问题尤其值得进一步研究。

3. 中国学者关于俄国古典欧亚主义问题的研究状况

自 20 世纪 90 年代初以来，中国学者从关注急剧转型的俄罗斯及其社会思潮起，开始了对思想史视野下的欧亚主义问题和当代外交决策中的欧亚主义倾向的研究。中国学者陈训明最早把欧亚主义划分为古典欧亚主义与新欧亚主义[①]，一些学者多从历史学和思想史视角出发研究古典欧亚主义，另一些学者则多从政治学和国际关系视野出发研究新欧亚主义[②]。此处只探讨古典欧亚主义的问题，尽量不涉及新欧亚主义的内容。

欧亚主义哲学思潮的译介

中国学者是将欧亚主义视为哲学思潮予以关注并开始译介的。从 20 世纪 90 年代初至 90 年代中期，明显的倾向是译介作品远远多于独创研究作品。

---

① 陈训明:《古米廖夫及其欧亚主义述评》[J]，东欧中亚研究，2002(3)：21。

② 李兴耕:《俄罗斯的新欧亚主义思潮与欧亚党》[J]，俄罗斯研究，2003(2)：22-28；刘涧南:《新欧亚主义研究》[M]，黑龙江教育出版社，2008。

1992 年，俄国古典欧亚主义者萨维茨基的文章《欧亚主义》① 被译成中文发表在《哲学译丛》（后改名为《世界哲学》）上，这是中国最早翻译发表的俄古典欧亚主义者的原作。原文载于俄罗斯《哲学科学》杂志 1991 年第 12 期，译者封文摘译了绝大部分（除三个自然段外），译文约 9500 字。2011 年，在《欧亚主义历史哲学研究》一书中又发表了另外两篇古典欧亚主义原作的译文，《回归东方 · 预言与实现 · 欧亚主义者的主张》前言（约 3000 字）和《欧亚主义（系统阐述）》② 的五个部分，约 2 万字。

20 世纪 90 年代以后，中国共翻译发表了 6 篇俄罗斯学者研究古典欧亚主义的文章。1993 年，原载于俄罗斯《哲学科学》杂志 1991 年第 12 期上的另一篇文章，哲学博士 Л. 诺维科娃和 И. 西泽姆斯卡娅合著的《欧亚主义的诱惑》（译文题目为《欧亚主义者的考验》）③ 被翻译发表，约 6000 字。1996 年，《世界哲学》杂志又翻译发表了这两位女学者的另一篇文章《欧洲和亚洲之间的俄国：欧亚诱惑》④，超过 1 万字。该文是莫斯科 1993 年出版的《欧洲和亚洲之间的俄罗斯：欧亚主义的诱惑》一书的序言。该书录载了欧亚主义的主要历史文献，包括 1921 年在索非亚出版的《面向东方 · 预言与实现 · 欧亚主义者的主张》文集中的文章。

译者贾泽林在该刊前言《"欧亚主义"思潮与俄国的走向》中写道："1991 年 12 月苏联解体以来，在俄国的出版物上，出现频率最高的术语之一就是'欧亚主义'。五年来，俄国的报刊上发表了有关欧亚主义的大量论文和材料，真的有点试图用'欧亚主义'来填补'现今意识形态真空'（Л.И. 诺维科娃语）的势头。这种动向已经引起世界学术界的密切关注。美国俄亥俄大学 J. 斯坎南教授主编的《俄国哲学研究》杂志就曾就此问题出过

① 〔俄〕萨文茨基 П.:《欧亚主义》[J]，哲学译丛，1992（6）：68-72。
② 伍宇星:《欧亚主义历史哲学研究》[M]，学苑出版社，2011：215-248。
③ 〔俄〕诺维科娃 Л.，西泽姆斯卡娅 И.:《欧亚主义者的考验》[J]，哲学译丛，1993（1）：66-68。
④ 〔俄〕诺维科娃 Л.，西泽姆斯卡娅 И.:《欧洲和亚洲之间的俄国：欧亚诱惑》[J]，世界哲学，1996（1）：2-9。

一期专号（1995~1996 冬季刊），选译了俄国近年来有代表性的文章。本刊在这一期上发表一组译文，这些文章分别从欧亚主义的历史和理论思想渊源、演化、复兴以及今天俄国人对它的理解和期望等等方面，对它进行了阐述。”①

同期发表的另两篇译文，一是 O. 沃尔科戈诺娃的《欧亚主义：思想的演进》②（林山节译为 6000 多字），原载《莫斯科大学学报》（哲学类）1995 年第 4 期；二是《欧亚主义：赞成还是反对，昨天与今天》（“圆桌会议”材料）③（肖兵从 9 位发言人中选译了 4 位学者的部分发言，约 6500 字），原载《哲学问题》1995 年第 6 期。

此后很多年（除 1999 年王明进发表过一篇《美刊论述俄罗斯的欧亚主义思潮》④，介绍过美国人查尔斯 · 克洛弗的观点外），中国再未翻译发表过俄罗斯或欧美学者专门研究古典欧亚主义的文章。直到 15 年后，我们才有幸再次读到了俄罗斯学者 M. 马斯林教授被译成中文发表的、关于古典欧亚主义的两篇文章《欧亚主义：俄罗斯学的百科全书》⑤（全文约 6500 字）和《欧亚主义者谈俄罗斯思想》⑥（约 7500 字）。马斯林教授是莫斯科国立大学哲学系俄罗斯哲学史教研室主任，主要从事俄罗斯哲学史与俄罗斯文化方面的研究。

中国学界的一般研究

在较广泛译介欧亚主义思想家经典著作和俄罗斯（苏联）与欧美学者的相关研究著作的基础上，并且伴随 1993 年后俄罗斯外交中的“向东方政

① 贾泽林：《“欧亚主义”思潮与俄国的走向》[J]，世界哲学，1996（1）：1。
② 〔俄〕沃尔科戈诺娃 O：《欧亚主义：思想的演进》[J]，世界哲学，1996（1）：29-33。
③ 〔俄〕“圆桌会议”材料：《欧亚主义：赞成还是反对，昨天与今天》[J]，世界哲学，1996（1）：33-36。
④ 王明进：《美刊论述俄罗斯的欧亚主义思潮》[J]，国外理论动态，1999（10）：21-23。
⑤ 〔俄〕马斯林 M. A：《欧亚主义：俄罗斯学的百科全书》[J]，苏州大学学报（哲学社会科学版），2011（4）：19-23。
⑥ 〔俄〕马斯林 M. A：《欧亚主义者谈俄罗斯思想》[J]，俄罗斯学刊，2011（6）：77-81。

策”（即所谓“双头鹰政策”）的重大调整，中国学者越来越多地关注这一思想，并且展开了原创性的独立研究。中国有很多精通俄语的学者，他们认真研究了欧亚主义者的原著和国外学者研究欧亚主义的状况，提出了自己的见解。从 20 世纪 90 年代中后期开始，中国学者发表相关论文 30 多篇，他们首先探讨的是欧亚主义思想的兴起和对俄罗斯外交的影响。

1996 年，鲍世奋在《欧亚主义：俄罗斯外交政策的思想支柱》中指出，欧亚主义者根据俄罗斯地跨欧亚的地理特征观察问题，便必然自觉不自觉地用地缘政治的眼光观看政治事务，即认为一国政治上的表现与地理上的因素有关。雄踞欧亚两洲者非俄罗斯莫属。雄踞世界上任何两洲者亦非俄罗斯莫属。这证明，俄罗斯的大国姿态从一定的程度上讲是地理因素决定的。

他强调，“俄罗斯的欧亚主义最初崛起的历史背景有：一、历史上俄罗斯人先被蒙古人所征服，后来又征服了蒙古人。因此俄罗斯文化不可能不带有亚洲文化的影响。二、16 世纪起，俄罗斯在地理上扩张了 1/3 的亚洲土地，成了名副其实的欧亚国家。三、19 世纪末，亚洲国家日本崛起，在日俄战争中打败俄国，迫使俄国必须重视亚洲”。① 苏联解体后，俄罗斯国土面积的 25% 在欧洲，75% 在亚洲，这种新地缘政治现实使欧亚主义再次迅速占据俄罗斯学术中心地位。作者预言，俄罗斯的外交政策将会同欧亚主义的主要结论不谋而合：俄罗斯必须独立和强大，在任何情况下都不可以放弃多方位外交这一战略原则。

同年，刘峰在《当前俄罗斯外交政策中的欧亚主义》中指出，古典欧亚主义者强调“俄罗斯是东西方文明的撞击点和结合部，俄罗斯文明是欧亚文明”。他同样认为，苏联解体后，俄罗斯采用的“双头鹰”外交政策反映了欧亚主义思想，是俄罗斯“又一次自我认知的尝试和抗争努力，也是

---

① 鲍世奋:《欧亚主义：俄罗斯外交政策的思想支柱》[J]，国际展望，1996（9）：18。

一种历史心态的复归”[①]。在他看来，“欧亚主义”脂溢出一种生生不息的大国色彩，俄罗斯独特的地缘现实决定了他天生的大国姿态，欧亚主义成为俄罗斯大国倾向的载体，俄罗斯当局在欧亚主义中找到了采取东方式外交政策的合理解释。

中国著名学者夏义善在《俄罗斯的外交走向：大西洋主义，还是欧亚主义》中分析了大西洋主义、斯拉夫主义和欧亚主义的由来和发展。在他看来，融入欧洲是俄罗斯未来不可避免的发展过程，但将是“一个漫长、艰难的历史发展进程”。[②]

赵聪在《俄罗斯欧亚主义的两次泛起及其对当代外交的影响》中分析了古典欧亚主义的产生、思想内容和“新欧亚主义”的出现和内容，认为新欧亚主义继承了古典欧亚主义在地缘上的观点，新欧亚主义基本体现了“新俄罗斯思想”的轮廓[③]。

刘添才在《欧亚主义与俄罗斯的外交取向》中指出，欧亚主义作为一种理论，吸取了大西洋主义、斯拉夫主义中的强国意识和爱国主义精神，是主张东西方并重的一种理念。[④] 从叶利钦执政后期到普京时期，尤其是普京时期，欧亚主义思潮在外交领域的表现尤为突出。以欧亚主义为指导，是俄罗斯的必然选择。在一个较长的时期内，俄罗斯外交将继续以欧亚主义为指针，维护自己对国际政治格局的话语权。

肖贵纯在《浅谈俄罗斯外交中的欧亚主义文化特征》中也指出，俄罗斯的欧亚主义是俄罗斯自身文化因素的产物，研究欧亚主义可以更好地审视当今俄罗斯的外交政策。文中指出欧亚主义产生的文化根源是东西方向

---

① 刘峰：《当前俄罗斯外交政策中的欧亚主义》[J]，欧洲，1996（5）：43。

② 夏义善：《俄罗斯的外交走向：大西洋主义，还是欧亚主义》[J]，国际问题研究，2003（3）：25。

③ 赵聪：《俄罗斯欧亚主义的两次泛起及其对当代外交的影响》[J]，牡丹江师范学院学报（哲学社会科学版），2004（2）：47。

④ 刘添才：《欧亚主义与俄罗斯的外交取向》[J]，淮北煤炭师范学院学报，2008（5）：31。

摇摆不定的俄罗斯文化发展史，欧亚主义的理论精髓是强调国家作用、俄罗斯的独特性、确保欧亚“双向”平衡及提倡兼收并蓄东西方文明中的积极因素。① 作者断言，带有欧亚主义文化特征的思想定会继续影响俄外交政策和方向的选择。

陆俊元在《俄罗斯欧亚主义哲学及其对华安全理念——地缘政治视角》中简要介绍了俄罗斯欧亚主义的诞生和主张，认为与大西洋主义和斯拉夫主义相比，相对折中的欧亚主义深刻影响了俄罗斯的外交实践②。

毕洪业在《欧亚主义在俄罗斯的重新兴起及主张》中概述了欧亚主义的产生及发展，考察了欧亚主义重新兴起的原因，认为欧亚主义思潮的涌现与“休克疗法”式经济改革失败有关；转型以来社会政治结构的变化——政治权威主义推动了欧亚主义的重现；俄罗斯与西方关系的演变是欧亚主义重新兴起的外部动力。③ 他在另一篇文章《欧亚主义政治思潮与俄罗斯外交》中把古典欧亚主义称为早期欧亚主义，把新欧亚主义叫做现代欧亚主义④，主要分析了现代欧亚主义政治思潮对俄罗斯外交的影响。

杨勇在《俄国“白银时代”俄侨知识分子的地缘政治思想》中认为，俄国“白银时代”的俄侨知识分子提出了独特的地缘政治主张、制度和文化模式——即欧亚主义地缘政治思想。他从欧亚主义者的地理空间意识、对欧洲的疏离与排斥、对游牧民族的崇拜并以其“继承者”自居、对斯拉夫主义的认同与修正等方面揭示出欧亚主义地缘政治的扩张意识和扩张指向以及欧亚主义道路的保守性和浓厚的斯拉夫气息，认为该思想对新欧亚主义和俄罗斯外交政策产生了很大影响。⑤

---

① 肖贵纯:《浅谈俄罗斯外交中的欧亚主义文化特征》[J]，西伯利亚研究，2008（5）：42。

② 陆俊元:《俄罗斯欧亚主义哲学及其对华安全理念——地缘政治视角》[J]，江南社会学院学报，2008（3）：20.

③ 毕洪业:《欧亚主义在俄罗斯的重新兴起及主张》[J]，国际论坛，2007，9（2）：32，33。

④ 毕洪业:《欧亚主义政治思潮与俄罗斯外交》[J]，俄罗斯学刊，2011（2）：54。

⑤ 杨勇:《俄国“白银时代”俄侨知识分子的地缘政治思想》[J]，俄罗斯中亚东欧研究，2008（3）：70。

上述学者大都认为，欧亚主义思想对俄罗斯的外交有正面影响，但解蕾和肖金波表示质疑。

早在1999年，解蕾就在《试析俄罗斯欧亚主义的兼容性特征》中指出，欧亚主义不是新生事物，从15世纪和16世纪的俄罗斯文化中就可发现它的源头。19世纪30~40年代的斯拉夫学派可算是欧亚主义的第一个学术组织，该学派坚持俄罗斯文明的独特性和自主性，反对单纯模仿西欧文明，注重东方、半东方文明的影响。20世纪兴盛起来的欧亚主义也反对西方思想中的堕落成分，强调俄罗斯文化起源于欧亚的双重性。

作者认为，“欧亚主义的成功部分归功于它的兼容特性，善于调和各种哲学的矛盾，它以地缘政治学说为起点，汲取了民族主义、共产主义、东正教主义……构成了非常有蛊惑力的新学说”。① 他也认为，欧亚主义对俄罗斯政坛的影响体现在外交政策的转变——从向西方一边倒到双头鹰外交。但作者同时指出，俄罗斯的欧亚主义本质上仍是亲西方主义。因此，欧亚主义能否成为俄罗斯社会主导机制的指导思想？能否为俄罗斯未来文明正确地定位？似乎还不能肯定。

肖金波在《俄罗斯欧亚主义发展史的启示与反思》中对欧亚主义发展的三个阶段（古典欧亚主义、古米廖夫欧亚主义和新欧亚主义）作了概述，认为只有植根于本国土壤上才能绽放出永葆活力的思想奇葩。在他看来，兼容并蓄是欧亚主义的魅力之源，应时而生、因时而变是欧亚主义顽强生命力之所在。但作者指出，欧亚主义从创立开始，至今都缺乏凝聚力。② 作者认为，欧亚主义地缘政治观能否与时俱进，能否适应当今的新形式尚不确定；欧亚主义视角下的世界文明是冲突的，没能摆脱冷战思维。这不利于俄罗斯对外关系的发展，更不利于世界和平与稳定。

① 解蕾：《试析俄罗斯欧亚主义的兼容性特征》[J]，今日东欧中亚，1999（5）：17。

② 肖金波：《俄罗斯欧亚主义发展史的启示与反思》[J]，佳木斯大学社会科学学报，2010，28（1）：90。

中国社会科学院的董晓阳研究员在文章《俄罗斯三大社会思想》中指出，“起源于19世纪中期的斯拉夫主义、大西洋主义以及产生于20世纪初期的欧亚主义，是历史上影响俄国社会发展的三大社会思想，这三大社会思想的相互冲撞，制约着社会发展的方向”。① 在他看来，大西洋主义与斯拉夫主义没有为俄国找到有效的发展途径，20世纪20年代出现的欧亚主义则试图在这两者间找到一条适合俄罗斯发展的正确道路。文中指出，“欧亚主义起源于俄国十月革命后流亡在法国、英国等西欧国家的知识分子中间，他们从哲学、神学等学科的角度出发，探讨俄国的发展道路”。② 作者强调，欧亚主义宣传世界文明的多样性，认为其相互可以借鉴；不承认西方文明的普遍意义和一统性，认为俄罗斯应在东西并举的道路上定位自己的政治经济模式。该文作者赞成英国学者奥·卡慈尼娜在《在英国的俄国人》一书中的观点，即早期的欧亚主义者并不反对20年代的布尔什维克国家，将布尔什维主义看做欧亚主义的一个体现，并以赫尔岑在流亡过程中从大西洋主义者转变为欧亚主义者为例。

作者还谈到了欧亚主义在普京执政后的兴盛。这时的欧亚主义主要强调俄罗斯精神与世界文明的结合，民主法制同国家政权相结合，董先生称为现代欧亚主义。他从价值观、民主观、国家观、党派观、市场观、发展观、国家安全观、治国思想和对待金融寡头的态度九个方面，将普京与叶利钦的言论和行动相对比，指出现代欧亚主义已上升为影响国策的因素，成为制约俄罗斯发展趋势的理论基础。作者最后总结道，现代欧亚主义既对过去单崇大西洋主义做了纠正，也会同现代大西洋主义的某些东西结合，它本身仍包含着斯拉夫主义的成分。“俄国文明吸纳西方文明，西学实现俄国化，这将是俄罗斯社会发展的主线。”③

---

① 参见2011年5月12日《文化纵横》。
② 参见2011年5月12日《文化纵横》。
③ 参见2011年5月12日《文化纵横》。

对古典欧亚主义的理论和创始人进行归纳和专题介绍的中国学者除本书作者外，还有白文昌和陈训明。

白文昌在《俄国欧亚主义学说浅析》中把古典欧亚主义的主要理论归纳为五点：一、“欧亚洲”和“欧亚人”理论；二、对西方文化的批评；三、知识分子、人民与革命；四、建立独立的大陆市场、发展大陆经济；五、政治抱负。欧亚主义者推崇意志的权力，相信执政党的思想对社会的绝对权力。他从三个方面考察了欧亚主义的产生：一、世界历史的进程。欧亚主义者看到了革命积极的一面，十月革命、世界大战和殖民地解放运动的兴起为欧亚主义的产生提供了恰当的氛围。二、思想上的先驱。作者认为，欧亚主义者最注重的是早期的“斯拉夫派”，崇拜其坚实的宗教基础。三、社会心理基础。在作者看来，“俄国人正在构建一种与传统不同的理论体系，以对俄罗斯文化做出新的定位和划分”。[①]

2000~2003 年，贵州省社会科学院研究员陈训明发表了 6 篇关于古典欧亚主义的文章，介绍欧亚主义创始人的生平及其思想。在《俄罗斯的欧亚主义》中，他指出，西方主义和斯拉夫主义虽说源远流长，但都只不过是思潮，无明显组织性。而既反对斯拉夫主义又视西方主义为大敌的欧亚主义既是思潮，又有专门的基金会、出版社和报刊编辑部等具体组织形式，尽管其结构并不严密，未形成真正的党派实体。[②]

在《萨维茨基及其欧亚主义地缘政治思想》中，他认为萨维茨基因学识渊博、对欧亚主义的阐释全面而深入，以出色的组织和活动能力而成为欧亚主义真正的头号核心人物，[③] 是俄罗斯学术界公认的第一位地缘政治学家。他还介绍了萨维茨基的几部地缘政治著作，认为其地缘政治思想对古米廖夫和杜金的思想影响很大。在《阿列克谢耶夫及其欧亚主义国家思想》

① 白文昌：《俄国欧亚主义学说浅析》[J]，解放军外国语学院学报，2002（3）：106。
② 陈训明：《俄罗斯的欧亚主义》[J]，东欧中亚研究，2000（3）：29。
③ 陈训明：《萨维茨基及其欧亚主义地缘政治思想》[J]，东欧中亚研究，2001（3）：79。

中，陈训明强调阿列克谢耶夫对于俄罗斯国家与法的见解独到，论述精辟。他认为，阿列克谢耶夫既反对以彼得堡为中心的罗曼诺夫王朝，也反对以莫斯科为中心的苏维埃政权，而提倡建立重在保障公民精神发展的欧亚主义国家这一观点十分新颖。①

在《古米廖夫及其欧亚主义述评》中，作者认为 Л. 古米廖夫是苏联时代俄罗斯本土唯一的欧亚主义者，在“古典欧亚主义”和“新欧亚主义”之间起了重要的承先启后作用。② 在《特鲁别茨科伊的欧亚主义思想》中，作者详细介绍了特鲁别茨科伊的《欧洲与人类》《真假民主主义》《成吉思汗的遗产》《俄罗斯文化中的共同斯拉夫因素》等著作，认为特鲁别茨科伊考察历史、文化以及俄罗斯和东西方的关系是为了解决俄罗斯的现实问题。③ 在《维尔纳茨基及其欧亚主义历史观》中，陈训明指出，维尔纳茨基是一位富有独到见解的历史学家，与特鲁别茨科伊和萨维茨基并称俄罗斯欧亚主义的“三套马车”。④

2006~2012 年，笔者发表了 8 篇有关俄罗斯古典欧亚主义的文章，并对萨维茨基的思想进行了专题论述。在《俄罗斯学者关于欧亚主义问题研究综述》中，作者从欧亚主义思想流派的起源、欧亚主义蕴含的思想内容和对欧亚主义思潮和流派的评价三个方面介绍了俄罗斯学者的观点，认为古典欧亚主义是“一种特殊的爱国主义，是俄侨思想文化界唯一创新的历史哲学学说”⑤。在《欧美学者关于俄国欧亚主义的研究综述》中，作者介绍了德国、美国、法国、波兰、意大利的学者对俄国欧亚主义的一般研究，认为他们只是关注欧亚主义，但研究不够详尽。⑥ 应俄罗斯学者约稿，笔

① 陈训明：《阿列克谢耶夫及其欧亚主义国家思想》[J]，东欧中亚研究，2002（1）：57。
② 陈训明：《古米廖夫及其欧亚主义述评》[J]，东欧中亚研究，2002（3）：21。
③ 陈训明：《特鲁别茨科伊的欧亚主义思想》[J]，俄罗斯研究，2003（4）：77。
④ 陈训明：《维尔纳茨基及其欧亚主义历史观》[J]，俄罗斯中亚东欧研究，2003（5）：81。
⑤ 粟瑞雪：《俄罗斯学者关于欧亚主义问题研究综述》[J]，俄罗斯中亚东欧研究，2006（6）：82。
⑥ 粟瑞雪：《欧美学者关于俄国欧亚主义的研究综述》[J]，俄罗斯中亚东欧研究，2008（2）：87。

者用俄文撰写了《中国学者关于俄国古典欧亚主义问题研究状况》一文，除在俄罗斯发表外，还用中文发表在《廊坊师范学院学报》2012 年第 4 期上。

在文章《萨维茨基欧亚主义思想研究综述》中，笔者介绍了各国学者对萨维茨基个人品质、历史理论与文化思想的评价，指出对萨维茨基欧亚主义思想的研究，除了个别文章，大多是在整体研究欧亚主义理念的共同背景中进行。① 在本书后面的内容中将对此进行详细阐述。

笔者在《萨维茨基欧亚主义思想的经济学内涵》中指出，“作为俄国地缘政治学派的创始人，萨维茨基不仅创造了独特的文化地缘观念，还从‘思想制度’国家、国家 – 私有制等方面阐释了自己的政治和经济思想。萨维茨基的欧亚主义思想是对俄国历史问题的解读，也是对当代俄罗斯道路的‘预设’。欧亚主义不仅成为重要的战略、哲学和社会政治工具，也将成为俄罗斯内外政策的必要因素”。② 在《欧亚主义视野：萨维茨基论蒙古 – 鞑靼统治及其对俄罗斯历史的影响》中，笔者认为，欧亚主义者试图为世纪之交面临重大转折的俄罗斯寻找一条发展道路，这一历史性的探寻必须追流溯源，从俄罗斯早期历史中寻找答案，蒙古 – 鞑靼时期是无法超越的历史阶段。③ 萨维茨基不认为蒙古 – 鞑靼 200 余年的统治完全是历史悲剧，蒙古 – 鞑靼时期是俄国历史的必然阶段；蒙古时代对俄国思想文化和国家制度及地缘政治的发展产生了重要影响。正是基于这一认识，萨维茨基提出了欧亚主义地缘政治思想，创立了俄国地缘政治学派。

在《萨维茨基欧亚主义思想中的地缘政治理念》中，笔者首先将萨维茨基与西方地缘政治学派（拉采尔、契伦、麦金德等人）的理论进行对比，然后详细介绍了萨维茨基提出的“文化位移观”“欧亚大陆”和“发展空

---

① 粟瑞雪:《萨维茨基欧亚主义思想研究综述》[J]，廊坊师范学院学报，2008（6）：78。

② 粟瑞雪:《萨维茨基欧亚主义思想的经济学内涵》[J]，中国社会科学院研究生院学报，2009（4）：42。

③ 粟瑞雪:《欧亚主义视野：萨维茨基论蒙古——鞑靼统治及其对俄罗斯历史的影响》[J]，俄罗斯中亚东欧研究，2010（3）：84。

间”理论。作者认为，在俄罗斯社会思想史中，萨维茨基第一个提出了相对严谨、周密的地缘政治理论，这是萨维茨基欧亚主义思想的核心。[①] 在欧亚主义同时代的和欧亚主义出现之前的其他俄国哲学流派的思想中，关于俄罗斯国家现在与将来的地理和地缘政治的边界问题是不明确的。萨维茨基的欧亚主义地缘政治模式填补了这一空白，他创立了自己完整、独特的地缘政治学说。

在《列夫·古米廖夫的欧亚主义学说及其当代影响》中，笔者深入分析了古米廖夫的古典欧亚主义学说，并试图探讨他的欧亚主义理念对当代俄罗斯社会与政治转型的影响。

笔者首先指出，2012 年是俄罗斯历史学家列夫·尼古拉耶维奇·古米廖夫（1912~1992）诞辰 100 周年。他进一步发展了 20 世纪 20 年代在俄国侨民中产生的古典欧亚主义（核心是地缘政治思想）哲学思想，认为欧亚主义思想的最大价值是实现了历史、地理和自然学等科学的联合。作为承前启后的代表，古米廖夫为俄罗斯新欧亚主义的产生发挥了巨大的作用。新欧亚主义关注的也是全球地缘政治问题，它继承和发展了古典欧亚主义的救世主义传统，认为俄罗斯有能力振兴自己，拯救世界。

在笔者看来，古米廖夫是 20 世纪伟大的俄罗斯历史学家、思想家、东方学家、民族学家和民族起源理论的创始人，他自称是最后一个欧亚主义者。古米廖夫经历了俄罗斯历史上的整个苏联时期，预言了苏联的解体。他继承并发展了古典欧亚主义集大成者萨维茨基的思想，断言只有欧亚主义才能拯救俄罗斯。在他的科学论证中，欧亚民族的共同体和一体化理论得到了全面的解析和发展。他的研究成果为欧亚国家一体化的进程奠定了基础，他的思想的实践甚至直接体现在俄罗斯主导或积极参与的独立国家联合体、欧亚经济共同体和上海合作组织等方面。国际学术界普遍认

① 粟瑞雪:《萨维茨基欧亚主义思想中的地缘政治理念》[J]，国外社会科学，2010（4）：33。

为，当代俄罗斯最具影响力的思想家亚历山大·格尔耶维奇·杜金和亚历山大·谢尔盖耶维奇·帕纳林是古米廖夫古典欧亚主义思想的继承人，并且创建了新欧亚主义学说，而这个“新学说”又被俄罗斯领导人普京采纳。2012 年 5 月普京重登俄罗斯总统宝座的“王者归来”被杜金称为“欧亚主义象征”。

笔者认为，古米廖夫欧亚主义的重要意义在于帮助人们认识人类历史，懂得人类不是以欧洲为唯一中心的整体，而是由若干“不同景观”组成的多姿多彩的混合体。欧亚主义的主要长处在于将历史、地理和自然科学结合起来进行综合研究，因而前程远大。

一些中国学者主要致力于研究欧亚主义的思想来源，认为特鲁别茨科伊的《欧洲与人类》对欧亚主义直接产生重要影响的有伍宇星和李彬；把达尼列夫斯基的思想看作欧亚主义思想来源的有张建华、唐艳和张海鹰。

伍宇星在《俄国欧亚主义思潮及其思想先驱与后继者》中介绍了俄国古典欧亚主义流派的形成与沉寂、欧亚主义的思想体系及其思想先驱、欧亚主义在 20 世纪 90 年代的复兴及其发扬光大。在作者看来，“从研究俄国与欧洲和俄国与东方的问题来探讨俄国自己的发展道路是该思潮学说的核心。”① 这一学说有着深远的历史根源，是对斯拉夫主义的直接继承，同时更加强烈地反对欧洲中心论和俄国的欧化。20 世纪 90 年代，欧亚主义作为俄国侨民一个重要的思想流派重新回到故土俄罗斯，在俄国及独联体许多学科领域产生了融合欧亚主义思想的理论和实践尝试。伍宇星在另一篇文章《欧亚主义：俄国侨民新思潮——古典欧亚主义思潮的历程》中指出，“特鲁别茨科伊《欧洲与人类》中的文化哲学思想为欧亚主义学说提供了理论方向和方法论基础。”②

---

① 伍宇星：《俄国欧亚主义思潮及其思想先驱与后继者》[J]，济南市社会主义学院学报，2002（2）：44。

② 伍宇星：《欧亚主义：俄国侨民新思潮——古典欧亚主义思潮的历程》[J]，俄罗斯中亚东欧研究，2008（3）：77。

李彬在《浅议俄罗斯政治思潮——欧亚主义》中指出《欧洲与人类》是古典欧亚主义产生的导火索。[①] 他认为古典欧亚主义者反对欧洲中心主义，对彼得大帝时期的欧洲化改革持批评态度。

张建华、唐艳在《近10年来我国学术界关于欧亚主义问题研究综述》中指出，中国学术界关于欧亚主义的研究具有较强的针对性，主要内容包括：欧亚主义的发展、内容及评价，欧亚主义与大西洋主义和斯拉夫主义的联系及区别，俄国外交政策中欧亚主义复兴的背景、俄国向何处去等。作者认为，欧亚主义思想的鼻祖是H.达尼列夫斯基，欧亚主义者很大程度上接受了他在《俄国与欧洲》一书中的思想[②]。

张建华教授在另一篇文章《新旧俄罗斯的相遇与歧路——欧亚主义视野下俄罗斯复兴之历史思考》中指出，欧亚主义者继承了斯拉夫主义思想，强调从俄罗斯文化传统和独特地理环境中寻找赫尔岑命题（俄国是东方国家，还是西方国家？俄罗斯应走西方式道路，还是东方式道路？）的答案，试图为俄国发展指出道路。作者认为，"在苏联时代，尽管欧亚主义作为一种思潮已经基本绝迹，但从欧亚主义角度思考治国安邦的方略却成为苏联领导人的一种出发点"。[③] 在赫尔岑命题和欧亚主义观点上，旧俄罗斯、苏联和新俄罗斯实现了历史性的相遇。从欧亚主义视角来观察俄国、苏联和新俄罗斯复兴的道路，能够发现其共性：民族传统、文化特点和历史命题。

张海鹰在《俄国欧亚主义的三个思想来源》中指出，欧亚主义的思想来源主要有三个：斯拉夫主义、达尼列夫斯基的文化类型学说和列昂季耶夫的拜占庭主义思想。[④] 正是这些俄国思想的传统为欧亚主义的形成奠定

---

① 李彬：《浅议俄罗斯政治思潮——欧亚主义》[J]，职业技术，2011（6）：154。

② 张建华、唐艳：《近10年来我国学术界关于欧亚主义问题研究综述》[J]，俄罗斯中亚东欧研究，2005（6）：79。

③ 张建华：《新旧俄罗斯的相遇与歧路——欧亚主义视野下俄罗斯复兴之历史思考》[J]，学习与探索，2006（2）：36。

④ 张海鹰：《俄国欧亚主义的三个思想来源》[J]，西伯利亚研究，2009，36（5）：55。

了基础。她在另一篇文章《欧亚主义——俄罗斯思想的历史遗产》中归纳俄罗斯学者对其内容和意义的评价时，认为有四种立场：一、把欧亚主义视为反动的民族主义思想；二、确定欧亚主义是斯拉夫主义的延续和继承；三、欧亚主义是俄罗斯乌托邦的变体；四、把欧亚主义视为丧失民族根基的纯知识分子流派。① 作者认为，欧亚主义思想在俄罗斯人的现代意识中举足轻重，它是俄罗斯思想的一份重要遗产。

目前，在中国出版了 5 部涉及俄罗斯古典欧亚主义的学术著作，其中包括 1 本译著《俄罗斯地缘政治——复兴还是灭亡》（瓦列里 · 列昂尼多维奇 · 彼得罗夫著）。彼得罗夫在该书第三部分“俄罗斯——欧亚大陆地缘政治”中分析了 Н.Я. 达尼列夫斯基、К.Н. 列昂季耶夫、Н.С. 特鲁别茨科伊、П.Н. 萨维茨基、Н.Н. 阿列克谢耶夫和 Л.Н 古米廖夫的思想，认为俄罗斯地缘政治学派首先起源于他们。②

安启念在《俄罗斯向何处去——苏联解体后的俄罗斯哲学》中指出，20 世纪 90 年代初，全盘西化实验的失败在俄罗斯引发了一股民族主义思潮，主要表现为欧亚主义的再现和对俄罗斯民族精神的探索。在他看来，“欧亚主义是 20 世纪 20 年代在欧洲的俄罗斯侨民中出现的一种思想和社会政治学说，基本内容是从理论上阐述俄罗斯的文化特征和俄罗斯的历史命运”。③ 作者认为，欧亚主义的产生，实质上是俄罗斯文化对俄国社会中西方化倾向的反应，是一些知识分子强调俄罗斯文化的东方特色以对抗全盘西化寻找俄国特殊发展道路的努力。但他强调，欧亚主义绝不是要和欧洲对立，只是主张俄罗斯文化的东方性和东方文化对于人类的重要意义，而不应当

① 张海鹰：《欧亚主义：俄罗斯思想的历史遗产》[J]，吉林省教育学院学报，2009，25（9）：101。

② 〔俄〕彼得罗夫 В.Л：《俄罗斯地缘政治——复兴还是灭亡》[M]，中国社会科学出版社，2008，87。

③ 安启念：《俄罗斯向何处去——苏联解体后的俄罗斯哲学》[M]，中国人民大学出版社，2003，285。

充当西方的模仿者。

张树华、刘显忠在《当代俄罗斯政治思潮》的第五章“政治思潮的思想根源”中写道，欧亚主义者对欧洲中心主义持批判态度，强调俄罗斯是特殊的欧亚现象；他们关注东方，强调东方对俄罗斯历史的作用和影响。文中指出欧亚主义思想复兴的原因在于，俄罗斯社会长期陷入危机和混乱状态，人们对“欧洲－大西洋主义”越来越感到失望，同时又担心“民族－爱国主义”特别是极端民族主义可能带来的风险和代价太大。“在这种情况下，‘欧亚主义思想’表达了原苏联境内民族融合、文明接近的一种愿望。”①

张建华在《俄国知识分子思想史导论》中分析了欧亚主义产生时俄国面临的国内外环境：第一次世界大战削弱了欧洲霸权，西方文明出现危机；部分知识分子认为十月革命后建立的苏维埃政权破坏了俄国原有的社会道德基础和文化。在这样的历史条件下，“欧亚主义的出现在很大程度上与俄国人对自己所处的特殊‘地理位置’和‘地缘文化’的认识有关”②。作者认为，欧亚主义者继承了斯拉夫主义思想，欧亚主义思潮最重要的思想根源就是斯拉夫派和泛斯拉夫主义者关于俄国在整个世界历史中地位的认识。

伍宇星的《欧亚主义历史哲学研究》是迄今唯一一本中国学者研究古典欧亚主义的专著。书中介绍了欧亚主义思潮的发展历程，对欧亚主义的经典文献作了述评，分析了俄国社会思想及历史哲学的起源和俄国的历史文化，并选译了部分与欧亚主义有关的文献。作者认为，欧亚主义历史文化哲学思想体系是在新的历史条件下对俄国历史哲学传统的理论综合和发展，但同时指出，欧亚主义者在解构的同时未能成功建构，他们正确地提出了问题，却没给出正确的答案。“这一切还有待于新欧亚主义者的修正和完善。”③

---

① 张树华、刘显忠：《当代俄罗斯政治思潮》[M]，新华出版社，2003：109。

② 张建华：《俄国知识分子思想史导论》[M]，商务印书馆，2008：481。

③ 伍宇星：《欧亚主义历史哲学研究》[M]，学苑出版社，2011：167。

中国学者的欧亚主义专论

中国学者对欧亚主义的研究，兴起于哲学界，兴盛于历史学、政治学和国际关系学领域。自20世纪90年代中期以来，有大量的在读硕士研究生和博士研究生选择将欧亚主义作为学位论文的课题，分别从历史学、政治学、哲学、社会学、文学、语言学、国际关系学、地缘政治学、自然地理学、地缘经济学领域展开研究。这一现象表明，中国学者对俄罗斯历史和现实中的欧亚主义的关注与研究方兴未艾，后继有人。

迄今为止，中国研究古典欧亚主义的博士学位论文有4篇。

一、2004年毕业于中山大学哲学系，现为中山大学外国语学院教师伍宇星的《俄国历史哲学语境中的欧亚主义》分为四章："回归东方"——欧亚主义思潮简介；精神前提与时代碰撞；俄罗斯—欧亚洲——一个独特的历史—文化个体；新欧亚主义——后苏联俄罗斯的困惑。论文对欧亚主义思潮及其思想体系和精神前提进行了系统阐述，着力于分析欧亚主义思想体系的历史—文化哲学思想及其方法论原则，即在历史哲学的框架内解读欧亚洲历史—文化模式的基本内容及分析方法。作者认为，欧亚主义者第一次完整地提出了俄国文明类型的问题并通过哲学、文化学、地理学、人种学、语言学、政治学和宗教学手段把这一问题变成综合分析的对象。在他看来，"欧亚主义历史哲学理论引入了新的术语和范畴，从而丰富了历史科学，使揭示俄国历史进程的特征、展示亚洲因素在其中的重要作用、揭示俄罗斯文明的独特性都成为可能"。①

二、2009年毕业于北京师范大学历史学院，现为中国社会科学院研究生院副教授的粟瑞雪（本书作者）的《萨维茨基的欧亚主义思想研究》分

① 伍宇星：《俄国历史哲学语境中的欧亚主义》[D]，中山大学外国语学院，2004：118。

为八章：萨维茨基的生平及其活动；萨维茨基欧亚主义思想的历史背景；萨维茨基思想中的地缘政治理念；萨维茨基欧亚主义思想的哲学内涵、政治学内涵和经济学内涵；萨维茨基的俄国历史观及其对十月革命的思考；萨维茨基欧亚主义思想的历史影响与现实意义。

本书作者认为，“萨维茨基的欧亚主义思想是俄罗斯思想、俄罗斯命运和俄罗斯灵魂主题的再现”。① 普京担任俄罗斯总统期间采取的某些政策，体现了萨维茨基欧亚主义思想的内涵。新欧亚主义继承和发展了古典欧亚主义的救世主义传统，并极力宣扬，认为俄罗斯有能力振兴自己，拯救世界。无论是“古典欧亚主义”还是它的变种“新欧亚主义”都将不仅成为重要的战略、哲学和社会政治工具，也将成为俄罗斯内外政策的必要因素。

三、2010 年毕业于吉林大学东北亚研究院，现为吉林大学公共外语教育学院教师张海鹰的《俄国古典欧亚主义研究》分为五章：论文首先概述了欧亚主义产生的社会背景、思想渊源和运动始末；其次论述欧亚主义的思想观（宗教哲学观、文化观、地缘政治观、民族观、国家法制观和经济观）；在欧亚主义的俄国历史观中，分析了俄罗斯国家和社会发展的内部特点、蒙古统治的影响及对十月革命的评价；然后讲述了来自宗教哲学、自由主义和斯拉夫主义方面对欧亚主义的批评；在欧亚主义的复兴与传承中，介绍了新欧亚主义流派、现代欧亚主义学院派、古米廖夫欧亚主义流派和现代左倾欧亚主义流派。作者认为，欧亚主义者在诸多论述方面有合理性，但也存在严重的片面性和极端性。文中把欧亚主义分为三个阶段：古典欧亚主义（1920~1939 年）、古米廖夫欧亚主义（1956~1989 年）和现代欧亚主义（1989 年至今）。作者指出，“欧亚主义作为俄罗斯思想发展史的一个重要阶段，对其研究无论在学术上，还是在实践上，都有重要的意义”。②

---

① 粟瑞雪:《萨维茨基的欧亚主义思想研究》[D]，北京师范大学历史学院，2009：78。

② 张海鹰:《俄国古典欧亚主义研究》[D]，吉林大学东北亚研究院，2010：184。

四、2010 年毕业于黑龙江大学俄罗斯语言文学与文化研究中心，现为哈尔滨师范大学斯拉夫语学院教授李英玉的《欧亚主义与俄罗斯的复兴》分五章：除了第一章是论述俄罗斯的古典欧亚主义及其历史渊源，其余四章都是分析新欧亚主义（新欧亚主义及其俄罗斯复兴思想、新欧亚主义与俄罗斯国家定位、新欧亚主义与俄罗斯大国外交实践、新欧亚主义与俄罗斯对华关系）的。在第一章中，作者认为，形成于 20 世纪 20 年代的俄罗斯古典欧亚主义思潮有其产生的内外因素。外部因素是当时所处的时代背景。它是在世界资本主义制度经过近 200 年的发展已经逐步进入垄断时代和帝国主义时代的大背景下产生的。“资本主义制度的一系列弊病，它在道德上、文化上的破坏性和诸多负面因素首先引发了西方知识分子阶层全面的反思。”[①] 尤其是第一次世界大战之后，一些西方知识分子包括俄国知识分子把类似第一次世界大战这种世界性大灾难看成西方伦理观念和发展观念的必然结果，反映出俄国知识分子民族意识的觉醒。从内部因素来看，古典欧亚主义是由其独特的地理位置造成的俄罗斯精神的双重性决定的。作者指出，古典欧亚主义反对欧洲中心论，把欧洲看成是欧亚的敌人，目的在于捍卫欧亚文化的特殊性。

以上是中国国内目前对俄罗斯古典欧亚主义的研究状况，在欧亚主义的起源和发展问题上，学者们的看法较为一致，大都认为这是 20 世纪 20 年代在俄国侨民中出现的一种思想和学说，以文集《面向东方 · 预言与实现 · 欧亚主义者的观点》为欧亚主义诞生的标志。大多数学者同意马斯林教授的观点，认为欧亚主义分为古典欧亚主义、古米廖夫欧亚主义和新欧亚主义三个阶段。在对古典欧亚主义的评价方面，中国学者的观点不太一致。不少学者只关注俄罗斯时下流行的新欧亚主义及其对俄罗斯外交的影响，对古典欧亚主义的研究著作仅有伍宇星的《欧亚主义

---

① 李英玉：《欧亚主义与俄罗斯的复兴》[D]，黑龙江大学俄罗斯语言与文化研究中心，2010：28。

历史哲学研究》一书。欧亚主义的研究具有复杂性和多面性，不仅应从哲学角度，还应从思想史和地缘政治方面探讨古典欧亚主义的地位和实践意义。

4. 关于萨维茨基欧亚主义思想的研究综述

作为欧亚主义思想和运动的典型代表人物，萨维茨基的思想无论在其生前还是身后都引起人们的极大关注。欧亚主义对俄国思想或俄国历史天命意义的解释远不能使20世纪俄侨中的西方主义思想家满意，俄侨中的自由主义人士成为萨维茨基的天然论敌，如著名历史学家米留科夫、基泽韦捷尔、斯捷蓬、斯图卢威等。后来在论敌中还有一些开始支持欧亚主义运动的人，如哲学家弗洛罗夫斯基、史学家比齐里等，也曾同萨维茨基积极辩论。

在与俄国发展的历史道路有关的问题方面，立宪民主党领袖米留科夫不接受萨维茨基的欧亚主义观点，后者认为苏维埃国家在某些原则上与欧亚主义有可能相结合。米留科夫认为，苏维埃在欧亚主义的解释中，不仅是权力机关，而且是“真理国家”的人民理想。

俄国历史学家基泽韦捷尔非常重视萨维茨基的历史观点和对“欧亚大陆”概念的理论论证。在他看来，欧亚主义思想是对已形成的、关于俄国历史概念的、新的、不必要的破坏，对俄国的民族自我意识而言是危险的。

俄国学者库利舍尔（А.М. Кулишер）断言，萨维茨基在文章《欧亚主义》中，为了宗教偏执和“附属经济”（подчинённая экономика）的“旧智慧”（старая мудрость）而反对“欧洲精神”（европейский дух），实质上是向布尔什维主义投降。①

俄国著名经济活动家梅尔基赫（А.М.Мелких）在分析萨维茨基的文章《主人和经济》时，认为文中阐述的经济强国理论是“对共产主义的让步，

① Быстрюков В.Ю. Общественно-политическая деятельность Петра Николаевича Савицкого в годы эмиграции（1920-1938 гг.）. Канд. дисс. Самара, 2003. С. 12.

近乎承认它”[①]。

俄国著名哲学家斯捷蓬曾指出，从西方借来的共和主义和社会主义思想使俄国遭受了无尽的屈辱。有过这种经历，几乎不可能产生反对欧亚主义的意向。并非欧亚主义拥护者的斯捷蓬虽然预言了它光明的未来，认为欧亚主义思想符合时代精神；“但这种‘精神’永远落后于现实。因此，欧亚主义者特鲁别茨科伊、萨维茨基和其他人 —— 没有发现他们的学说站不住脚。”[②]

在分析和批评萨维茨基的地理理论时，俄国著名历史学家米留科夫承认俄国的地理特征影响其民族特殊性，但认为“萨维茨基将这一思想引向了极端”。[③] 在他看来，术语“欧亚大陆”是指出了亚洲和欧洲之间的大陆过渡带特点，但这样的过渡带很多，把它们划为独立的类型是不对的。米留科夫认为萨维茨基地理研究的主要缺陷是片面采集证据，萨维茨基的目的之一是无论如何要找到唯一性和特殊性；必须从西方转向东方是其另一个目的。他批评萨维茨基认为俄国自然区域是四道旗状布局的结论，认为它们无论如何不可能连接欧洲和亚洲；无论是冻土带，还是沙漠、森林、草原都不是俄国典型的，他们早就超出了俄国的范围。米留科夫还指出，萨维茨基没有发现俄国气候的主要特点——按从西向东的方向不断增加的大陆性。

俄国著名史学家比齐里曾经支持欧亚主义，后来也对它进行批评。他指责萨维茨基有时丧失了分寸感，认为“欧亚主义是‘地理宿命论’（географический фатализм）或‘对地理学的迷恋’（одержимость географией）”。[④]

俄国土壤学家、彼得堡大学教授奥金佐夫（Б.Н.Одинцов）认为，萨维

① Савицкий П.Н. *Континент Евразия*. М., 1997. С. 261.

② Люкс Л. Евразийство // Вопросы философии. 1993. № 6. С.108.

③ Быстрюков В.Ю. Общественно-политическая деятельность Петра Николаевича Савицкого в годы эмиграции（1920-1938 гг.）. канд. дисс. Самара, 2003. С. 6.

④ Лавров С. *Лев Гумилёв: Судьба и идеи*. М., 2000. С. 121.

茨基在《俄国的地理特征》(«Географические особенности России»)一文中，用俄国政治边界的范围限制整个欧亚大陆固有的自然地理现象，这一结论没有任何根据。在他看来，“俄国的欧洲、亚洲部分不仅互相联系，而且和其余的欧洲、亚洲区域在气候和其他自然地理条件方面以逐渐过渡的方式相联系，并构成统一的大陆不可分割的部分”。[①]

俄国民族学家莫吉良斯基(Н.М.Могилянский)却高度评价了萨维茨基的这篇著作，认为它是对科学的重大贡献。他指出作品的很多优点，如广泛的文献基础，对包括苏联时期在内的大量文献的分析，成功的科学定义等；但同时也批评作者对一些问题概念化和新术语使用不准确。莫吉良斯基认为，如果萨维茨基多关注地貌学和气候学，将会使他免受批评家们的主要责难。在他看来，从西向东气候变化的主要原因是全年温度幅度的增加，而萨维茨基忽视了这一点。

俄国著名经济学家比利莫维奇(А.Д.Билимович)对萨维茨基的观点“世界文化的中心在第三个千年将转移到欧亚俄罗斯”表示怀疑。在他看来，萨维茨基承认鞑靼枷锁的正面意义是“欧亚主义者难以克服的标新立异倾向，没有任何重要的科学意义”[②]。

在分析萨维茨基的哲学思考和文化观点时，基泽韦捷尔认为，老斯拉夫派比欧亚主义者的观点与自己更接近。在他看来，萨维茨基关于俄国文化结合了欧洲和亚洲因素的观点没有什么可反驳的。但他反对斯捷蓬称欧亚主义者为“未来主义时代的斯拉夫派”；批评萨维茨基的学说充满矛盾，认为其是“过分轻率的、仿佛是空中幻想的建筑”[③]；不同意萨维茨基认为

---

① Одинцов Б.Н. Пределы Евразии // *Науч. тр. Русского Народного Университета в Праге.* Прага , 1929. Т . Ⅱ . С.164.

② Быстрюков В.Ю. Общественно-политическая деятельность Петра Николаевича Савицкого в годы эмиграции(1920-1938 гг.). канд. дисс. Самара, 2003. С . 11.

③ Новикова Л., Сиземская И. *Россия между Европой и Азией: Евразийский соблазн.* 1993. С . 278.

斯拉夫主义思想带小地方性的说法。基泽韦捷尔认为，尽管在欧亚主义中有真理，但“只是问题的真理，不是答案的真理。在欧亚主义的幻想中，只有很少的真理与巨大的自我欺骗相结合”。① 基泽韦捷尔强调，萨维茨基的历史哲学，完全经不起任何批评；萨维茨基在文章《草原与定居》中描述的蒙古枷锁的影响，产生“十分奇怪的印象，他们想用某种动人的俄国鞑靼田园诗图景偷换真正的历史事实”。② 基泽韦捷尔称萨维茨基的“发展空间”理论为“地理神秘主义（географическая мистика）”。③

在著名经济学家和哲学家、萨维茨基的启蒙老师斯图卢威看来，萨维茨基的学说表现为确定欧亚主义世界民族的文化种族特征；在这种确认中重复着所有这种纲要的通常错误：已知的特点不是作为历史情形和事件经常变动的结果，而是作为先验的资料，决定并预先确定该事件这种情形的条件。他指出萨维茨基的作品中虽然有健康的保守主义因素，但运动及其个别代表固有的革命理想化不可接受。

俄国著名宗教哲学家别尔嘉耶夫批评萨维茨基的欧亚主义对天主教持敌视态度，认为这是多神教的割据主义。他强调，“基督教不允许这种对善与恶、光明与黑暗的地理和民族划分”。④

著名神学家弗洛罗夫斯基也认为不可能从精神上把俄国与欧洲分离。在他看来，“俄国作为拜占庭的现实继承者，对于统一文化历史现象中的非东正教的、基督教西方来说，将成为东正教的东方”⑤。

---

① Дурновцев В.И. Кулешов С.В. *Культурное наследие российской эмиграции (1917-1940)*. Кн. 1. М., 1994. С. 149.

② Новикова Л., Сиземская И. *Россия между Европой и Азией: Евразийский соблазн.* 1993. С С. 274 -275.

③ Кизеветтер А.А. Русская история по-евразийски // Валдалковская М.Г. *Историческая наука российской эмиграции...* С. 342.

④ Бердяев Н.А. Евразийцы // Новикова Л., Сиземская И. *Россия между Европой и Азией: евразийский соблазн.* 1993. С. 295.

⑤ Полюса евразийства // Новый мир. 1991. № Ⅰ. С. 206.

以上与萨维茨基同时代的学者对萨维茨基的欧亚主义思想多以批评为主，或褒贬掺半，而俄国作家伊万诺夫（В.В.Иванов）却非常赞成这一思想。他认为，欧亚主义运动会受到所有俄国的、爱国主义者的欢迎。在他看来，对欧亚主义的研究散发出草原的芬芳和东方的浓香。“为了证明俄国与欧洲的区别，萨维茨基等欧亚主义者对斯拉夫派的事业进行了正确修正。只有对东方的历史重新思考，才能找到我们自己。”①

萨维茨基的作品，尤其是研究俄国地理特征方面的专著，在俄侨界引起极大的兴趣。侨民中多次举行学术辩论会和讨论，其中涉及欧亚主义运动史的政治方面［如欧亚主义者与“托拉斯”（трест）的关系］和某些欧亚主义代表的历史、文化观点。萨维茨基的思想很少被分离出来作为单独的研究内容，通常被置于欧亚主义研究的共同背景中。20 世纪 30 年代末，随着欧亚主义运动的衰落，关于它的争论逐渐消失，对萨维茨基著作的科学分析实际上也中止了。

第二次世界大战以后，在苏联国界之外出版了一系列研究俄侨“第一次浪潮”历史的著作，其中涉及欧亚主义。但这些著作几乎没有涉及萨维茨基的理念。如 1955 年，德国学者萨尔基相茨（E.Sarkisianz）出版的专著《俄国与东方救世论》（«Russland und der Messianismus des Orients»），研究了俄国与东方的文化和精神交际，其中只收集了大量决定欧亚主义某些精神前提的资料。②

1968 年萨维茨基去世以后，美国出版了关于他的传记性文章，作者是其生前好友维尔纳茨基，文中较详细地讲述了萨维茨基一生的遭遇及其学术观点。在维尔纳茨基看来，萨维茨基是一个有非凡天分和广泛兴趣的人，是历史学家、地理学家、经济学家、艺术理论家和教育家；他记忆力惊人，

---

① Лавров С. *Лев Гумилёв: Судьба и идеи.* М., 2000. С. 111.

② 参见 Альдо Феррари К истории евразийской идеи : взгляд с Запада // Евразийство: проблемы осмысления. 2002.Уфа, С.39。

笃信东正教。在文章最后，维尔纳茨基写道：“萨维茨基的一生坎坷曲折，但他始终追求崇高的精神价值，刻苦钻研；他创造性地对待生活，积极与人交往，对俄国和俄国人民始终怀有强烈的信心。”①

20 世纪 90 年代以后，俄国才发表了一些记述萨维茨基的传记性文章。学者帕利耶夫斯基（П.Палиевский）强调，在欧亚主义理论上，萨维茨基比特鲁别茨科伊的贡献更大，“他论证了这些思想中的关键概念。在他的著作中比别人更深刻地揭示了形成欧亚大陆特殊世界的民族合作及其社会生活”。②

俄罗斯当代学者斯捷潘诺夫（Н.Ю.Степанов）的观点是，萨维茨基在专业方面是经济地理学家，但在其著作中也表现为文化学家和哲学家。“他是一个学识渊博的人，能熟练运用德语、捷克语、英语、法语和挪威语。”③ 作者同时指出，萨维茨基是一个非常积极的人，从事欧亚主义组织的联合工作，他坚信思想对于社会革命的意义。

学者杜尔诺夫采夫（В.И.Дурновцев）认为，萨维茨基是最彻底的、最积极的欧亚主义者。“在欧亚主义运动的所有历史阶段，他都起了非常重要而独特的作用，表现出杰出的组织才能。”④ 他还指出，萨维茨基是天才的地理学家、经济学家、历史学家和哲学家，其学术和政论方面的遗产尚未得到系统研究。

著名学者克柳奇尼科夫（С.Ключников）也指出萨维茨基是地理学家、经济学家、政论家、思想家和欧亚主义运动的奠基人之一；他很早就表现出多种才华，如在艺术理论（他的第一篇文章就是关于乌克兰的砖石建筑

① Вернадский Г.В. *Новый журнал*. Нью-Йорк, Кн. 92. С. 277.

② Евразийская идея:вчера, сегодня, завтра // Иностранная литература, 1991. № 12. С. 214.

③ Степанов Н.Ю. Идеологи евразийства. П.Н. Савицкий // *Евразия:Исторические взгляды русских эмигрантов*. М., 1992. С. 156.

④ Дурновцев В.И. Кулешов С.В. *Культурное наследие российской эмиграции*（1917-1940）. Кн. 1. М., 1994. С. 146.

术），在史学和经济地理领域，在新闻工作和行政活动（曾经担任俄国驻挪威公使馆公使秘书）方面。作者同样认为萨维茨基知识渊博。“他异常积极，精力充沛，性格乐观，将纯理论与社会活动成功结合。”①

当代俄罗斯学者杜金认为，萨维茨基大概是第一位和唯一一位可以在完整意义上被称为地缘政治学家的俄国学者。萨维茨基“是一位经济学家，是彼·斯图卢威的学生，第一次世界大战之前曾与立宪民主党接近”。②

学者拉夫罗夫（С. Лавров）强调萨维茨基是杰出的经济地理学家、游牧学家和俄国第一位地缘政治学家。“必须指出，‘地缘政治’的概念本身具有双重性：既是一门科学，也是具体的政治活动。因此，彼得一世是地缘政治学家兼实践家；萨维茨基从《伊戈尔远征记》（«Слово о полку Игореве »）中找到了地缘政治的主题。”③ 拉夫罗夫认为，萨维茨基对欧亚主义是最忠诚的：他担任欧亚主义委员会主席时，承担了全部的组织工作，经常在欧洲各国首都间往返。此外，萨维茨基是欧亚主义的主要思想家，为这一新流派赋予了名称。他的地缘政治立场感染了其他欧亚主义领导人。

俄罗斯与欧美学者除对萨维茨基的生平及个人品质作出较高评价外，对其历史理论与文化思想也进行了研究。学者中既有拥护赞成之人，也不乏批评指责者。

1961 年，德国历史学家博斯出版的著作对萨维茨基欧亚主义的批评研究有较大贡献。在他看来，萨维茨基关于“文化迁移”的观点具有假定性，没有考虑到气候条件的历史变化。“它导致推崇俄国的文化弥塞亚，这之后明显流露出的只是东正教信仰的真理性思想。”④

---

① Ключников С. *Русский узел евразийства*. М., 1997. С. 74.

② Дугин А. *Основы геополитики*. М., 1997. С. 82.

③ Лавров С. *Лев Гумилёв:судьба и идеи*. М., 2000. С. 105.

④ Антощенко А.В. Споры о евразийстве. О Евразии и евразийцах библиографический указатель. Петрозаводск, 1997. С. 16.

1973 年，欧亚主义运动直接参加者之一的伊利英（В.Н.Ильин）在西方发表文章《欧亚主义》，回顾运动的思想体系和历史哲学。他同意萨维茨基的观点，即第一，不是中国，而是俄国应当被称为“中央的国家”（срединное государство）；第二，存在一种特殊的文化和文化形态的综合体系，包括欧洲、亚洲国家，伊朗、印度、中国和日本。在他看来，游牧民族在欧亚大陆历史上起过重要作用，由此可见游牧学（кочевниковедение）这种典型“欧亚主义科学”的重要性。只有俄国积极参与，欧亚大陆的各种文化才能够联系、综合。他认为萨维茨基关于“俄国文化能担任联合与调解力量的历史角色”这一说法是对的。

20 世纪 70 年代末 80 年代初，在苏联出现的一些著作，把萨维茨基领导的欧亚主义运动描绘为整个白侨的思想退化。正如学者万达尔科夫斯卡娅指出的，“对欧亚主义的类似解释反映了这一时期苏联科学的共同状况及对侨民的态度”。[①]

1993 年，德国斯拉夫学家、政治学家、文化学家留克斯发表文章，认为萨维茨基领导的欧亚主义不是偶然的现象，它与青年罗斯人和路标转换派，以及德国的保守主义革命政治流派是同源的。[②]

1995 年，德国另一位历史学家伊格纳托夫也认为，萨维茨基的欧亚主义“不真实地解释俄国历史，导致虚构的政治纲领”，是“意识形态的神话”和“保守主义政治目标的合法化手段”。[③]

俄国学者杜尔诺夫采夫（В.И.Дурновцев）对欧亚主义者中的第一人——萨维茨基的论据进行了批评性分析，认为很难把萨维茨基本身的世界观和欧亚主义历史理论相分离，尤其是在讲到学说的基本原则时；萨维茨

---

① Вандалковская М.Г. *Историческая наука российской эмиграции:евразийский соблазн.* М., 1997. С. 10.

② Люкс Л. Евразийство. *Россия между Западом и Востоком.* М., 1993. С. 76.

③ Игнатов А. «Евразийство» и поиск русской культурной идентичности // Вопросы философии. 1995. № 6. С. 63.

基确立了欧亚主义思想的主要范畴——欧亚俄罗斯是特殊的地理和历史世界，俄国的民族性具有特殊的价值。杜尔诺夫采夫指出，萨维茨基的历史理论和其他欧亚主义创始人一样，无疑是有弱点的；但“他们认为，俄国文化空间的特征起源于它发展的自然地理条件，而且在很大程度上要用周围的民族环境和历史形成的民族内部关系来解释，这一看法仍保留了合理的意义”。① 在杜尔诺夫采夫看来，正是地缘政治的任务，在继续对历史运动、民族间关系、俄罗斯的经济状况产生强大影响的同时，确定了俄罗斯在欧洲文明坐标体系中的合法地位。

当代俄罗斯学者西尼亚金（С.В.Синякин）认为，“萨维茨基的‘发展空间’概念不是纯地理的，而带有文化形态的内容。发展空间的特点（森林、河流、草原或沙漠）加强并巩固了相应民族日常生活的特点”。②

意大利托斯卡纳大学教授费拉里研究西方学者的观点后指出，西方学者主要把萨维茨基领导的欧亚主义综合理解为某种立场，因俄罗斯文化与现代化、与作为现代化先锋的西方无法合理共存而推出。“在这方面它实质上被看作文化和政治中虚假的神话题材，本身带有某种危险。”③

萨维茨基的地缘政治思想和社会改革方案是各国学者们研究的重点，基本上正面的评价较多。

1967 年，美国加利福尼亚大学教授梁赞诺夫斯基认为萨维茨基著作的极大意义在于论证了欧亚大陆的特殊自然性，其结论是理论家自己创造的特有的地缘政治理论；并指出德国地缘政治学派和包括达古恰耶夫（В.В.Докучаев）在内的俄国前辈对萨维茨基观点的巨大影响。梁赞诺夫斯

① Дурновцев В.И. П.Н.Савицкий // *Историки России* XVIII - XX веков. Вып. 6. М., 1999. С С. 121-122.

② Синякин С.В. Категория ‘месторазвитие’ и географический детерминизм П.Н.Савицкого // Гуманитарные исследования. 2000. № 4 . С. 196.

③ Альдо Феррари К истории Евразийской идеи : взгляд с Запада // Евразийство: проблемы осмысления. 2002. Уф а , С .40.

基得出结论，“在某种意义上，欧亚主义是绝望地尝试回到已消逝的俄国，试图把陌生社会中不稳定、无根基的存在变成家里有机的、创造性的生活面貌”。①

从 20 世纪 80 年代末开始，苏联和俄罗斯国内研究俄侨历史、科学和精神遗产方面的史学状况逐渐改变。苏联的解体、民族间的冲突、俄罗斯国家的危机赋予欧亚主义思想某种政治色彩，历史学家、哲学家、法学家、文化学家和政治学家都开始着手研究以萨维茨基为代表的欧亚主义者的遗产。

著名学者帕舒托（В.Т.Пашуто）收集了大量关于俄侨史学家的材料，去世后才得以出版。在他看来，萨维茨基的“地理决定论”和他对俄罗斯国家领土增长过程的关注有某些正面因素。“如果从作者关于金帐汗国对罗斯而言是联合森林、草原地区的地缘政治思想载体的臆测转移开来（这一切在古代罗斯已经研究过），那么就完全可以有根据地思考这种领土增长对巩固臣民眼中专制思想的意义，思考拜占庭继承者——俄国类型的帝国思想的萌芽。”② 学者强调了萨维茨基所提出问题的重要性：关于中世纪用海运和陆运方式进行贸易时的商业费用及安全的差别，关于在罗斯出现关税政策、税率政策和航运政策的问题及其他。

当代俄罗斯学者斯捷潘诺夫指出，萨维茨基研究的“循规进化说”（номогенез）和著名自然科学家维尔纳茨基（В.И. Вернадский —— 欧亚主义历史学家格·弗·维尔纳茨基之父）的“智力圈”（ноосфера）学说有某种联系。“还在 1921 年初，欧亚主义的奠基文集《面向东方》问世之前，萨维茨基就尝试把俄国描述为一个特殊的地理世界，并描绘了这一世界的地

---

① Riasanovsky N.V. The emergense of Eurasianism // California Slavic Stadies. 1967. Vol. 4. pp. 39-72. Российское издание: Рязановский Н.В. Возникновение евразийства // Звезда. 1995. № 2. C . 44.

② Пашуто В.Т. *Русские историки эмигранты в Европе.* М.: Наука, 1992. С С . 96-97.

理、气候和土壤特征。当时表达的思想后来在他的其他文章和小册子中得到了发展。”①

在地缘政治思想发展的背景中研究萨维茨基观点的学者有俄罗斯当代哲学家杜金。在他看来，萨维茨基的主要思想是：俄罗斯是特殊的文明构成，是通过“中央性”（срединность）来确定的。俄罗斯的“中央性”对萨维茨基而言是俄罗斯历史同一的基础——它不是欧洲的一部分，也不是亚洲的延续；它是独立的世界，独特的精神历史和地缘政治现实。杜金认为，萨维茨基的欧亚俄罗斯地缘政治意义是欧洲森林和亚洲草原的综合；“发展空间”和“思想制度”（идеократия）理念是萨维茨基理论的重要方面。

当代俄罗斯学者阿列夫拉斯（Н.Н.Алеврас）研究了萨维茨基的早期作品，并把它与另一位欧亚主义者——维尔纳茨基的著作进行对比。他指出，两位学者对一些共同的问题感兴趣：俄罗斯帝国的历史和它的命运。他们学术观点的形成，是在第一次世界大战前和“一战”期间。在他看来，解决世界问题的国内、国外方案，民族思想的现实性，反德情绪和爱国主义情感的增长，地缘政治方面新知识领域的出现，影响了萨维茨基他们这一辈人的思想和理论。他强调，与专业历史学家维尔纳茨基不同，萨维茨基把自己的学术兴趣首先和经济地理联系在一起。关于俄国的经济条件，萨维茨基提出，俄国应在集约开采东部边疆原料储备的基础上发展工业。阿列夫拉斯认为，在维尔纳茨基和萨维茨基的早期作品中就已经研究过那些预备形成基本欧亚主义概念的问题，如“发展空间”“欧亚大陆”“自给自足性”（самодостаточность）“大陆经济”（материковое хозяйство）等。他们二人都论证了俄国发展的东方地缘政治方针和类似脱离“没落旧欧洲”的“泛欧亚主义”思想，强调俄国在世界历史中获得了本身的使命。

---

① Степанов Н.Ю. Идеологи евразийства. П.Н. Савицкий // *Евразия:Исторические взгляды русских эмигрантов.* М., 1992. С С. 160-161.

俄罗斯学者安托申科（А.В.Антощенко）研究了自然界、社会与个性在萨维茨基的欧亚大陆“发展空间”概念中的相互关系问题。在其《“欧亚大陆”与“神圣罗斯”》（« “Евразия” и “Святая Русь” »）一书的第四章，专门阐述了欧亚主义思想家萨维茨基的帝国主义和生产力发展的观点。[①] 萨维茨基指出帝国主义的特征是多民族性及经济上、文化上和政治上的有机统一，在他看来，帝国主义是一种发展经济、文化、开拓疆土的国家政策。他强调俄国必须依靠其亚洲部分的自然资源发展工业，以达到工农业发展的平衡。

应当指出，俄罗斯与欧美学者对萨维茨基及其欧亚主义思想的研究，除了个别文章，大多是在欧亚主义理念整体研究的共同背景中进行的，其社会政治活动也是在研究欧亚主义运动的共同轨道中。

20 世纪 90 年代末和 21 世纪初，俄罗斯出现了一些研究欧亚主义历史的副博士学位论文，如切尔内赫的《特鲁别茨科伊文化哲学中的俄罗斯文化历史自决因素》（Чёрных В.А. Факторы культурно-исторического самоопределения России в культурософии Н.С.Трубецкого. М.1999.）、邦达里的《维尔纳茨基的社会政治观点和活动》（Бондарь А.Ю. Общественно-политические взгляды и деятельность Г.В.Вернадского. М.2001.）、帕先科的《欧亚主义意识形态》（Пащенко В.Я. Идеология евразийства. М.2000.）、帕尔金的《欧亚主义者学说中的国家构想》（Палкин А.Г. Концепция государства в учении евразийцев. Омск，2009.）等。

在以上这些论文中，都提到了萨维茨基，但论述简短而且不完整。西尼亚金的《萨维茨基著作中社会政治思想的发展》（Синякин С.В. Развитие общественно-политической мысли в трудах П.Н.Савицкого. Уссурийск，2002.）、贝斯特留可夫的《萨维茨基在侨民时期（1920~1938 年）的社会

① Антощенко А.В. “*Евразия*” *или* “*Святая Русь*”?（*Российские эмигранты в поисках самосознания на путях истории*）. Петрозаводск, 2003. С С. 140-146.

政治和学术活动》[Быстрюков В.Ю. Общественно-политическая и научная деятельность Петра Николаевича Савицкого в годы эмиграции（1920~1938）. Самара，2003.]、波卢欣的《萨维茨基的历史观：方法论研究》（Полухин А.Н. Историческая концепция П.Н.Савицкого：теоретико-методологический аспект. Томск，2007.）、马特维耶娃的《萨维茨基关于 20 世纪前 1/3 俄国历史发展的地缘政治构想》（Матвеева А.М. Геополитическая концепция исторического развития России первой трети века П.Н.Савицкого. М. 2008.）和索科洛夫的《萨维茨基的地缘政治理论》（Соколов Д.Е. Геополитическая теория П.Н.Савицкого. Санкт-Петербург，2008.）是 5 篇专门论述萨维茨基思想的学位论文，对萨维茨基欧亚主义理念的形成与发展、社会政治和学术活动作了较详细的阐述，但萨维茨基学说的有些方面仍未被涉及。本书在“史料来源”部分将对这几篇论文进行更详细的介绍。

苏联解体前后欧亚主义思潮的复兴同样引起了中国学者的强烈兴趣，本书对此问题已进行详细阐述。需要指出的是，除笔者发表的 3 篇研究萨维茨基欧亚主义思想的论文外，只有陈训明的 1 篇专题论述萨维茨基及其欧亚主义地缘政治思想的文章，其他学者的著述没有对萨维茨基的欧亚主义思想做详细研究。萨维茨基欧亚主义思想的其他内容及其在 20 世纪 20~30 年代俄侨运动中的地位、作用，萨维茨基欧亚主义思想的历史影响与现实意义等，都需要进一步探讨和系统研究。

整体而言，各国学者把欧亚主义列入俄国历史哲学思想发展的总轨道，把萨维茨基的著作放在欧亚主义运动研究的共同主线中分析，对欧亚主义地缘政治问题有所关注。但萨维茨基欧亚主义思想的起源和观点的形成与发展，萨维茨基对俄国革命和俄国历史的看法，其地缘政治理念与西方地缘政治学派的关系，萨维茨基的社会理想、政治改革思想及历史影响与现实意义等，还需要做进一步深入的研究。

三 研究方法和研究思路

历史研究是对思想、政治、社会和经济现象的过程探究，任何思想和学说都应将其置于特定的历史环境和连续的时间发展之中，在过去、现在和将来的相互联系中再现和理解其本质和意义，确定对过去与现实的认识。德国历史学家约恩·吕森（J.Rüsen）所倡导的历史描述法是重要的研究方法。该方法赋予所描绘的事件或现象以一定的意义，向研究者提供历史知识，帮助研究者形成对历史的认识，确定过去与现实的相互关系。描述历史事实是历史描述法的主要内容，表达历史概念、阐释历史研究成果是历史描述法的具体方式，完成读者与作者的思想交际是历史描述法的重要功能。

吕森教授划分出四种历史描述法，用以表现读者历史意识的渐进发展。第一，传统描述法（исторический нарратив традиционного типа）。即强调历史事实（историческая реальность）与历史知识（историческое знание）没有分离，在读者的理解中汇成一体。作者的立场没有意义，不存在历史知识的真实性问题。第二，教益描述法（назидательный нарратив）。它认为论据不在于传统，而是总结具体事件的规则。历史事实与历史知识虽仍未分离，但作者的立场已具有意义。作者在评价历史事件的时候，似乎也在教授读者使用类似的分析方法。第三，批评描述法（критический тип исторического нарратива）。它否定过去的经验对现实的意义。历史事实与历史知识相互分离，真理的标准在于历史知识与历史事实相符合。历史学家的任务是为真正的历史事实清除其受到的主观、变形的影响，历史学家试图唤起读者与历史事实直接进行交流。第四，遗传描述法（генетический тип нарратива）。在该描述法中，历史事实与历史知识仍然保持分离，但它对变化的历史实质提出了思考。遗传描述法承认道德价值的不稳定，采用这种方法能够使读者更好地理解他人，从而更深刻地理解自身。

培养历史意识的必要基础是读者所感受的经验。读者通过思考所感受的经验，完成历史记忆（историческая память），形成历史意识。历史记忆一方面表现为主体对此经验保持回忆的能力；另一方面是整理回忆的结果。历史意识保证了不同水平主体固有历史记忆的统一和共性，是同一（идентичность）的基础。同一不是固定的一组特征，而是在主体间交际过程中产生的动态平衡。而历史记忆的缺乏（кризис исторической памяти）会造成同一发生改变。吕森因此认为："历史记忆的缺乏指的是这样一种状态，当历史意识与所感受到的、铭刻在记忆中的，但未被纳入习惯性历史概念的经验相触及时，对已形成的、同一的基础和原则产生动摇。"①

历史记忆的缺乏会产生历史意识的危机，战胜这种危机的主要方法就是历史描述法。以单独事件的形式刻画在记忆中的、过去的经验，借助历史描述法形成某种完整的东西，这些事件在其范围内获得意义，即形成历史记忆。吕森认为，"历史描述法有以下功能：第一，能调动过去铭刻在记忆中的经验，同时使现在的经验易懂，对未来的期待可行；第二，能以连续而完整的思想形成三维时间（过去—现在—将来）的内部统一，使过去的经验具有现实意义，并影响未来；第三，能使作者与读者之间建立同一"。②

本书主要使用吕森提出的四种历史描述法，以萨维茨基的地缘政治理论为线索，研究萨维茨基的欧亚主义思想。本书立足于文本和文献解读，从萨维茨基欧亚主义学说的思想根源入手，描述历史事实、阐释历史概念，综合使用上述几种历史描述法，从萨维茨基的地缘政治理论、社会理想和

---

① 转引自 Антощенко А.В. "*Евразия*" *или* "*Святая Русь*"?（*Российские эмигранты в поисках самосознания на путях истории*）, Петрозаводск, 2003. С. 105。

② 转引自 Антощенко А.В. "*Евразия*" *или* "*Святая Русь*"?（*Российские эмигранты в поисках самосознания на путях истории*）, Петрозаводск, 2003. С. 107。

改革思想等方面分析萨维茨基欧亚主义学说的概念基础，在理解萨维茨基思想观点的同时分析其思想根源、历史影响和现实意义。

四　史料来源

1. 核心史料和文献

《欧亚大陆》(« Континент Евразия »)。该书收录了萨维茨基的一系列文章和专著，反映了他欧亚主义观点的不同方面。所有文章不按发表时间的先后顺序，而按题材特点选用和排列。全书分三部分：关于欧亚主义的系统阐释、欧亚主义观点和地缘政治。萨维茨基从 10 个方面对欧亚主义进行了阐述：众多错误思想的危害和一种真理思想的十分必要性；关于真理思想的某些必要前提；作为思想基础的东正教；俄国教会和俄国文化；欧亚主义俄罗斯的文化世界；欧亚大陆的统一；作为个性存在和它们相互关系的教会和国家；俄国革命的意义；中间环节和最近将来的问题；新俄罗斯的课题。体现萨维茨基欧亚主义历史、哲学、政治和经济等观点的文章有 14 篇，如《俄国历史的欧亚主义概念》(«Евразийская концепция русской истории »)、《主人与经济》(« Хозяин и хозяйство »)等；关于萨维茨基地缘政治理念的有 10 篇文章，如《欧亚俄罗斯的地理述评》(«Географический обзор России-Евразии »)、《欧亚主义的地理和地缘基础》(« Географические и геополитические основы евразийства »)、《俄国历史的地缘政治简论》(« Геополитические заметки по русской истории »)、《国际关系散论》(«Очерки международных отношений »)等。这是迄今为止唯一一本较完备的萨维茨基的专著。

《俄国工业的发展空间》(«Месторазвитие русской промышленности»)。这是 20 世纪 30 年代在德国出版的萨维茨基的重要著作，讲述了俄国工业发展的条件和特点，体现了萨维茨基的欧亚主义经济思想。

《欧亚主义的俄罗斯结》(« Русский узел евразийства »)。该书收集了萨维茨基的另一些文章，如《欧亚主义文学的思想和道路》(« Идеи и пути евразийской литературы »)、《俄国历史问题》(« Проблемы русской истории »)、《欧亚大陆民族中的俄罗斯人》(« Русские среди народов Евразии »)、《俄国地缘政治的基础》(« Основы геополитики России »), 以及萨维茨基的 6 封书信。这些罕见的一手资料几乎没有出现在其他文献中。

《欧亚大陆：俄国侨民的政治观点》(« Евразия：Исторические взгляды русских эмигрантов »)。该书除收录了萨维茨基的一些文章，如《在华沙的历史学家国际大会上。1933 年》(« На международном съезде историков в Варшаве.1933 г. »)、《传统的力量和创造的力量》(« Сила традиций и сила творчества… »)、《宇宙的统一》(« Единство мироздания »)，该书还附有萨维茨基的生平介绍。

《欧亚俄罗斯世界》(« Мир России-Евразии »)。书中有萨维茨基的两篇重要文章:《欧亚俄罗斯地理述评》(« Географический обзор России-Евразии »)、《‹欧亚大陆报›不是欧亚主义的机关刊物》(« Газета‹Евразия›не есть евразийский орган »)。文中展现了萨维茨基的欧亚俄罗斯世界理想和政治思想体系。

《欧亚主义新闻》(« Евразийская хроника »)。其中发表了萨维茨基的文章:《论欧亚主义经济学说》(« К вопросу об экономической доктрине евразийства »)、《关于党外性》(« О внепартийности »)。这是萨维茨基两篇极难寻觅的著作。

《俄国大学的学术著作》(« Научные труды Русского университета »)。其中发表了萨维茨基的文章《来自俄国地理的过去》(« Из прошлого русской географии »)，表现了萨维茨基的欧亚主义俄罗斯大陆世界的思想。

《欧亚大陆的节奏：时代与文明》(« Ритмы Евразии：эпохи и

цивилизации »）。书中收集了萨维茨基写给古米廖夫的 11 封信。这是理解萨维茨基思想的重要史料。

《欧亚主义学报》（« Евразийский временник »）。其中发表了萨维茨基的文章：《俄国的生产力》（« Производительные силы России »）、《主人和经济》、《论工业的国家因素和私人因素问题：18~20 世纪的俄国》（«К вопросу о государственном и частном начале промышленности：Россия ⅩⅧ - ⅩⅩ вв. »）。文章中阐释了萨维茨基的部分社会政治改革思想，如“国家—私有经济”模式、“经济强国”理念等。

2. 其他重要资料

特鲁别茨科依是欧亚主义另一位重要的思想家，也是萨维茨基的战友和朋友。他的著作和思想同样是相关研究的重要资料。

特鲁别茨科依：《历史·文化·语言》（« История · культура · язык »）。该书收集了特鲁别茨科伊公爵大部分关于欧亚主义的作品，由托尔斯泰（Н.И.Толстой）作序《特鲁别茨科伊和欧亚主义》（« Н.С.Трубецкой и евразийство »），还包括古米廖夫教授的文章《特鲁别茨科伊公爵的历史哲学文章（最后一位欧亚主义者的札记）》[«Историко-философские сочинения князя Н.С.Трубецкого（заметки последнего евразийца »）]。

特鲁别茨科伊：《成吉思汗的遗产》（« Наследие Чингисхана »）。该书主要收集了特鲁别茨科伊的作品。编者杜金在前言《战胜西方》（« Преодоление запада »）中，从 9 个方面详细介绍了特鲁别茨科伊的个人情况和思想理念，如“欧亚大陆广场”上的纪念碑、“俄罗斯施本格勒”的命运、反对欧洲的人类、罗斯的欧亚主义范式等。

古米廖夫被视为沟通“欧亚主义”和“新欧亚主义”的中介者，分析他的思想对于理解欧亚主义思潮有着极其重要的作用。《列夫·古米廖夫：命运与思想》（« Лев Гумилёв：судьба и идеи»）一书中有一章专门回顾“欧亚主义的诞生和第一次生命”，详细介绍了率领“三套车”的欧亚主义领导人萨维茨基。

杜金是当代俄罗斯新欧亚主义思潮和运动的主要代表，他的著作《地缘政治的基础》(« Основы геополитики ») 是这方面的重要资料之一。全书由《地缘政治学基础》和《用空间思考》两大部分组成。第一部分介绍了“地缘政治”的定义、该学派的先驱，以及当代地缘政治学理论和流派。另外还介绍了新欧亚主义者，并对古典欧亚主义进行了分析。第二部分介绍了空间哲学、欧亚主义的先驱等。

此外，下列文集收录或节选了欧亚主义思想家的著述。

诺维科娃、西济姆斯卡娅编:《欧洲和亚洲之间的俄罗斯：欧亚主义的诱惑》(« Россия между Европой и Азией：Евразийский соблазн »)。书中编入了几位欧亚主义思想家的著作，主要研究作为欧亚大陆的俄国的命运；并收录了著名的非欧亚主义者围绕欧亚主义思想进行论战的文章。编者认为，“欧亚主义既是一种哲学社会思想，也是政治运动。”①

费多罗夫斯基编:《寻找自己的道路：欧洲和亚洲之间的俄罗斯》(« В поисках своего пути：Россия между Европой и Азией»)。该书包含了著名俄国思想家的作品，表达了对俄国与东西方民族、国家和文化传统相互关系的不同观点。这些材料能帮助人们在思考俄国过去和现在的问题时，对其内容和命运形成足够完整的概念。编者认为，“问题的中心是努力确定俄罗斯在周围世界中的地位，理解它与东西方伟大文明相互联系的性质和意义，找到在掌握全人类的精神和文化价值与保留自己民族和历史特点的方针之间最佳的相互关系”。②

---

① Новикова Л., Сиземская И. *Россия между Европой и Азией : Евразийский соблазн.* издательство Наука, М., 1993. С. 2.

② Федоровский Н.Г. В поисках своего пути : *Россия между Европой и Азией.* издательство Логос, М., 1997. С.5.

基拉巴耶夫等编:《欧亚主义思想和现代性》(« Евразийская идея и современность »)。该书主要分析和评价 20 世纪前 1/3 时期那些称自己为欧亚主义者的俄侨的哲学、地缘政治和民族文化学说，这些学说以俄国的文化历史地位为方向。这些俄侨认为俄国介于东西方之间，处于中间因而也是特殊的位置。在编者看来，萨维茨基等欧亚主义者提出关于俄国命运和使命的问题尖锐而有意义，因此欧亚主义运动具有历史生命力，至今拥有追随者。该书主要讲述古典欧亚主义的理论和时间特征、它变为“新欧亚主义”的现代形式、欧亚主义方案的可行性和前景。全书分三部分：第一部分是古典欧亚主义，包括 13 篇文章；第二部分是欧亚主义思想的复兴：新欧亚主义，有 5 篇论文；第三部分是欧亚主义书目，有 4 篇文章。

伊萨耶夫的《欧亚大陆之路》(« Пути Евразии »)。该书选用了文集《自深处》(« Из глубины ») 和《面向东方》(« Исход к Востоку ») 里的文章，编者加以注释并作序。

下列著作为当代俄罗斯学者研究欧亚主义的著作，具有较大的参考价值。

安托申科的《“欧亚大陆” 还是 “神圣罗斯”？》(« “Евразия” или “Святая Русь”? »)。该书分析了欧亚主义者特鲁别茨科伊、萨维茨基、维尔纳茨基和巴黎东正教神学院教授卡尔达舍夫 (А.Карташев) 和费多托夫 (Г.Федотов) 的创作。他们创造了把俄国过去的历史首先作为“欧亚大陆”命运，其次是“神圣罗斯”命运来研究的独特概念。在它们的历史叙述中，主要关注的是革命引起文化传统的断裂是怎样被克服的，比较研究旨在揭示这些思想家们向侨民们提出的新的自我认同原则。全书主要有七章，第一章，问题的当代祖国史学史；第二章，作为史学史研究方法的叙述法 (нарратология)；第三章，特鲁别茨科伊公爵和欧亚主义；第四章，欧亚主义思想家萨维茨基；第五章，维尔纳茨基的“欧亚主义历史”；第六章，卡尔达舍夫的“神圣罗斯”国家神权理念；第七章，费多托夫的古代罗斯神圣理念。

万达尔科夫斯卡娅的《俄侨历史学：欧亚主义的诱惑》(«Историческая наука русской эмиграции：евразийский соблазн»)。全书分两章，第一章，欧亚主义的理论基础，主要从个性、文化、国家和发展空间几个方面解释；第二章，俄国历史的阶段，主要讲历史学的传统，分析古俄罗斯国家、蒙古鞑靼枷锁、莫斯科公国、帝国主义时期、革命和苏联体制等。

当代俄罗斯较重要的关于萨维茨基研究的 5 篇副博士学位论文如下：

马特维耶娃的副博士学位论文《萨维茨基关于 20 世纪前 1/3 俄国历史发展的地缘政治构想》主要分为三部分，首先从萨维茨基在革命前进行的地缘政治分析的初步尝试、在国内战争时期所从事的社会政治与学术活动以及在侨民时期的创作这三个方面阐释了萨维茨基政治观点与学术概念的形成，然后分析了欧亚俄罗斯帝国模式及其形成过程和 20 世纪前 1/3 全球化进程中国家安全的地缘战略——欧亚主义理论与苏联的实践，最后详细阐述了萨维茨基用于分析 20 世纪 20~30 年代苏联社会经济与政治发展的地缘政治观点。

索科洛夫的副博士学位论文《萨维茨基的地缘政治理论》首先论述了萨维茨基地缘政治构想的世界观与方法论前提，然后阐释了其地缘政治理论及对于当代俄罗斯制定地缘政治战略的意义。

波卢欣的副博士学位论文《萨维茨基的历史观：方法论研究》主要分四个部分，作为思想家的萨维茨基的生平、萨维茨基历史观的目的论基础、萨维茨基的“发展空间”学说和对历史发展具有“周期规律性”的认识。

贝斯特留可夫的副博士学位论文《萨维茨基在侨民时期（1920~1938 年）的社会政治和学术活动》研究的题目是萨维茨基世界观形成的主要阶段，他对俄国历史发展问题的观点，在欧亚主义运动中的组织作用以及 1920~1938 年的学术和教学活动。从 1920 年萨维茨基告别俄国，到 1938 年欧亚主义组织实际上停止存在，作者选择这一时间范围，系统研究了萨维茨基欧亚主义观点的形成与发展。

西尼亚金的副博士学位论文《萨维茨基著作中社会政治思想的发展》分析了萨维茨基的社会政治学说、社会经济思想和理论方法原则，指出其地缘政治理论、意识形态理论和社会政治理论是统一的社会政治学说不可分割的组成部分。

第二章　萨维茨基的生平及其活动

一　作为思想家的萨维茨基

彼得·尼古拉耶维奇·萨维茨基（Пётр Николаевич Савицкий）出身贵族，笔名沃斯托科夫（П.Востоков）[①]、卢边斯基（С.Лубенский）、霍多特（Ходот，萨维茨基母亲的娘家姓）、洛戈维科夫（П.В.Логовиков）等，1895 年 5 月 15 日生于乌克兰切尔尼戈夫省（Черниговская губерния）的萨维谢沃庄园（Савищево），这是他家的祖产。萨维茨基是俄罗斯杰出的历史学家、外交家、地理学家、经济学家、政论家、思想家，欧亚主义创始人、俄罗斯地缘政治学派的奠基人，是哲学家和阐释俄罗斯地理、经济、历史特点及自给自足性的理论家，首次在气候与植物地理资料对照的基础上采用了划分自然区域的方法，是著名的白侨与社会政治活动家、诗人。

① 意为“东方人”。

从17世纪末期起，萨维茨基家族就声名远扬。该家族的谱系从罗曼·萨维茨基（Роман Савицкий）开始，他是一位神父，1687年继承一片森林之后成为地主。从另一支亲属关系来看，萨维茨基出身于鞑靼的穆尔扎[①]家庭。这可以追溯其家谱至成吉思汗本人。萨维茨基曾经指出，把成吉思汗称为“父亲”，对于很多贵族世系来说具有“直接的意义”[②]。

其父尼古拉·彼得洛维奇·萨维茨基（Николай Петрович Савицкий，1867~1941）是俄罗斯和乌克兰著名的国务与社会活动家，他是切尔尼戈夫的地主，曾经担任切尔尼戈夫省地方自治局（земская управа[③]）的主席，是切尔尼戈夫省克罗列韦茨县（Кролевецкий уезд）的首席贵族，后来担任国务会议（Государственный Совет）切尔尼戈夫省地方自治机关代表或称为国务委员，是四等文官。萨维茨基的外祖父是六品文官，职业是医生。萨维茨基的母亲乌里扬娜·安德烈耶夫娜（1866年12月21日出生）毕业于波尔塔瓦贵族女子学院（Полтавский институт благородных девиц），是一位优秀的、和蔼可亲的俄罗斯女性，1894年与萨维茨基的父亲成婚。萨维茨基有一个弟弟格奥尔吉·尼古拉耶维奇（1898年4月1日出生）和一个妹妹安娜·尼古拉耶芙娜（1900年5月3日出生）。萨维茨基1923年与薇拉·伊万诺夫娜·西蒙诺娃结婚，生育两个儿子，伊万和尼古拉。

萨维茨基的童年（1899~1906年）在白俄罗斯度过，其父当时担任过列奇察和戈梅利的县首席贵族（两县均位于明斯克省），白俄罗斯的自然风光给萨维茨基留下了不可磨灭的印象。萨维茨基的双亲使儿子受到了最好的贵族式传统教育。萨维茨基从3岁到18岁，先后有好几位德国的家庭女教

---

① 15世纪各鞑靼国家封建贵族的称号及有该称号的人。

② 参见萨维茨基1965年11月29日写给列夫·古米廖夫的信。http://evraz-info.narod.ru/86.htm .

③ 19世纪俄国地方自治执行机关。

师给他上课，还有一位法国的家庭女教师教了他 10 年左右。因此，萨维茨基精通多门欧洲语言。除了法语和德语外，他还能流利地用英语、捷克语和挪威语交谈。

萨维茨基 6 岁起就表现出对历史的热爱，童年时读过很多历史文献。上中学时对历史课兴趣浓厚，并撰写了几部学术作品。他记忆力惊人，能整页整页地背诵他曾经快速读过的某本书。萨维茨基 1913 年从切尔尼戈夫古典中学毕业后考入彼得堡工学院（Петербургский политехнический институт）经济系，专修经济地理学。在大学期间，俄国著名经济学家、哲学家和历史学家斯图卢威（Пётр Бернгардович Струве）① 曾做过他的启蒙老师。斯图卢威评价大学阶段的萨维茨基具备出色的天赋。② 革命后，他们仍一直保持学术和事务上的联系。

彼得堡工学院的教学环境使萨维茨基的个性最终形成。萨维茨基从经济系毕业，完成硕士学位论文后，经斯图卢威推荐，被暂时派到俄国驻挪威公使馆，担任公使秘书（1916~1917 年），为俄国与挪威的两份政治贸易协定的缔结做了筹备工作，并为副博士学位论文《战争时期挪威的贸易政策》收集材料。萨维茨基 22 岁便获得了经济学副博士学位。1917 年 10 月，他留在母校经济生活史教研室工作，准备参加教授职称的遴选。十月革命后，萨维茨基回到乌克兰，保护自己的祖产。曾加入斯科罗帕茨基（П.П.Скоропадский）将军一方与进攻基辅的佩特留拉（С.В.Петлюра）军队作战。萨维茨基先后在奥德萨（Одесса）、叶卡捷琳娜达尔（Екатеринодар）、波尔塔瓦（Полтава）、哈尔科夫（Харьков）、罗斯托夫（Ростов）等地居住过。

在一片混乱时期，萨维茨基仍在从事科学研究。他从 1918 年起开始

---

① 1870~1944 年，俄国经济学家、哲学家、历史学家、政论家，“合法马克思主义”的理论家，立宪民主党的领导人之一。

② *Русское зарубежье. Первая треть* ⅩⅩ *века.* РОССПЭН. М., 1997. С. 562.

写作《经济形而上学与经验认知》(« Метафизика хозяйства и опытное его познание »)一书，1925 年出版。他还完成并打印好了一本俄国宗教建筑史方面的书，但在 1918 年的国内战争中丢失了。1919 年秋天，当萨维茨基在波尔塔瓦治疗肠伤寒时，他的头脑中就产生了“欧亚大陆”这个术语。

苏俄国内战争时期，萨维茨基参加了邓尼金(А.И.Деникин)领导的白军，后又参加过保卫克里木的战争。1919 年 12 月 ~1920 年 4 月和 1920 年 5、6 月间，萨维茨基作为邓尼金和弗兰格尔(П.Н.Франгель)在巴黎的行政代表曾在国外出差，从事帮助俄国难民的组织工作。弗兰格尔领导白卫运动之后，斯图卢威开始主持俄国南方政府的工作，他邀请萨维茨基到自己的部门来工作。萨维茨基担任过总务处处长助理和外交部经济处处长职务。弗兰格尔军队失败后，萨维茨基离开克里木，移居土耳其的盖利博卢(Галлиполь)。1920 年 11 月，萨维茨基被派到君士坦丁堡(Константинополь)，他从那里去了保加利亚的首都索非亚。萨维茨基在索非亚担任俄国 – 保加利亚出版社常务社长并于 1921 年初进入由斯图卢威恢复创办的《俄罗斯思想》杂志编辑部担任技术编辑。正是在索非亚，萨维茨基结识了后来组成欧亚主义运动核心的苏符钦斯基、特鲁别茨科伊和弗洛罗夫斯基。

从 1921 年底开始，萨维茨基定居在布拉格，其父母随后也迁居此地。在斯图卢威的推荐下，萨维茨基进入查理大学 1922 年 5 月开办的俄国法律系经济学与统计学教研室工作，并于 1922 年 12 月 18 日获得政治经济学与统计学编外副教授称号，后来获得查理大学教授称号。萨维茨基在布拉格与西蒙诺娃(Вера Ивановна Симонова)结婚。来布拉格后不久，萨维茨基与后来的欧亚主义运动另一位思想领袖——维尔纳茨基相识。

从 20 世纪 20 年代开始，萨维茨基曾在多所大学任教。从 1928 年开始同时担任俄国农业合作社学院(Русский институт сельскохозяйственной кооперации)的编外副教授及经济和农业地理教研室主任。1929~1933 年，他任俄国人民大学（Русский народный университет）社会学部主席和俄国自由大学（Русский свободный университет）附属科研协会成员。1935~1941年，萨维茨基被邀请到布拉格德语大学（Пражский немецкий университет）教授俄语、乌克兰语和斯拉夫学。1940~1944 他被任命为布拉格俄语中学（Русская гимназия в Праге）的校长。萨维茨基同时还为一家名为《道路》的宗教杂志写稿。作为一位天才的教育者，萨维茨基总是积极与学生交流，开发他们的智力，因此备受学生们的感激。除了热火朝天的社会活动与积极的教学工作外，萨维茨基总能找出时间撰写大量学术著作和政论文章。1940 年之前，萨维茨基发表了 178 部作品，第二次世界大战结束后，又发表了 17 部。

第二次世界大战爆发后，德军占领了布拉格，德语大学解除了萨维茨基的工作。捷克政府试图救助他，仍让其担任布拉格俄语中学校长职务。由于对纳粹的不友好态度，萨维茨基曾几次被盖世太保逮捕，“只是奇迹般地躲过了盖世太保”① 的迫害。第二次世界大战期间，萨维茨基参加了俄侨的爱国主义运动。

曾与德国人一起共事的梅勒－扎科梅尔斯基男爵（А.В.Меллер-Закомельский）是受命于德国法西斯政府的思想家，他建议萨维茨基写一篇反对苏联经济学家和国民经济领导人的文章。萨维茨基郑重地回答：“你忘记我是欧亚主义的领导人了，我没有改变自己的欧亚主义观点。我不接受您的计划；它对作为欧亚主义整体的俄国没好处。” ② 两个月后，萨维茨基被撤销了校长一职，当时离占领结束还有 1 年半时间。但对萨维茨基来说，最黑暗的时期是 1941 年 6 月至 11 月，这是关系到俄国存亡的艰苦时期。萨维茨基在写给古米廖夫的信中说道：“从 1941 年 6 月到 12 月初，我体重减了

① Вернадский Г.В. П.Н.Савицкий（1895-1968）// *Новый журнал.* 1968. Кн. 92. С. 275.

② Лавров С. *Лев Гумилёв:судьба и идеи.* М., 2000. С. 139.

20公斤。1米80的个子，从80减到了60公斤。”①

但是，苏联红军并不信任萨维茨基，在苏联红军解放布拉格后的1945年5月21日，他被逮捕并遣送回苏联。同年9月5日，苏联反间谍机关“除奸部”（Смерш–Смерть шпионам）总局局长阿巴库莫夫（В.С.Абакумов）批准判处萨维茨基有罪，罪证是他“参加了欧亚主义者颠覆苏联政权和消灭共产党的反革命运动”（контрреволюционное движение евразийцев с целью свержения советской власти и уничтожения Коммунистической партии）。② 1945年10月20日，萨维茨基以反苏罪被判入狱10年。萨维茨基的妻子薇拉和两个未成年的儿子尼古拉和伊万留在了布拉格。薇拉没有惊慌失措，她找了份收入不错的翻译工作，把捷克语译成俄语，这使她能很好地抚养儿子们。1959年10月，萨维茨基的妻子因肺癌去世。

1946年，萨维茨基遭受几个月监禁的磨难之后，被关押到莫尔多瓦（Мордовия）的劳改营。1947年1月5日，萨维茨基在写给斯大林（И.В.Сталин）的一封信中，尝试为欧亚主义辩护，指出它是一种揭示俄国生活与俄国历史“自我合法性”（самозаконность）和“自给自足性”（самодостаточность）特征的思想。这些特征“因苏联和苏维埃政权的存在及在资本主义包围中进行社会主义建设而体现”。③ 萨维茨基在信中讲述，他从1932年开始就参加了最初的侨民“护国主义运动”（оборонческое движение）。萨维茨基在申诉信中声明，从1939年3月起，他就作为运动的代表公开发表言论，为激励俄侨的爱国主义情绪做了能做的一切。1936年，在布拉格的讲堂上，面对众多听者，他曾振臂高呼“祖国的特色与独立——高于一切”（Самобытность и независимость отечества-превыше

① 转引自 Лавров С. *Лев Гумилёв:судьба и идеи.* М., 2000. С. 140。

② Дурновцев В.И. , Кулешов С.В. Жизнь и судьба П.Н.Савицкого // *Культурное наследие российской эмиграции (1917-1940).* Кн.1. М., 1994. С. 150.

③ Дурновцев В.И. Савицкий Пётр Николаевич (1895-1968) // *Историки России :Биографии.* М., 2001. С. 708.

всего）。[①]

因为没有找到复查案件的理由，萨维茨基只得在劳改营中待了很多年。尽管很艰难，萨维茨基在狱中仍继续进行学术和文学活动。他与不同学术背景的人们通信，阅读寄来的书籍。为了保持良好的精神状态，他开始写诗。在坐牢和流放时最困难的条件下，萨维茨基不得不把诗句记在小纸片上、书的封面上和撕开一个小口的信封上，他那非凡的记忆力正好适用。1948~1950 年间，他完成了描述俄国历史特点和俄国生活万象的组诗。诗歌创作让萨维茨基在劳改营的环境中保持了自我的个性，艰苦的经历检验了他坚定的世界观和生命的价值。萨维茨基在狱中创作的一些诗，后来在巴黎结集发表。

1954 年，萨维茨基被释放出劳改营，减轻了惩罚。稍后他被转到莫斯科郊外的特别“休养所”（дом отдыха）[②]，获释的学者和作家们要在那里被监禁一段时间。1956 年，苏联国内开始大规模平反，被特别会议判处 10 年监禁的萨维茨基获释，并允许他在莫斯科居住。萨维茨立刻申请去捷克斯洛伐克，在获得批准后，他回到了布拉格的家中。但是捷克斯洛伐克政府早已解除了他的教职，萨维茨基不得不从事收入微薄的临时性工作以维持生计。这类工作主要是把捷克语译成俄语，翻译杂志上的历史、文学、经济题材的文章。工作常常中断，萨维茨基生活十分贫困。妻子的去世又使他受到沉重的打击。

回到布拉格后，萨维茨基恢复了和欧洲及美国朋友们的通信，这招致捷克斯洛伐克政府的不满。1961 年 5 月，萨维茨基因以笔名“沃斯托科夫”（意为“东方人”）在巴黎出版有俄国爱国主义倾向的诗集被捷克斯洛伐克

---

① Дурновцев В.И. , Кулешов С.В. Жизнь и судьба П.Н.Савицкого // *Культурное наследие российской эмиграции (1917-1940)*. Кн.1. М., 1994. С. 151.

② Степанов Н.Ю. Идеологи евразийства: П.Н.Савицкий（1895-1968）// *Евразия: Исторические взгляды русских эмигрантов*. М., 1992. С. 163.

政府重新投进监狱。幸而这次时间不长，下令逮捕萨维茨基的内务部部长失宠是天赐良机，朋友们的帮助更是至关重要，尤其是知名人士、英国哲学家罗素（Bertrand Russell）出面说情。这次短期拘禁严重损害了老人本已虚弱的身体。

出狱后，萨维茨基的生活状况更加艰难。他的健康情况也不佳，休息 1 年后没能找到任何工作。初期有朋友们帮助，渐渐他能自立了。1967 年秋，萨维茨基患了重病，身体开始迅速衰弱。他的手术做得不成功，接着是各项折磨人的检查。萨维茨基有时住医院，有时住在没人照顾他的家里。他以惊人的意志和精神力量忍受着病痛，为了生计继续工作。萨维茨基依然对关于俄国和俄国文化的新书充满强烈兴趣，依旧和朋友们通信。在生命的最后时光，他对古代俄罗斯艺术尤其感兴趣，关注讲述俄国古代文物状况的时事新闻。任何关于这些文物遭破坏的消息都令他悲伤，苏联政府努力救助俄国艺术理论家和修复尚可挽救的事物总是令他高兴，哪怕这些努力并不及时。1968 年 4 月 13 日，萨维茨基在布拉格去世，享年 73 岁。

二　萨维茨基的学术和政治活动

1. 萨维茨基作为思想家的著述活动

1913~1914 年，刚上大学的萨维茨基就对有关乌克兰的题目十分着迷。他与乌克兰著名历史学家莫扎列夫斯基（В.Л.Модзалевский）一起合著了《切尔尼戈夫·古乌克兰艺术概要》(« Чернигов.Очерки искусства старой Украины »）一书。在第一次世界大战期间，萨维茨基开始写文章为俄国帝国主义辩护。

1915 年，萨维茨基在他的著作中给出了自己的帝国主义公式。他认为帝国是大国的特殊类型，它能超越地理民族的界限来扩展民族文化、经济和政治。萨维茨基认为，历史上有两种帝国模式——罗马式和英国式，即大陆型帝国主义和海洋型帝国主义。前者主要由政治关系来固定，后者以经济关系为基础。萨维茨基强调，俄国帝国主义是一种“合理的帝国主义”（здоровый империализм），认为“它不仅能体现帝国主义统治下各民族的文化，还能吸取其精华，为己所用，并创造超民族的文化”。[①]

1918 年，萨维茨基开始写书《经济形而上学和它的经验认识》（1925 年出版）。

1920 年底，萨维茨基离开君士坦丁堡到保加利亚的索非亚定居，斯图卢威请他担任俄罗斯—保加利亚出版社（Российско-Болгарское книгоиздательство）出版的杂志《俄罗斯思想》（« Русская мысль »）的副刊编辑工作。萨维茨基在该刊上发表文章《欧洲与欧亚大陆》（« Европа и Евразия »），对特鲁别茨科伊的书《欧洲与人类》（« Европа и человечество »）进行评论。萨维茨基对特鲁别茨科伊的主要思想进行了更确切的说明，他在评论文章中提出了“欧亚大陆”的术语，这一概念成为第一本欧亚主义文集的作者们自我意识的基础。

从 1921 年夏天起，萨维茨基因异见退出杂志社工作，但这并不影响他与斯图卢威的亲密关系一直保持到 20 世纪 20 年代中期。1923 年夏天，萨维茨基邀请斯图卢威夫妇参加自己的婚礼。他在给斯图卢威妻子尼娜·亚历山大罗芙娜（Нина Алексадровна）的信中，把他们称为“最亲近的人”（самые близкие люди）。[②]

1921 年 8 月，《面向东方·预感和实现·欧亚主义者的观点》在索非亚出版，书中收录了 10 篇文章，作者是四位年轻的学者——萨维茨基、苏符钦斯基、特鲁别茨科伊和弗洛罗夫斯基。该书前言这样写道：“我们不仅将民族主义转向斯拉夫人，而且转向俄罗斯人民占据中央位置的整

---

① Лавров С. *Лев Гумилёв: судьба и идеи.* М., 2000. С. 132.

② Быстрюков В.Ю. Общественно-политическая и научная деятельность Петра Николаевича Савицкого в годы эмиграции（1920-1938 гг.）. канд. дисс. Самара , 2003. С. 34.

个‘欧亚主义’（евразийский）世界民族。俄国的人们和‘俄罗斯世界’（Российский мир）民族的人们既不是欧洲人，也不是亚洲人。我们融合了故乡的和周围的文化与生活要素——毫不惭愧地称自己为欧亚人。”① 文集中有萨维茨基的 3 篇文章:《转向东方》（« Поворот к Востоку»）、《文化的迁移》（« Миграция культуры »）和《大陆—海洋》（« Континент-океан »）[又名《俄国与世界市场》（« Россия и мировой рынок »）]。

萨维茨基在《转向东方》中，强调俄罗斯就是东方，俄国承担了为所有人寻找真理的任务。文集《面向东方 · 预感和实现 · 欧亚主义者的观点》包含了以非传统观点分析俄国历史发展及新型改造方案的内容，标志着欧亚主义思想流派的诞生。

1921 年底，萨维茨基迁居布拉格。在这里，他忙于紧张热烈的文学、科学和思想活动。20 世纪 20 年代初期，布拉格的俄语学校、科学协会、书籍出版业等一起成立了俄国文化中心，布拉格被称为“俄国的雅典”（Русские Афины）。

萨维茨基积极从事出版活动和学术研究与交流。他是布拉格俄国人民大学“学术著作”（Научные труды）版社科栏目的编辑，也多次在此发表自己的作品；萨维茨基曾接受德国的俄国工业贸易与金融家协会邀请，参与《消息报》（« Известия »）的出版工作；他因精通几门欧洲语言，常在外国出版物上发表著作，还是一本捷克语杂志的合作主编。

1922 年在柏林出版了第二本欧亚主义文集《在途中：欧亚主义者的观点》，共有 10 篇文章，其中包括萨维茨基的《草原与定居》和《两个世界》。

1923 年，萨维茨基与维也纳大学的教授，那时常到布拉格来的俄国语言学家特鲁别茨科伊公爵合作，创立了欧亚主义运动的原则。他还和苏符钦斯基等人一起创办了《欧亚主义学报》，编辑了《欧亚主义新闻》《欧亚

① Новикова Л.И., Сиземская И.Н. *Мир России-Евразии: Антология*. М.: Высш. Шк., 1995. С. 26.

主义文集》等。萨维茨基吸收不同专业的俄国学者参与这些报刊的出版，其中一些人接受了欧亚主义历史哲学，另一些人则很快脱离了它。

1923 年 3 月，萨维茨基、苏符钦斯基等人在会面时通过了形成欧亚主义政治组织的决议，同年 6 月成立了出版公司和俄罗斯—亚洲研究小组。1923 年 12 月，欧亚主义组织通过了萨维茨基起草的《欧亚主义》纲领，于 1925 年发表。在萨维茨基看来，可以从政权中清除旧的布尔什维主义政党首脑，能胜任的新人应当代替前者，这些新人就是欧亚主义者。萨维茨基积极参与制定了欧亚主义运动后来所有的纲领和宣言。

1924 年 12 月，欧亚主义委员会（Совет евразийства）成立，领导欧亚主义小组的活动，在布拉格、巴黎、华沙、布鲁塞尔、贝尔格莱德、里加都有这样的小组。尽管委员会主席是特鲁别茨科伊，但最积极的组织工作由萨维茨基与苏符钦斯基完成。1925 年 10 月，委员会分成四个部门，萨维茨基被编入其中的两个部门——意识形态部和财政部工作。

1926 年，萨维茨基发表《欧亚俄罗斯地理述评》；1927 年，在布拉格出版了萨维茨基的书《俄国的地缘政治特征》和《俄国是特殊的地理世界》。同年，萨维茨基发表文章《俄国历史地缘政治简论》，作为维尔纳茨基的作品《俄国历史教程》（« Начертание русской истории »）的补充内容。

1927 年 4 月，在布拉格成立的俄国历史协会（Русское историческое общество）上，作为俄国科学院驻布拉格的组织成员之一，萨维茨基和其他 20 来位著名学者一起签署了章程。他不仅参加讨论报告，本人也提交报告并发言。萨维茨基还与特鲁别茨科伊一起，参加了语言学小组（лингвистический кружок，1926 年在布拉格成立）的工作。

1928 年，萨维茨基发表文章《论游牧学研究的任务》。萨维茨基认为，不充分考虑俄罗斯民族和游牧世界的相互关系，就不能以适当的方式理解俄国历史的进程。同年底，萨维茨基还发表了《世界的统一》一文。他深信，宗教因素植根于人类的天性中。

1929 年，萨维茨基发表《〈欧亚大陆报〉不是欧亚主义的机关刊物》一文，批评欧亚主义“巴黎派”（парижское направление），并宣布与之划清界限。在他看来，该报并不熟悉欧亚主义的概念、主要特征和整个体系。同年，他还做了报告《从地理学家的角度谈语言学问题》（« Вопросы лингвистики с точки зрения географа »）。

1931 年，萨维茨基发表文章《在为欧亚主义的斗争中》，反驳来自各方的、大量的对欧亚主义越来越恶毒的责难。同年他还发表了另一篇文章《欧亚主义的两副面孔》。

1932 年，萨维茨基在柏林出版了专著《俄国工业的发展空间》，同年他还发表了文章《传统的力量和创造的力量》以及《国家的五年计划和经济发展》。

1933 年，在华沙举行的第七次国际历史学家代表大会上，萨维茨基将报告《俄国历史的欧亚主义构想》（« Евразийская концепция русской истории »）提交讨论。同年他发表了一系列有关历史、文学的文章，如《欧亚主义历史构想》《俄国历史问题》《欧亚主义文学的思想和道路》，还做了《关于国家社会主义党》（« О национал-социалистической партии »）的报告。

1934 年，萨维茨基发表了文章《欧亚大陆民族中的俄罗斯人》（« Русские среди народов Евразии »）；1937 年，他发表了两部有关俄国文化的作品：《破坏自己家乡的人》（« Разрушающие свою родину »）与《无价珍宝的毁灭与重建》（« Гибель и воссоздание неоценимых сокровищ »）。早年他还曾发表过建筑史方面的文章：《关于俄国的宗教建筑》（« О религиозном зодчестве в России »）（1923~1924 年）。

萨维茨基是贝尔格莱德地理协会的通信会员、德国驻布拉格斯拉夫学协会成员和图书馆馆员、俄国作家与记者协会正式会员。他参加过侨民为解决各种问题（日常生活、文化教育等）而成立的团体和组织的工作。作为俄国境外历史档案委员会（Совет Русского заграничного исторического архива）成员，20 世纪 30 年代末，他递交了个人档案的文件和材料。1940 年，萨维茨基成为孔达科夫档案学院（Архивный институт имени Н.П.Кондакова）理事会成员。

截至 1940 年，萨维茨基在德国、法国、捷克斯洛伐克和波兰的出版物中共发表 178 部作品，包括关于苏联的经济、政治和文化生活，经济历史和经济地理的问题，十月革命后历史学、哲学和地理学的发展情况。

2. 萨维茨基作为侨民教育家的教学活动

1922 年 5 月 18 日，经捷克斯洛伐克共和国外交部和人民教育部允许，由国外的俄国科学院组织理事会根据俄国大学共同章程创立了俄国法律系（Русский юридический факультет）。创办人之一、同时讲授政治经济学课程的斯图卢威邀请萨维茨基来从事教学工作。萨维茨基为获取政治经济学和统计学教研室编外副教授职称，于 1922 年 11 月底向校方提出试讲申请，并于同年 12 月 18 日获得该职称。1923 年初，萨维茨基就已经准备好经济地理学课程的授课大纲，学校内部会议允许其在该学期内开课。

1924 年 1 月，布拉格的俄国人民大学（1923 年成立）开办研究捷克斯洛伐克的专业，该校理事会邀请萨维茨基讲授其中的《捷克斯洛伐克工业和贸易述评》（« Обзор чешско-словацкой промышленности и торговли »）一课。

萨维茨基与各学术领域中的俄侨代表都保持联系，他与欧亚主义论敌之一的历史学家米留可夫交流过思想，邀请后者到布拉格并提供了工作上的最大帮助。1924 年 2 月，应俄国宗教哲学家别尔嘉耶夫之邀，萨维茨基在柏林的宗教哲学学院公开会议上做了题为《俄国教堂–俄国宗教建筑》（« Русские храмы - русское религиозное зодчество »）的报告。

他还给俄国法律系一二年级的大学生讲过政治经济学实践课，从 1924

年 7 月起被邀请参加校级会议。1924~1925 学年萨维茨基讲授经济地理学课程，1925~1926 学年他主持过社会学普遍问题的讨论课，

1924 年秋天，萨维茨基在布拉格的学者大会上做了报告《近 10 年来俄国自然生产力研究》(« Изучение естественных производительных сил России за последние десять лет »)。1925 年 2 月，他在俄国人民大学做了关于欧亚主义运动的报告。萨维茨基还与外国高校（如美国的耶鲁大学）的代表通信、交流文章和其他作品。

1925 年，萨维茨基在俄国人民大学又担任了两门课“经济学说史”(« История экономических учений »）和“捷克斯洛伐克的工业及它与俄国的联系”(« Чехословацкая промышленность и её связи с Россией »）的教学；1929 年，萨维茨基主持了这个专业的教学工作。他还在学校的社会学部门工作过，参与讨论了社会科学专业的教学大纲。萨维茨基除在捷克斯洛伐克境内的许多城市讲课、做报告外，还曾到柏林讲学（1923 年，柏林的俄国人民大学邀请他讲授法律经济系的经济地理学必修课程）。从 1935 年开始，萨维茨基在布拉格的德语大学任教，后来担任过布拉格俄语中学的校长。

1935 年 2 月，萨维茨基在孔达科夫讲习班（Семинар имени Н.П.Кондакова）上做了关于俄国历史上蒙古社会几百年经济生活的报告。作为讨论会成员，他还向讨论会赠送了一些欧亚主义出版物方面的书籍。在俄国自由大学（Русский свободный университет 原俄国人民大学）科研联合会的多次会议上，作为正式会员的萨维茨基做了报告《俄国铁路事业的创造性问题》[« Творческие проблемы русского железнодорожного дела（1936 г.）»] 和《苏联和东方的贸易（尝试进行经济—统计分析）》[« Торговля СССР с Востоком（опыт хозяйственно-статистического анализа)（1937 г.）»] 等。他还在俄国作家与记者协会举行的讨论会上做过报告《关于欧亚主义概念中的新俄罗斯文学》(« О новой русской литературе в евразийском понимании »）。

萨维茨基几乎在欧洲所有的首都都生活过，对欧洲的深入了解成为他研究的主要基础，如关于“欧洲 – 俄国”“欧洲 – 亚洲”“西方 – 东方”等内容。在他看来，产生并决定欧洲历史生活的因素，与俄国相比，性质完全不同。欧洲的俄侨知识分子总是担忧俄国的命运，他们的精英人物已经意识到白卫运动必遭灭亡，因此努力寻找一种“思想力量”（идея-сила）。欧亚主义应运而生，它尝试用俄国的民族意识思考俄国革命的事实，希望成为俄罗斯民族的主要思想。

第三章　萨维茨基欧亚主义思想的历史背景

一　欧亚主义与 15~19 世纪俄国的社会思想

萨维茨基称自己是俄罗斯哲学和社会思想传统的继承者，认为该传统出现在 15 世纪末至 16 世纪初。他认为："当察里格勒（Царьград，是古代俄国对帝都君士坦丁堡的称谓）的衰落（1453 年）使俄罗斯人作为东正教捍卫者和拜占庭文化继承者的角色意识更强烈时，在俄国产生了一些思想，这些思想在某种意义上可以被看作是斯拉夫主义和欧亚主义思想的先驱。"[①] 16 世纪的俄国作家、僧侣菲洛费伊（Филофей）在致大公瓦西里三世的劝诫信中声称："人类历史的发展即是三个罗马的历史，第三罗马（俄罗斯帝国）将是未来正教世界的中心。两个罗马已经灭亡，只有第三个罗马永垂不朽，而第四个罗马则是不会存在的。"[②]

---

① Савицкий П.Н. *Континент Евразия.* М., 1997. С. 84.

② 张建华:《俄国史》，人民出版社，2004：20。

15~16世纪，俄国禁欲派（нестяжатели）的创立人和领导人尼尔·索尔斯基（Нил Сорский，约1433~1508年）反对教会土地占有制，主张对修道院进行改革。禁欲派建议不要保持在俄国已经固定下来的经济状态，而应按照真理和社会公平的理想积极改造它。这与欧亚主义“真理国家”（государство правды）的理想相符。在“真理国家”的欧亚主义模式中提出了三个任务：维护东正教，使真理回归世俗，捍卫人民的肉体存在。

16世纪，俄国政论家佩列斯韦托夫（Ив.Пересветов）提出的政治权力理论影响了伊凡雷帝（Иван Грозный）的政治意识。佩列斯韦托夫也期望“真理国家”，否定奴隶制。他对奥斯曼土耳其国家及其司法系统有好感，把它们看作真理的体现，期望国家机器坚固而强大。

17世纪，俄国的哥萨克自由亡者以东正教信仰为思想基础，反对狭隘民族主义，认为世界观的统一比血缘的统一重要得多。在俄国民间叙事文学中，俄罗斯人民为“神圣东正教罗斯”（Святая православная Русь）而斗争的激情非常明显。然而，在哥萨克的政治理想中缺乏权力思想和对个性的尊重。这一切创造了专制的条件，表现为农民战争中哥萨克首领的残酷。哥萨克的政治理想具有自发性，不能确立新的、稳固的政治形式。

在18~19世纪初的彼得一世改革、叶卡捷琳娜二世和亚历山大一世的社会改革之后，俄国上层社会亲西方的模式彻底确立下来，这不仅在俄国的执政阶层，而且在俄国知识分子中具有重要意义。但在18世纪中期前，俄国社会就已经形成了与西欧科学占完全优势的官方学说相反的、另类的关于俄国历史、斯拉夫派历史、俄罗斯国家的理论和概念。如波尔金（И.Н.Болтин）证明，伟大而统一的强国——俄国具有顽强的历史生命力。在他看来，“俄国的特点是拥有大量土地。拥有许多自由土地的优厚条件使人民在自己国家里容易迁徙”。①

① 转引自 Синякин С. В. Развитие общественно-политической мысли в трудах П.Н.Савицкого. канд. дисс. Уссурийск, 2002. С. 43。

与轻蔑对待俄国非俄罗斯民族的波尔金不同，19 世纪的俄国历史学家卡拉姆辛（Н.М.Карамзин）提出了关于俄国历史的整体思想。他承认俄国政治权利的主体不只是一个俄罗斯民族，而是所有的本地民族和广大的欧洲、亚洲的民族。此外，他明确指出蒙古统治罗斯的正面因素是结束了争斗，将权力集中到一个中心。

另一位俄国历史学家沙波夫（А.П.Щапов）实际上率先使用了“发展空间”这一地缘政治概念，他认为不能把俄国国家的历史简化为一个民族的历史，即使该民族是帝国的主要部分。主要坚持实证主义方法论的著名俄国历史学家索洛维约夫（С.М.Соловьёв）也承认俄国历史上地理因素的巨大作用，正是这种因素决定了俄国的独特性。他还认为，喜欢移民是俄罗斯民族的重要特征之一——在俄国缺少石头建筑使迁徙变得容易。俄国学者克柳切夫斯基（В.О.Ключевский）对俄国文化和历史的研究方法接近地缘政治的方法。他认为，俄国从历史上讲当然不是亚洲，但从地理上讲也完全不是欧洲。这是一个中间的国家，两个世界之间的纽带。

俄国著名化学家门捷列夫（Д.И.Менделеев）反对把俄国分成欧洲的俄国和亚洲的俄国，他更早使用了术语“中央王国”（срединное царство）。门捷列夫认为，俄国的任务是实现东西方文化的综合。在他看来，鞑靼蒙古对俄国国家制度的形成具有决定性的影响。俄东方学者巴尔托尔德（В.В.Бартольд）院士也指出，认为俄国在蒙古入侵前是欧洲组成部分的说法，和坚持蒙古这几个世纪的入侵使俄国远离了欧洲文化世界的看法，完全是错误的。

综上所述，16~19 世纪俄国思想发展的历史奠定了欧亚主义出现的前提。欧亚主义学说中的很多内容与过去都有紧密的联系，是俄国思想传统流派的继承。强调东正教的作用，在欧亚主义运动中加强爱国主义、民族主义和反西方主义的情绪，欧亚主义的启蒙与弥塞亚因素都与先驱的理论有联系。

二　西方主义与斯拉夫主义之争背景下的欧亚主义

19世纪30年代末，在俄国思想界产生了斯拉夫主义与西方主义之争。斯拉夫主义对萨维茨基的创作影响巨大，欧亚主义未脱离俄国精神文化层发展的共同轨道。斯拉夫主义与欧亚主义两个流派在反西方主义倾向上是同源的，萨维茨基在自己活动的早期阶段从斯拉夫主义与欧洲中心主义及西方主义的斗争中得到了精神支持。斯拉夫主义和欧亚主义都认为，是欧洲中心主义和西方主义加速了俄国1917年的革命。萨维茨基非常珍视“早期斯拉夫派”（ранние славянофилы），他崇拜这一哲学流派强大的宗教基础、霍米亚科夫（А.С.Хомяков）神学的光芒、斯拉夫主义对西方的尖锐批评和确立俄罗斯民族原则及其真正俄罗斯文化的愿望。

萨维茨基把斯拉夫派称为19世纪唯一具有正确世界观的俄国人，强调自己从精神上接受斯拉夫派，但并非其机械模仿者。萨维茨基在一系列原则性问题上比斯拉夫派走得更远。他认为，“斯拉夫派与欧亚主义者在一些问题上想法一样，但欧亚主义者对这些想法的定义在某些方面比他们伟大的先驱更确切。因为斯拉夫派强调斯拉夫人犹如强调决定俄国文化历史特点的因素，这明显是在捍卫难以捍卫的立场。俄国的历史特点不可能由它的斯拉夫世界属性决定。”①

萨维茨基认为，俄国的民族性不可能只表现为斯拉夫民族，因为在前者的构成中，与东斯拉夫人居住在同一个发展空间的突厥民族起了巨大作用。不同语言民族联合成一个多民族大家庭，欧亚大陆联合成一个统一的国家——俄国。

① Савицкий П.Н. *Континент Евразия.* М. 1997. С. 84.

欧亚主义思想最重要的概念之一是“一统性”概念（соборность）①，这一概念是欧亚主义学说与斯拉夫主义学说之间的独特桥梁，尽管二者对其理解不同。斯拉夫主义领导人霍米亚科夫第一个论证了一统性学说基础上政治与宗教理想的联系，斯拉夫主义的社会政治理念对萨维茨基学说中关键原则的形成具有重大意义。

萨维茨基欧亚主义学说的出现，几乎是在早期斯拉夫派的首批著作发表 100 年之后，这自然对他们所研究的共同问题作了根本修正。如果对斯拉夫派来说，认识论问题是主要的，那么对萨维茨基而言，社会政治选题则是第一位的。在 19 世纪中期和 20 世纪前 1/4，俄国的政治局势非常紧张。萨维茨基认为，必须研究存在的主要问题，并考虑到已发生的革命（革命是合乎规律的）。于是，在欧亚主义著作中，一统性概念被充实了新的内容。萨维茨基认为，历史的一统性主体是个性、家庭、社会团体、国家和教会。

萨维茨基政治学说与斯拉夫主义、西方主义的观点有原则性区别。西方主义不是把一个日耳曼民族，而是把整个罗曼 - 日耳曼世界或西方文明放在等级的顶端；而斯拉夫主义断言，不是罗曼 - 日耳曼民族将完成历史进程，而是俄罗斯斯拉夫文化。萨维茨基与它们二者不同，追随的是 18~19 世纪意大利哲学家维科（Giambattista Vico）等人在西方史学、达尼列夫斯基和列昂季耶夫在俄国史学中奠定的传统。

萨维茨基相信国家的力量，强调人类历史上最高级的构成是类似欧亚大陆的文化共同体，这一欧亚俄罗斯共同体作为特殊世界具有自决的法定权利。作为一个受欧式教育的人，萨维茨基不否定俄国历史上彼得一世时期的成就，但他始终坚持驳斥欧洲中心主义的偏见，同否定俄罗斯文化独特性的西方派展开辩论。

---

① 黑龙江大学辞书研究所：《俄汉详解大词典》，黑龙江人民出版社，1998：4926。也有中国学者根据其词根 собор 的内涵和外延译为聚合性、聚议性、团契性。

因此，萨维茨基在批判地重新理解俄国历史的过程中，一方面要战胜西方派的欧洲中心主义，另一方面要修正斯拉夫派关于俄国特点的狭隘观念，原则上对俄国存在的特点给予新的、全面综合的、使两种极端观点和谐一致的解释。这再次证明了萨维茨基政治学说的综合性。

三 俄国本土主义与欧亚主义

后期的斯拉夫主义或本土主义理论同样显示了斯拉夫主义和欧亚主义之间的继承性。斯拉夫主义古典派和本土派之间在理解关键的历史哲学问题时存在实质性分歧。萨维茨基在承认霍米亚科夫思想中的一统性概念并将其改型的同时，未把其内容扩大到全世界文明的范围，并限制了区域文化和文明的框架。在这方面可以感受到后期斯拉夫派，首先是达尼列夫斯基对萨维茨基欧亚主义思想的影响。达尼列夫斯基原则上反对单中心全人类文明的存在，不接受霍米亚科夫的“全世界一统性”（всемирная соборность）学说。他创造了十分独特的社会组织“文化历史类型”（культурно-исторические типы）学说，并研究了其相互关系和相互影响的程度。达尼列夫斯基的学说在很多方面决定了萨维茨基欧亚主义的方法论前提，但萨维茨基针对达尼列夫斯基学说导致的斯拉夫主义和泛斯拉夫主义也展开了一系列尖锐的评论。

达尼列夫斯基是一位自然主义者，他综合了经验主义学科的知识，同时努力超越狭隘实证主义的框架，在极抽象的方面研究自然科学与社会哲学问题。他不仅是自己学科领域的杰出科学家，而且在社会科学研究方面也得出了哲学方法论结论。1869年问世的达尼列夫斯基撰写的《俄国与欧洲》（« Россия и Европа »）一书，不仅对历史做了深刻的原理分析，还提出了完整的历史理论和经过周密思考的文化历史类型学说。“历史同样说明，民族有产生、达到不同发展程度、衰老、灭亡的过程，且不仅因外部原因而灭亡。”[①]

达尼列夫斯基认为历史是一个依次相互替换出现、繁荣和消亡的周期过程，被称为文化历史类型的不同民族文化有时平行发展。欧亚主义地缘政治思想继承和扩展了达尼列夫斯基奠定的概念基础，萨维茨基把达尼列夫斯基的理论探索直接看作“发展空间”概念的基础。在欧亚主义学说中，文化历史类型理论转化成了区域文化与文明的起源理论。作为出发点的方法论前提实际上与上述理论相符，但萨维茨基强调“地理智慧”（геософия[②]，这是在地缘政治学中使用方法论的最早尝试之一，在欧亚主义中表现得尤其明显。文化历史地缘政治学是它的同义词），因而把文化历史类型从民族社会领域转到了地理和文化政治层面。萨维茨基直接指出，“发展空间概念与承认人类历史与生活的大量形式是相结合的”。[③]

达尼列夫斯基把欧洲作为大陆进行了自然地理的研究，打破了欧洲优势的神话。他指出，表示大陆的首要标准是水域与陆地的对比。从这个观点看，欧洲完全不是大陆，而是亚洲的一块领地。达尼列夫斯基认真驳斥了俄国在其西部地区形成欧洲自然部分的观点。在他看来，俄国除了欧洲部分和亚洲部分的划分，其帝国领土构成了不可分割的自然地理空间。达尼列夫斯基还认为，与欧洲使用暴力进行残酷的领土扩张不同，俄国的殖民化是有限的自然过程，占领未起很大的作用。因而，他指出，“东方问题具有合乎逻辑的答案——全斯拉夫联盟”。[④] 但是萨维茨基不同意这个观点。他认为，对俄国历史的理想化，“早期”和“后期”斯拉夫派特有的、人民对上层权力态度的浪漫主义解释，不能成为俄国进一步发展的科学预见基础。萨维茨基在批评斯拉夫派把斯拉夫人绝对化、不公平对待芬兰和图兰

---

① Данилевский Н. Я. *Россия и Европа*. М., 1997. С. 69.

② http:// Yandex.ru/ yandsearch?p=9.

③ Савицкий П.Н. *Континент Евразия*. М., 1997. С. 292.

④ Данилевский Н.Я. *Россия и Европа*. М., 1997. С. 125.

血统关系的同时，着手研究俄罗斯本土主义思想家列昂季耶夫的创作。

在列昂季耶夫看来，俄国革命的主要原因是俄国与自己独特历史和文化的脱离。萨维茨基在 1926 年的欧亚主义纲领中指出，“只有康·列昂季耶夫敢于给自己丰富而不带成见的结论下定义，并勇敢地反对把俄罗斯文化溶入抽象、浪漫的泛斯拉夫主义。但谁也没注意他的话……”[①] 列昂季耶夫是达尼列夫斯基的拥护者，但其观点有所不同，他认为俄罗斯思想的纯斯拉夫内容对俄国的全世界精神而言过于平淡无力。列昂季耶夫指出，保持俄罗斯民族与精神起源的潜力、保护俄罗斯文明的出路在于复兴拜占庭主义。列昂季耶夫指出，拜占庭主义首先是一种特殊的文化修养或有自己显著特征的文化，有普遍的、明显易懂的因素和某种影响。列昂季耶夫确信拜占庭主义对俄国发展有巨大的、压倒一切的影响。他建议背对西方，把拜占庭主义看作俄罗斯的自然历史过程，复兴拜占庭主义的基础：专制制度、东正教、人民的日常生活。

拜占庭主义思想对萨维茨基的欧亚主义学说有较大影响。拜占庭是第一个东正教的欧亚主义帝国，专制国家的拜占庭政治理想从 16 世纪就在俄国开始实现——莫斯科大公们在东正教会的影响下接受了它。如果在前莫斯科罗斯（домосковская Русь）时期（尤其在诺夫戈罗德），许多拥有专制支配权的主人显示为私有者，存在主人间的私法关系，那么在莫斯科维亚（15~17 世纪外国旅行者对俄国的称呼），[②] 唯一的国家主体是沙皇——他是本国全体臣民的完全主人。欧亚主义从理论和实践上联合了前莫斯科罗斯和教会拜占庭的政治理念，把强大的国家和个人权利规范联合在一起。萨维茨基始终坚持把国家起源、坚实的国家政权与权利而不是压迫专制联系在一起。

此外，联系列昂季耶夫和欧亚主义学说的还有对斯拉夫主义概念原理

① Савицкий П.Н. *Континент Евразия.* М., 1997. С. 38.

② 黑龙江大学辞书研究所：《俄汉详解大词典》，黑龙江人民出版社，1998：2415。

的共同批评立场。斯拉夫派始终把俄国的未来与斯拉夫主义和泛斯拉夫主义相联系，而列昂季耶夫则批评地评价了斯拉夫民族统一的可能性，他看到了俄罗斯民族与图兰民族、乌戈尔-芬兰等民族的同族联系。确立列昂季耶夫思想与萨维茨基欧亚主义学说紧密联系的另一环节是对社会主义的态度。前者认为社会主义是潜在的可能性；而对后者而言，社会主义在俄国的胜利成为现实，成为不仅在他本人的理论体系中，而且在政治实践中都要考虑到它的社会现实。

作为苏联社会主义革命的同代人，萨维茨基认为俄罗斯帝国的崩溃是合乎规律的，认为它没有进一步发展的潜力。萨维茨基虽然对布尔什维主义持极其否定的态度，但他仍拥护苏联政权巩固国家制度的措施，支持发展苏联的军事和政治力量。在遥远的 20 世纪 20 年代初，萨维茨基就已经预见到布尔什维主义的衰落，他在《欧洲与欧亚大陆》中指出，“布尔什维主义迟早会被另外的制度所代替”。[①] 他认为，苏联时期是俄罗斯国家进化中的例行阶段。它的下一阶段只能从它自身内部产生。如果它的终结来自外部——这将是俄罗斯国家的终结。

列昂季耶夫可以被看作欧亚主义文化历史方面真正的思想先驱，萨维茨基尤其突出列昂季耶夫在论证俄罗斯文化特点方面的作用。萨维茨基宣称，“俄国不仅仅是一个国家；完全占有自己亚洲领域的俄国是保持特殊生活方式的完整世界”，[②] 类似观点创造了地缘政治思想的前提。因此，萨维茨基地缘政治学说的产生，在俄国思想中具有现实的土壤和俄国社会政治传统的前提，并非从西方借用，因为达尼列夫斯基和列昂季耶夫的概念比 20 世纪早期德国历史学家、哲学家施本格勒（Oswald Spengler）的理论出现更早一些。

---

① Савицкий П.Н. *Континент Евразия*. М., 1997. С. 152.

② Савицкий П.Н. *Географический обзор России-Евразии // Континент Евразия*. М., 1997. С. 286.

但施本格勒的文化哲学对萨维茨基欧亚主义观点的形成产生了特殊影响。第一次世界大战后，西方遭受了严重的经济危机，并预感将发生更大的灾难。一些出版物对以西方中心主义模式来解释历史提出怀疑。在《西方的没落》(« The Decling of The West »）一书中，施本格勒把古希腊的阿波罗式人物与新欧洲的浮士德式人物相对比。阿波罗式人物是地方主义的典型，缺乏“无穷感”，不能进行文化综合，在政治方面封闭于自己的城邦国家。浮士德式人物正相反，生活在世界上，感到无穷无尽，宽阔无比。萨维茨基认为，俄国的政治学应当对 20 世纪前 1/4 世界上发生的重大改变重新作出创造性的阐述和解释。

俄国革命对萨维茨基学说也产生了多方面的影响。从思想上看，萨维茨基学说是特殊的“保守主义革命”现象。欧亚主义为俄国文明提供了政治发展的新纲要，欧亚主义的主要历史任务正是将革命中发生的事件引入俄国与欧亚主义历史传统的范围。在经济方面，萨维茨基通过“国有化”(огосударствление）看到了革命的转变。萨维茨基对俄国经济多义性的推论和补充已列入欧亚主义的词汇之中：“大陆经济”(материковое хозяйство)、“经济自给自足”(хозяйственная самодостаточность)、“自给自足性”(автаркия）等。萨维茨基对自己早期作品的回顾使他得出结论：“这些著作证明了俄罗斯帝国必须且有能力‘赶上并超过’欧洲国家”。①

萨维茨基对东正教信仰和东正教会寄予很大希望，是虔诚的东正教信徒。他相信宇宙的统一，对宗教因素有极大信心。1928 年，萨维茨基在文章《宇宙的统一》(« Единство мироздания »）中表示，他确信宇宙的统一（世界由上帝创造）；深信植根于人类天性中的宗教因素和宗教因素的非阶级实质。根据自己推理的逻辑，萨维茨基指出，整个人类、社会的事物都与自然界的事物相连接，而自然界的事物又处于与人类事物的紧密联系中。

---

① Савицкий П.Н. *Месторазвитие русской промышленности.* Берлин, 1932. С С. 110-111.

萨维茨基欧亚主义思想的产生，与他当时所处的独一无二的历史环境有很大关系。从 20 世纪初开始，世界、欧洲、俄国的历史都发生了巨变。史无前例的第一次世界大战；几大帝国的迅速消亡；1917 年的两次俄国革命，使 1/6 的星球上确立了新的社会制度——这一切不仅导致了地缘政治的，还有智力环境的根本改变。20 世纪 20 年代独特而复杂的社会政治环境，客观上要求用新的观点来解释它。因为从前的社会政治理念、理论、习惯的思维模式、已定型的价值概念对该环境来说已经不合适，需要新的、非传统的，在很大程度上与已定型的传统学说相对立的学说。

对于素来关心祖国命运的俄国知识分子来说，为国家未来的发展寻觅一条新的思想道路成为现实的迫切需要，因为当时的历史实践表现出两种长期统治俄国精神生活的主要思想——斯拉夫主义思想和西方主义思想均不完善。如果施本格勒使后者的理想失去了声望，那么全斯拉夫人的思想就让“一战”卡住了，那时的斯拉夫民族位于不同的阵营。因此，在苏俄出现的思想真空由布尔什维主义填补，而在俄侨界是欧亚主义。欧亚主义的出现是注定的，因为欧亚主义思想隐存于俄罗斯文化的深层中。这些深层的普遍意义是俄罗斯人对自身的意识：我们是谁，从哪里来，我们历史的根源是什么，我们文化的基础在哪里，我们国家的由来，俄罗斯思维方式的特点等，以及分析现在和预测未来。萨维茨基欧亚主义学说的实质是历史、社会、地缘政治、民族学、政治和宗教观点的交织。

第四章　萨维茨基思想中的地缘政治理念

一　萨维茨基与西方地缘政治学派

地缘政治作为一个理论和一门学科，最初指的是以地理为参照，分析政治、历史和社会的科学。它研究的是地理位置、面积大小和资源配置等要素在国际政治和战略上的重要性。地缘政治学通常被认为是政治地理学的一个重要流派。德国地理学家拉采尔（Friedrich Ratzel）在 1882 年出版的《人类地理学》(« Antropogeographie ») 一书中，论述了作为环境产物的人类，其活动、发展和分布受到环境的严格限制。他首创“人类地理学”概念，把地理学、人类学、政治学综合到一起，把人、国家和世界作为有机体进行研究。他认为，土壤是基本的、不变的客观现实，与民族利益有很大关系，历史的运动由土壤和领土注定。

拉采尔 1897 年发表专著《政治地理学》(« Politische Geographie », « Политическая география »)，指出国家类似一个生物体，同样会诞生、存

在和灭亡，其空间扩张和收缩是与内部生命循环有关的自然过程。在他看来，不适于人居住的空间，不能养育国家；只有适于人居住的空间，才能促进国家的发展；强大的国家只有在不断扩张中才能生存。拉采尔被认为是现代政治地理学的奠基者和创始人，也被认为是最早具有地缘政治思想的学术大家。他指出海洋对于文明发展的意义，认为每个强国都必须发展自己的海军，这是全球扩张的要求。[①] 但拉采尔没有提出“地缘政治学”这个术语，更没有给地缘政治学下一个定义。

20 世纪初，瑞典学者契伦（Rudolf Kjellén）最早使用了“地缘政治学”（Geopolitik，геополитика）这一术语。他将地缘政治学定义为“关于在空间中体现为地理有机体的国家的科学”[②]，将国家类比为一个地理有机体，或是一种地理空间中的现象（如土地、领土、区域）。他指出，欧洲的德国是一个动态的轴心空间，能组织自己周围其他的欧洲强国。[③]

1904 年，英国经济学家和政治学家麦金德（Halford Makinder）发表《历史的地理轴心》(« Geographical Pivot of History »，« Географическая ось истории »）一文。他认为，对于国家而言，中央的位置是最有利的；欧亚大陆位于世界的中心，最适宜统治全世界。他在文中说道：“欧亚大陆上那一片广大的、船舶不能到达，但在古代却任凭游牧民族纵横驰骋，而今天又即将布满铁路的地区，不是世界政治的一个枢纽区域吗？”[④] 麦金德把俄国的土地称为“历史的地理轴心”。在他看来，俄国占领了原由德国掌握的在欧洲的中心战略地位。“枢纽国家向欧亚大陆边缘地区的扩张，使力量对比转过来对它有利，这将使它能够利用巨大的大陆资源来建立舰队，那时这个世界帝国也就在望了。如果德国与俄国结盟，这种情况就可

① 转引自 Дугин А. *Основы геополитики*. М., 1997. С.38。

② 转引自 Дугин А. *Основы геополитики*. М., 1997. С.39。

③ Дугин А. *Основы геополитики*. М., 1997. С.40.

④ Королев К. *Классика геополитики*，ХХ век. М., 2003. С.27.

能发生。”①

1919年，麦金德在《民主理想与现实》(« Democratic ideals and reality », « Демократические идеалы и реальность »)一书中，把欧亚大陆称为“世界岛”(World Island)，东欧是其“心脏地带”(heartland)。在他看来，谁能统治心脏地带，谁就能掌握世界岛，谁就能控制世界。麦金德的思想奠定了半个世纪后美国与北约地缘政治主要趋势的基础：不惜任何手段阻碍欧亚主义联盟的成立，在20世纪的西方加强对俄国的仇视。

与麦金德几乎为同时代人的萨维茨基曾在写给友人的信中提到，还在1919年秋天，他头脑中就出现了“欧亚大陆”的名称。② 1920年，萨维茨基在文章《欧洲与欧亚大陆》中正式提出这一术语。萨维茨基的“欧亚大陆”概念指的不仅是一个大陆，更是一种表现在俄国空间和文化中的思想、历史范式和特殊的文明。这使麦金德地缘政治图景中“历史的地理轴心”得以具体化，俄国的文化、历史、国家制度和领土的轮廓被清晰地描画出来。

萨维茨基在《欧亚主义的地理和地缘政治基础》中指出，“俄国比中国更有资格被称为‘中央的国家’(срединное государство)”。③ 他把位于整个欧亚大陆中央的俄国又叫做“欧亚俄罗斯”(Россия-Евразия)，即麦金德的“地理轴心”。萨维茨基的欧亚主义地缘政治是这一轴心战略、文化与精神利益的概念化。

“发展空间”概念在萨维茨基的理论中起着最重要的作用，这一术语与拉采尔和契伦的国家学说有相似之处。在《欧亚俄罗斯的地理述评》中，萨维茨基指出了“发展空间”的实质：“社会历史环境及其领土应当融合为统一的整体，融为地理个体或自然景观。”④ 在他看来，与俄罗斯国家同一

---

① Королев К. *Классика геополитики* , ХХ век. М., 2003. С.28.

② Лавров С. *Лев Гумилёв:судьба и идеи*. М., 2000. С. 103.

③ Савицкий П.Н. *Континент Евразия*. М., 1997. С. 295.

④ Савицкий П.Н. *Континент Евразия*. М., 1997. С. 283.

的欧亚俄罗斯就是一个“发展空间”。

“思想统治”（идеократия）（也名“思想制度”）原则是萨维茨基理论的重要方面。“思想统治”即用思想或理想执政，与“物质执政”（власть материи）、“市场体系”（рыночная система）、“贸易制度”（торговый строй）相对立。在“思想统治”下，社会等级和劳动刺激由非经济原则产生。① 萨维茨基的思想统治观是一种非实用、非物质、非商业的国家制度观点，与麦金德思想中的实用商业观是相对立的。

1938~1939 年，巴黎的出版人冯达明斯基（И.И.Фондаминский）向萨维茨基约稿，请他撰写《俄国地缘政治的基础》一书。尽管萨维茨基最后没有完成书稿，但他认为，论证俄国地缘政治学——俄国历史地理因素的作用意义巨大。

在最广泛的社会文化意义上，欧亚主义是地缘政治学说，因为它的全部成分都旨在证明先是俄罗斯帝国，然后是苏联所容纳的欧亚主义空间中民族的政治统一。萨维茨基的地缘政治结论是欧亚主义学说的出发点，俄罗斯帝国的命运是其创作中的主要因素。当代俄罗斯政治家兼学者杜金指出，萨维茨基研究了有充分价值的、发达的俄罗斯政治理论，他认识到了俄罗斯与西方大西洋主义趋势尖锐对立的大陆使命。萨维茨基是俄罗斯第一位地缘政治学家，也是世界地缘政治学派的创始人之一。

二　萨维茨基的文化地缘观念

1. 文化迁移观

在文章《文化的迁移》中，萨维茨基通过分析认为，在公元前 1000 年前，世界文化中心大约形成在年均温度 20 度左右的地区；从公元前 1000 年

---

① Дугин А.Г. *Основы геополитики. Геополитическое будущее России.* М., 1997. С. 583.

到公元前后，文化中心转移到了年均温度 15 度左右的地区；从公元前后到公元 1000 年时，文化中心的年均温度约 10 度；从公元 1000 年到当前，文化中心的年均温度在 5 度左右。他推论出，从公元 2000 年至 3000 年，世界文化中心将向年均温 0 度左右的气候区域移动，也就是将移到欧亚俄罗斯和北美。在萨维茨基看来，因北美远离西欧，故只有欧亚俄罗斯将成为“旧大陆西部”（западная часть старого света）直接的文化继承者。

于是，萨维茨基提出了文化中心“位移观”（точка зрения перемещения）。在他看来，有一些民族对其周围的历史环境产生过重大影响，从这些民族的文化中心发生地理位移的观点出发可以研究文化的演变。比如，欧洲赖以生存的文化，在几千年的变化形式中，在美索不达米亚和埃及文明中，获得自己的因素。萨维茨基用气候地理语言解释这一事实，认为在公元前 1000 年之前，“这一时期的文化中心在年均气温约 20 度或更高的地区范围内：如，伊拉克的摩苏尔（Мосул）年均气温 20.4 度，巴比伦（Вавилон，巴格达 Багдад）23.3 度，古埃及的底比斯（Фивы）24.6 度”。① 克里特文化在年均气温约 20 度的领土上存在到公元 1 世纪之前。

在萨维茨基看来，公元前 1000 年左右繁荣的迈锡尼—特洛伊文化，在经历较长的历史时期之后，其文化影响的优势就从古代东方国家转移到了希腊—古意大利西北，首先是古代埃拉多斯（античная Эллада 是希腊语中对希腊的称谓；1883 年后曾为希腊国家的正式名称），然后是罗马，这一演变意味着文化中心从气温较高的地区转向了气候更温和适中的地区。萨维茨基认为，从公元前 1000 年到公元前后，旧大陆西部最重要的文化中心位于年均气温约 15 度左右的地方，如 15 度的古特洛伊，17.3 度的雅典和 15.3 度的罗马。

公元 1 世纪时，高卢（Галлия）占据了欧洲的主要地位，它逐渐取代

---

① Савицкий П.Н. *Континент Евразия.* М., 1997. С. 371.

罗马，成为拉丁文化的载体。在萨维茨基看来，这意味着文化中心转移到了气候较寒冷的地区。例如：阿维尼翁（Авиньон）气温零上 14 度，巴黎气温零上 10 度，布鲁塞尔气温零上 9 度。他指出，到公元 1000 年前，高卢的文化意义和法兰克文化（франкская культура）的产生是文化史上最重要的事件，该文化的中心分布在年均气温约 10 度左右的地区。

萨维茨基认为，在第二个千年，旧大陆西部文化继续向北，向气候更寒冷的国家移动。当时欧洲文化的积极因素——诺曼底人文化（нормандская культура）曾流行于年均气温 5 度左右的国家，例如：挪威的卑尔根（Берген）6.9 度，克里斯蒂安尼亚（Христиания 是挪威首都奥斯陆 1624~1924 年的名称）5.2 度。他得出结论，在历史进化过程中，文化中心转到了气候愈加严酷的地区。“文化开始从年均气温最高的国家（如埃及 25~28 度）转移到更冷的地区，到达中欧和北欧一些国家。”①

这就是萨维茨基的文化地理位移图，他按 4 个时间段分析旧大陆西部文化中心的移动，指出气候对文化迁移的影响。在萨维茨基看来，世界有机进化的过程是某种相似现象，寒冷是某种进化的因素。在第三个千年，世界文化中心将向年均气温 0 度左右的地区移动。他指出，地球上年均气温 5~0 度、适宜现代人居住的地区中，除加拿大和美国北部有意义外，然后就是俄国的北部和中部。比如，莫斯科的年均气温零上 3.9 度，克拉斯诺亚尔斯克（Красноярск）零上 0.3 度，叶卡捷琳堡（Екатеринбург）零上 0.5 度，伊尔库茨克（Иркутск）零下 0.1 度。这也就是被称为欧亚大陆的地理环境区。因此，萨维茨基认为西欧文化中心将移到欧亚俄罗斯和北美。“俄国正在以农业移民和转移工业中心的方式脱离从前中央和西北的文化领域，日益向东发展，到辽阔的亚洲草原，到年均气温接近 0 度的地方。”②

---

① Савицкий П.Н. *Континент Евразия.* М., 1997. С. 375.

② Савицкий П.Н. *Континент Евразия.* М., 1997. С. 378.

在萨维茨基看来，起领导作用的文化中心已不仅位于西欧，也在欧亚俄罗斯和北美；这两个地区，或这两个大陆，正与西欧齐头并进，并将取代后者的文化地位。萨维茨基强调，通过研究文化的地理位移，可以看出前亚细亚文化（переднеазиатская культура）、地中海文化和西欧文化是如何依次替换的。他提醒道：北美文化或欧亚文化不会成为西欧文化的继承者吗?

萨维茨基指出，“欧亚大陆”的名称表现出俄国的因素与其周围环境的某些非俄国因素具有相关性。如果从民族学的角度来解释文化地理的位移，把北美的文化存在看做罗曼—日耳曼时期的继续，那么欧亚俄罗斯则是斯拉夫—蒙古、斯拉夫—图兰或俄国—蒙古、俄国—图兰时期的继续。他认为，从地理的表面意义来看，北美与欧亚俄罗斯相比，离西欧较远；如果文化的未来不属于西欧，那么在可预见的文化地理演变中，只有欧亚俄罗斯是“旧大陆西部”文化的直接继承者。就文化传统的内容而言，北美完全是来自西欧的外来移民居住的国家，是西欧的产物；尽管随着时间的推移，北美也在培养并将培养出独立的传统，但从起源上它只带有永存于西欧文化中的传统。而俄国文化则不仅包括从西欧借用的传统，还有一些其他的，比如直接从拜占庭获得的文化传统。在萨维茨基看来，如果考虑到鞑靼人（татары）、萨尔特人（сарты，是自古定居的乌兹别克人）、格鲁吉亚人、亚美尼亚人、波斯人、土耳其人对俄罗斯文化的参与，那在精神方面，俄罗斯性就存在于西欧传统与“欧洲前的”（доевропейский）旧东方传统的交点上。“当罗曼—日耳曼欧洲的文化在北美的兴盛中空前繁荣时，某个新世界正在旧世界（即旧大陆，Старый Свет）产生文化影响；与北美文化传统相比，该新世界的文化传统具有更复杂的构成。”①

文化迁移观是萨维茨基独特的文化地缘思想之一，与拉采尔和麦金

① Савицкий П.Н. *Континент Евразия*. М., 1997. С. 382.

德等人的政治地缘思想有所差异，为世界地缘政治思想补充了新的内容。

2.“欧亚大陆”概念

在萨维茨基看来，欧亚主义是有特色的文化、思维和国家政治形式与类型，它自古以来就扎根于广阔的欧亚国家——俄国的空间中。萨维茨基深入研究了俄国的地理特征，以及它们对俄国文化与经济过程的影响。在萨维茨基的思想中，“欧亚大陆”概念具有重要意义。萨维茨基认为，假定欧亚大陆与俄罗斯帝国的边界一致，那么可以将俄国与欧亚大陆视为同一，欧洲与俄国的对立也就是欧洲与欧亚大陆的对立。

萨维茨基认为欧亚大陆主要由三个平原构成：白海—高加索平原（Беломорско-Кавказская равнина）、西西伯利亚平原（Западно-Сибирская равнина）和突厥斯坦平原（Туркестанская равнина）；这三大平原和分隔它们的高地 [乌拉尔山脉（Уральские горы）、阿拉尔—额尔齐斯分水岭（Арало-Иртышский водораздел）]，以及从东面、东南和南边围绕它们的俄国远东山脉（горы русского Дальнего Востока）、东西伯利亚（Восточная Сибирь）、中亚（Средняя Азия）、波斯（Персия）、高加索（Кавказ）、小亚细亚（Малая Азия）等，构成特殊的统一世界，从地理上区别于它西边、东南和南边的国家。

在萨维茨基看来，欧亚大陆是完整的，因此不存在“欧洲的”俄国和“亚洲的”俄国，因为通常这样命名的地方，实质仍然是欧亚大陆的土地。他同意从前地理学家们的观点，乌拉尔山脉把俄国分成乌拉尔内（Доуральская）（西部）的俄国和外乌拉尔（Зауральская）（东部）俄国。萨维茨基认为，占据旧大陆主要土地的欧亚大陆（俄国）是特殊的地理世界，“西欧”（Западная Европа）只是位于俄国西部边界以西的一些国家，也就是“西部欧洲”（западная Европа）和“中部欧洲”（средняя Европа）

的总和。萨维茨基强调，从前的“东欧”（Восточная Европа）不属于欧洲，而是欧亚大陆的一部分；从前的“西部欧洲”和“中部欧洲”，作为旧大陆的西部边区，才是欧洲；“西欧”应被简称为“欧洲”（Европа）。

萨维茨基强调，作为中央地理世界的欧亚大陆在地理特征上不仅与欧洲有很大差异，与亚洲也有区别。萨维茨基认为，亚洲指的是旧大陆东部、东南及南部周边的国家和地区，如日本、长城外的中国（застенной Китай）、印度支那（Индокитай）、外喜马拉雅山和外兴都库什山的印度（Загималайская и Загиндукушская Индия）、伊朗和所有的“亚洲前哨”（Передняя Азия）。

萨维茨基进一步指出，与俄国所在的欧亚大陆相比，欧洲和亚洲都是旧大陆的边区，这些地区海岸线异常曲折，地形复杂多样，地区构造为马赛克碎片状分布（мозаически-дробные очертания），森林区与草原、沙漠和苔原交错；而在旧大陆的中部平原上是比较简单的旗状地区分布（флагоподобное расположение зон），从南往北依次是沙漠、草原、森林和苔原，每种地形都呈宽带状分布。在萨维茨基看来，欧亚大陆的气候在很多主要特征方面是统一的，与亚洲和欧洲的气候有很大差别。萨维茨基指出，欧亚大陆的整个空间年降水量几乎都少于 600 毫米，但绝大部分面积超过 300 毫米；而在欧洲，年降水量超过 600 毫米；在亚洲，是超过 600 毫米和低于 300 毫米两种地区的组合。

俄国的地理特征及其对政治、经济、文化的影响是萨维茨基研究的主要内容之一。在萨维茨基看来，欧洲和亚洲的“马赛克碎片状”结构会造成一些封闭的、独立的小圈子产生，而欧亚大陆的自然条件最不适宜各种政治、文化和经济的“分离主义”（сепаратизм）；欧亚大陆无尽的草原使人们习惯于宽阔的视野和地缘政治组合的广阔空间，人们时常迁徙，不断变换居住地，不同民族和文化因素相互作用、相互交融。欧亚大陆北方的森林区没有耕地，人们要更好地生存就必须与南部地区接触，南方草原虽然适宜畜牧、耕作，但缺少树木，当地居民也需要与北方进行经济交流，欧亚大陆的自然条件在很大程度上启示人们必须进行政治、文化与经济的联合。

萨维茨基认为，亚洲、欧亚大陆和欧洲构成一个“世界大洲”（часть света），俄国的历史便在这里、在旧大陆的主要土地上展开。在他看来，这个地区从某种意义上讲，可以被叫做“蒙古圈”（Монголосфера），因为它90%的土地在13~15世纪都被蒙古帝国合并过。因此，俄国在地缘政治领域继承了蒙古帝国的遗产。但在研究俄罗斯国家的思想起源时，通常会谈到拜占庭的遗产，尤其在精神文化领域。

3.“发展空间”概念

萨维茨基的学说将自然、社会、精神和政治现象综合为统一的整体，这些现象最终成为某种社会政治空间存在的自然而必须的条件。萨维茨基认为，人、社会组织形式与植物群、气候、地貌一起构成特有的共同性这一事实是无可争议的，而且“生物（живые существа）在与外界地理条件的紧密联系中相互适应，创造自己的秩序、和谐与稳定”。为了说明社会主体和自然地理环境的统一，萨维茨基提出了“发展空间”的概念。“活的人或动物日常生活的、与周围环境和自身之间相互适应的广大空间即发展空间。”① 在萨维茨基看来，很多自然现象（如土地的地质构造、水文特征、土壤与植被的性质等）相互都有合理的联系，社会历史环境与之融合成一个“地理个体”（географический индивидуум）或“地理景观”（ландшафт）。社会历史环境与占据它的空间联合成一个整体，这就是“发展空间”。

萨维茨基认为，社会历史环境及其所有的领土应当融为统一的整体、

① Савицкий П.Н. *Континент Евразия.* М., 1997. С. 283.

地理个体或地理景观；社会历史环境可以按“发展类型”（типы развития）来划分，同时由于地貌构造固有的规律性，可以确立这种发展所属的地理环境，因为这种发展与地理环境有关，所以发展空间类型的确立取决于地理条件的总和。人类生活的每一种环境都是独一无二的发展空间，从简单的院落、村庄到地球，存在一系列发展空间。最大的是作为全人类发展空间的整个地球；最小的是单独个体和小居民点的发展空间。

萨维茨基赞同历史考古学家的观点，认为在古希腊、罗马时代，从黑海岸边向东穿过伏尔加河、里海和乌拉尔，沿着整个南西伯利亚直达东边的中国和西边的伊朗这片土地，曾被文化彼此相近的民族 [该文化为西徐亚—西伯利亚文化（Скифо-сибирские культуры）] 所占据；这个特殊而独立的文化世界的界限恰好与占据旧大陆主要陆地中部的、被称为“欧亚大陆带”（евразийская полоса）的沙漠—草原区的边界相符。在萨维茨基看来，特殊文化世界的界限与特殊地理区域的边界相符不是偶然的，位于伊朗—西藏高原（иранско-тибетские нагорья）以北的欧亚大陆沙漠—草原是上述文化的“发展空间”；该文化的共同特征表现在这一“发展空间”的不同地区和不同时代，且不依赖共同的起源和作为文化载体的民族“起源上的接近”（генетическая близость）。在萨维茨基看来，黑海沿岸的西徐亚人从起源上算是波斯人的亲属，但他们的国家类型与波斯人有极大差别；西徐亚人的国家类似后来的可萨王国（Хазарское царство）或鞑靼人的金帐汗国（Золотая Орда），是有组织的国家；与波斯帝国不同的是，它先使用了在起源上远离雅利安人—西徐亚人（арийцы-скифы）的鞑靼蒙古生活方式，该方式与其“发展空间”的特点有很大联系；在这里，“发展空间”的因素胜过了“起源接近”的因素。

萨维茨基的发展空间概念不是纯地理的，还带有文化形态的因素。在他看来，发展空间本身比文化的概念还要宽，它最终决定文化起源上的变化；文化传统植根于地理景观中，一些单独的发展空间成为“文化稳定的空间”，获得本身特有的“文化类型”。萨维茨基指出，在任何社会环境中创造的文化价值，对于该环境有意义，但没必要被全人类接受。“在这个意义上，文化价值是‘主观的’，而非‘客观’价值。主观价值在思想方面本身就免除了‘客观证明’完善与否的问题。”① 在萨维茨基看来，文化的区别研究表现了划分“先进”民族与“落后”民族的不合法，每个单独的发展空间都具有自己的文化形式；每一种社会环境的载体都经受地理环境对自身的影响，同时使之适应自身；适应过程可能因地理环境中存在早就建立的文化传统而复杂化。

萨维茨基从这些立场出发研究了民族同化的过程：比如，深入中国发展空间的民族和团体的“中国化”，到印度来的外地人的“印度化”，伊朗外来民族的“伊朗化”，进入美索不达米亚的民族及团体的“美索不达米亚化”，埃及外来客的“埃及化”，保加利亚人的“拜占庭化”，匈牙利人的“欧洲化”，德国人的“罗马化”，来到草原的森林客之草原化，来到苔原区的南方人之“苔原化”，等等。在他看来，文化传统仿佛深入地理景观，并使单独的发展空间成为“文化稳定的空间”。

俄国学者达尼列夫斯基曾提出，人类历史生活的方式，犹如动、植物界和人类艺术的形式，是多种多样的文化—历史类型，每种类型以独立的方式发展自己的因素。他列出 10 种文化—历史类型。萨维茨基认为，“发展空间”概念能揭示社会政治现象与地理条件间的相互关系，与每种“文化—历史类型”都相符，发展空间的分类法制约着上述文化—历史类型的分类。

萨维茨基在旧大陆西部划出 3 个大的发展空间，亚洲前哨—非洲发展空间、地中海发展空间和欧洲发展空间。达尼列夫斯基曾经提到，在文化历史方面，欧洲对于日耳曼—罗曼文明的意义，就如整个地中海区域对于

---

① Савицкий П.Н. Европа и Евразия // Савицкий П.Н. Континент Евразия. М., 1997. С. 142.

希腊和罗马文明的意义；在萨维茨基看来，这实质上讲的就是后两个“发展空间”。达尼列夫斯基没能提出这个概念，萨维茨基的“发展空间”概念补充和扩展了达尼列夫斯基的“文化—历史类型”学说。萨维茨基指出，达尼列夫斯基提出的一系列文化历史类型，正在以欧亚主义文化历史类型延续着；在这种延续中，精确划分的、独特的发展空间符合欧亚主义类型。

在研究俄罗斯地缘政治特征的进程时，萨维茨基分出三级较大的发展空间，其中相对最小的是存在的自然区域，中等的是生物带（森林、草原、沙漠、冻土带等），大的发展空间是大陆。小的发展空间联合并融合成大的发展空间。比如，欧亚大陆的草原对于构成它的发展空间——自然区域而言，是大的发展空间。而作为更大发展空间的欧亚俄罗斯，不局限于草原，而把草原和森林、沙漠、冻土地区组合在一起，这一切又与围绕欧亚大陆的国家之间相互起作用。整体上，欧亚主义的发展空间是领土各异的发展空间的多样组合。这些空间具有共同的意义——民族共同体在自然空间中存在的条件决定完整的自给自足世界的构成。

萨维茨基强调，民族和种族因素在改造发展空间的同时又反作用于自身。“发展空间形成种族，种族‘选择’并构成发展空间。”[①] 萨维茨基指出，民族征服自然地理环境的最终目的是达到自给自足的状态，在他们开发的、适合居住的空间中达到社会政治平衡，在欧亚主义历史上正是俄罗斯民族最成功地适应了欧亚主义自然地理环境。萨维茨基认为，俄国的经济发展与国家的自然地理条件有紧密联系，表现为俄国的工业从西向东扩张的合理性和欧亚大陆空间不同地区经济的多样性等。因此，萨维茨基证明，民族主要是自己选择生存的发展空间，社会心理特征和生产力发展水平在选择因素中占首要意义。这也证明了某种发展空间和政治文化相互依存的事实，该文化因本身具有稳定的自然地理环境而保持稳定的特色。

① Савицкий П.Н. *Континент Евразия*. М., 1997. С. 289.

萨维茨基指出，“发展空间”概念与“地理唯物主义”（географический материализм）的含义不同。因为后者的定义接近“地理一元论”（географический монизм）体系，该体系认为人类历史与生活的全部现象都源于地理因素。而萨维茨基的“发展空间”概念承认人类历史与生活形式的多样性。他使用“发展空间”和“地理个体”（географический индивидуализм）的概念，避免了对民族、种族、宗教、文化、语言、思想问题采用过于激进的方式。在萨维茨基看来，欧亚俄罗斯是发展空间、“统一整体”和“地理个体”——同时是地理、民族、经济、历史的个体和类似的自然景观。萨维茨基学说中的“发展空间”概念，意味着社会历史与地理的统一，是将社会历史环境与所在的地理环境相结合来研究的特殊概念。

4. 欧亚主义文化

萨维茨基认为，俄罗斯文化既不是欧洲文化，也不是亚洲文化，更不是二者的总和，而是独立的欧亚主义文化（евразийская культура，以下简称欧亚文化），同时吸收了西方和东方的经验。

萨维茨基将俄罗斯文化定义为“欧亚文化”，认为其中包括不同文明的因素。大约从 10~13 世纪，俄罗斯文化受南方文化、首先是拜占庭文化的影响。“连接俄罗斯文化与拜占庭文化的历史联系极其引人注目。第三种伟大的‘欧亚’文化在某种程度上是前两者的历史继承。”① 13 世纪，“草原”文明的东方替换了南方。萨维茨基认为，对俄罗斯文化而言，和亚洲的联系比与欧洲的联系更重要。欧亚文化在较大程度上接受亚洲东方的影响，其第一本文集被郑重地称为《面向东方》不是偶然的。在其中一篇文章《转向东方》中，萨维茨基写道：“但俄国本身不已经是东方吗？在罗斯能找到很多血管中没有流淌可萨和楚瓦什血液的人吗？俄国是真正东正教—穆

---

① Савицкий П.Н. Евразийство // Савицкий П. Н. *Континент Евразия*. М., 1997. С. 83.

斯林、东正教—佛教的国家。”①

在萨维茨基看来，俄国在非常接近东方时，已经是一个以基督教价值体系为基础而形成民族精神的东正教国家。因此，他否定东方在宗教领域对俄国产生了负面影响。萨维茨基强调，蒙古征服者在宗教问题上是中立的，蒙古入侵是外来影响没有破坏文化自然发展的唯一情况。鞑靼统治虽然影响了俄国的日常生活方式、民族心理、社会组织和国家设置，但同时它是一种中性的文化环境，接受所有的上帝，容忍任何文化。萨维茨基写道：“罗斯非常幸运，当它由于内部的分裂应当衰落时，碰上的是鞑靼人，而不是其他任何人。”② 基督教在蒙古鞑靼枷锁时期不仅继续顺利地存在，而且由于巨大的社会变形而被更深刻地接受。在萨维茨基看来，与可能的欧洲占领相比，蒙古枷锁的优势就在于此。蒙古人的建设性作用尤其表现在尝试建立统一的国家制度上，没有这种制度，俄罗斯文化就不可能发展。萨维茨基指出，“必须在自身、在自己的历史中找到‘东方’——没有它就不可能有‘自我认识的’过程，该过程能帮助恢复处于废墟中的俄罗斯文化”。③

从 15 世纪末开始，西方文化对俄罗斯文化的影响开始加大，在 18~19 世纪达到顶峰。这时俄国被吸引到欧洲的发展道路上，由此发生了民族的分裂：“上层”（верхи）在欧洲文化领域，“下层”（низы）在俄罗斯传统文化领域。萨维茨基认为，革命根本改变了局势，从欧洲借用学说的共产党人改进了旧俄西方派的观点——已经不是简单地“赶上”，而是“赶上”并“超过”西方。俄国脱离了欧洲文化的范围，旧的生活方式与基础被破坏了。

---

① Савицкий П.Н. *Континент Евразия*. М., 1997. С С. 136-137.

② Савицкий П.Н. *Континент Евразия*. М., 1997. С. 333.

③ Хачатурян В.М. Евразия: между Западом и Востоком // *Евразия: Исторические взгляды русских эмигрантов*. М., 1992. С. 64.

萨维茨基认为，俄国与欧洲的分离是在俄罗斯文化的欧亚主义范式基础上的。萨维茨基在文章《两个世界》中指出，在19世纪的俄国，参加斗争的有两个世界，一个是果戈理、陀思妥耶夫斯基、索洛维约夫和列昂季耶夫的世界，是俄国精神的世界；另一个是西方派、19世纪上半叶的激进派及稍后的代表人物杜勃罗留波夫（Н.А.Добролюбов）、皮萨列夫（Д.И.Писарев）、米哈伊洛夫斯基（Н.К.Михайловский），再有后来的布尔什维克的世界，也就是不考虑一切人类存在“非科学基础”的实证主义世界和崇拜科学、冒犯神灵的“虚无主义派”（нигилизм，革命民主主义都用它来称呼那些参加19世纪60~70年代初民主运动和革命运动、否定农奴制传统的人，而旧制度维护者则用它来作为谩骂用语[①]）的世界。

他把19世纪的俄罗斯精神生活划分出两种趋势，一种是陀思妥耶夫斯基、托尔斯泰（Л.Толстой）、索洛维约夫等人的崇高探索，另一种是在欧洲影响下出现的启蒙性质的虚无主义和唯物主义路线，反映在杜勃罗留波夫、车尔尼雪夫斯基（Н.Чернышевский）等人的创作中。在他看来，“把俄罗斯文化分为两个世界的这两种趋势的斗争，以虚无主义的胜利而告终”。[②] 但萨维茨基坚信，俄罗斯文化不会灭亡。他甚至认为，危机可能不以崩溃来结束，而是逐渐转向俄罗斯文化的更新及揭示和发展其特殊因素的过程，该因素因模仿欧洲而在某个时期淡漠了。

萨维茨基高度评价了俄罗斯文化发展的前景。“俄罗斯文化现在不仅没有衰败，而且处于有力扩展的上升曲线。宗教哲学思想的新事物，艺术形式与社会问题答案中的新事物在这一扩展中都表现得同样有力。”[③] 萨维茨基提出了一些新问题，如确立俄语的世界意义，认为这是“巨大的民族任务”。在他看来，世界上每一位认真的学者都必须会用俄语读书，而在俄

① 黑龙江大学辞书研究所：《俄汉详解大词典》，黑龙江人民出版社，1998：2782。

② Савицкий П.Н. Два мира // Савицкий П.Н. *Континент Евразия*. М., 1997. С. 114.

③ Савицкий П.Н. Сила традиций и сила творчества // *Континент Евразия*. М., 1997. С. 139.

国本土应当推行研究世界上的所有语言。萨维茨基认为，俄国的地理学几乎没有超越欧亚主义空间的研究范围，侨民可将俄国科学提升到新的水平。散布全球的俄国侨民能研究俄国科学的最特殊部分，能为俄罗斯文化的全球使命服务。1937 年末，萨维茨基指出，革命后空前明显的传统因素透过当今苏联现实的轮廓依稀可见；民族统一的概念再现了，斯大林体制越来越表现为旧马克思主义与旧俄国民族主义的联合，现在俄国国内的文化与侨民文化是统一的俄罗斯文化。

萨维茨基强调，确定欧亚俄罗斯为独立的文化历史环境还应当促进它与其他国家关系的发展，与其他国家建立紧密的联系。“要与欧洲亲近，就必须在精神和物质上独立于它。”① 世界越独特，文化越奇特，就越能提出更多的特殊问题。这些问题也适用于其他世界和文化。在萨维茨基看来，每个民族都应当是一个单独的个性；个性是独一无二的；对其他民族而言，正是这种唯一性才有价值。“欧亚文化”的特点就在于此。不同文明的因素有机组合，成为文化存在不可分割的部分。在文化领域，对于欧亚主义理念尤其重要的是两种情况：1）强调从 15 世纪起俄国已经不是一个民族国家，而是多民族国家；2）确认欧亚俄罗斯与亚洲的联系，比确认其与欧洲的联系在俄国历史上更重要。对萨维茨基而言，革命是新时代开始的特征，俄国仿佛脱离了文明的范围，但这并不意味着它中止了自己的存在。相反，这是伟大张力的证明；俄国的第二副面孔——东方的面孔明显揭开了。在萨维茨基看来，脱离欧洲存在的范围意味着，俄国文化有了新的发展前景。

萨维茨基对东西方问题的一体化观点能清晰地确定俄国的角色，在该角色中实现欧洲和亚洲文化的结合，并履行东西方文明中介和中心的作用。但对萨维茨基而言，俄国的地理环境、民族构成、政治和经济发展特征比宗教意识特点和精神价值体系更重要。他认为文化发展的基本因素是地理

---

① Савицкий П. Н. *Континент Евразия*. М., 1997. С.101.

空间，在该空间出现并存在于其界限内。这样，就证明了在欧亚大陆地缘政治和民族整体中的文化统一，欧亚大陆是俄国领导的特殊的文化世界。它确立了经济、社会、政治思维的范围，强调该文化的特殊性及自给自足性。特殊的空间形成特殊的文化，欧亚俄罗斯封闭而典型的气候和地理特色造成欧亚主义类型的民族与心理特点；平原的自然条件，典型的草原带，决定了欧亚文化中的殖民运动和游牧现象。

从文化发展的地理和地缘政治方面分析，欧亚文化是一个复杂的、由多种层次构成的体系。萨维茨基认为，欧亚文化的最早统一，不在基辅罗斯，也不在可萨王国，甚至不在东北罗斯，欧亚主义文化世界最早作为一个整体是在成吉思汗帝国时期。莫斯科公国继承了蒙古人的政治文化遗产，成为欧亚主义世界新的统一者。在萨维茨基看来，欧亚文化必须统一，并在人类文化中担任领导和首要作用，实现自己全人类的使命。

第五章　萨维茨基欧亚主义思想的哲学内涵

一　萨维茨基的欧亚主义世界观

萨维茨基承认布尔什维克恢复了俄国的国家制度和强大的作用，但他仍预见到共产主义思想在俄国即将衰落。同时他十分担忧自由主义思想来到俄国，认为这是西方欧化俄国过程中的主要武器，自由主义理念对俄国来说是毁灭性的。历史完全证实了萨维茨基的担忧。萨维茨基害怕作为伟大民族的俄罗斯民族会消失，因此强烈号召不要受欧化的诱惑。他在为欧亚俄罗斯寻找一种思想，符合20世纪前20年国家社会政治生活巨大变化的俄国自己的思想方案。

萨维茨基把抽象思想的载体叫做机会主义者，强调后者不能看见有现实意义的活动并依照它从事自己的活动。他在1926年发表的欧亚主义的纲领性文件《欧亚主义》中指出，抽象思想可能成为最危险和最有害的，如果它的载体相信它会实现并努力实现它的话。因为试图实现抽象的东西就必须对一切具体事物采取轻视和否定的态度，陷入尚未形成的抽象的形式；如果抽象思想的载体不放弃该思想，但同时又被活动的热情所笼罩——那它就只有一条出路：破坏并毁灭具体的现实，最终在与现实的斗争中灭亡。萨维茨基强调，为了不让抽象和虚假的思想造成危害，但同时不否定体现其热情的具体活动，必须把真正的、与具体生活有着有机联系的、不虚假的、非抽象的思想与之对立。

萨维茨基在把意识形态确定为一种有机的思想联系时，认为解决思想的真理性问题是最重要的任务。萨维茨基在把欧亚主义思想确定为真理思想时，提出了他的标准。在他看来，真理思想完全不是包罗万象的、抽象的体系，也不可能用一种抽象的公式表达出来；它是活的有机体。就其实质而言，真理思想应当非常具体，有个性特色：它发展的意义就在于具体化。萨维茨基指出，真理思想来源于某种绝对不可怀疑的基本思想，后者在发展的时候，在自身的具体化中达到了“最后的界限”，也就是成了它所重新认识、革新并创造的具体生活本身。真理思想是现实本身的意义，生活产生真正的意识形态。生活产生思想，但不降低思想。在不同时代，或是思想超过生活，或是生活超过思想。在萨维茨基看来，如果生活超过了思想，就有权要求思想的理解和表白，欧亚主义是解释俄国新生活的新哲学思想。

萨维茨基提出，欧亚主义思想有两个基础或前提用于建设真理思想的概念：个性学说（учение о личности）与东正教信仰。欧亚主义哲学概念的关键论点之一是关于个性的论断。萨维茨基认为，个性是多样的统一和统一的多样；个性的品质被认为是周围环境造成的、被周围环境改造后的品质，如表示社会秩序结构中个体从属关系的等级性；这种状态在欧亚主义中被称为交织个性，社会群体的所有部分都是交织个性。萨维茨基认为，可以把社会个性定义为人类存在的自我揭示。在萨维茨基看来，社会个性不仅是单独的、个别的个体，而且是被定义为交织个性的团体、民族和某种集体的民族联合。萨维茨基指出，交织个性的这种现实统一表现为构成它的个体个性的一致和统一。萨维茨基将他理解为人性一体化因素的普世教会列入社会交织个性。教会在个体个性进入其中的情况下，由于意愿和追求的统一，被定义为个性。教会被认为是把人们自由团结为统一的超民族、非暴力的构成力量的一统性表现。个性概念在萨维茨基的学说中起着重要的作用，它可以在欧亚俄罗斯的欧亚主义社会和宗教制度理想中见到。

东正教的基督教规范是正确理解欧亚主义思想的第二个基础。在宣布必须建立真理思想并认为它是一种主要思想的有机发展时，欧亚主义将目光集中到东正教思想上。萨维茨基指出，俄国东正教信仰是产生真理思想的基础。这一思想表现为一种体系和纲领，能解释生活的正确道路；从思想到生活的道路就符合了从信仰到生活的道路，生活变成对思想的检验。萨维茨基不是用宗教来论证思想，但他从宗教推出思想的基础，因为他认为“宗教本身需要思想上能指导行动的启示”。① 因此，鼓舞人们进行精神和实践活动的新思想，必须在真正的信仰——俄国东正教（“最高的、唯一完整、无可指摘的基督教信仰”）的基础上建设。萨维茨基尤其强调俄国东正教的创造发展能力。

一统性是东正教最重要的概念，教会的先驱从希腊词语中把信仰的象征翻译成斯拉夫语时，选用了“一统性”这个词。一统性表现在人类事业的多样性中，是萨维茨基理念的起始原则，是理解欧亚主义社会理想的关键。一统性的主要原则是统一与共同的有机组合，是在很多方面的统一。在欧亚主义思想中，一统性概念得到更广泛的解释：它超越了教会村社的范围，被看作人类组织的完善形式。萨维茨基认为，欧亚俄罗斯具有一切前提（历史的、地理环境的、民族的、文化的、社会的和宗教的），能证明在俄国的全部生活领域，一统性都是最高的一致形式。在萨维茨基看来，宗教真理应当作为社会真理被揭示。由此产生欧亚主义的社会方案，其中

---

① Савицкий П.Н. *Континент Евразия.* М., 1997. С. 25.

心是“给社会过程提供宗教内容的任务”。

一统性在欧亚主义概念中不同于集体主义。这是一个内涵大得多的概念，在更大程度上考虑到社会主体的种类。集体主义在极端情况下要以普遍无区别为条件，这与考虑社会划分最高程度的交织个性原则是明显对立的。俄国学者帕申科（В.Пащенко）在这方面将交织个性与交响乐队进行了比较。他认为，在乐队里每个人演奏自己的乐谱，使用自己的乐器。而家庭、社会团体、阶级、文化、教会，所有人同时奏响壮丽、和谐的交响乐——交织个性，自然拥有宗教音乐（意识形态）和天才的指挥。前者（意识形态）表现的是东正教原则和本能上由它产生的执政者思想，后者（天才的指挥）则是执政的选择。在欧亚主义的理论中，一统性是社会个性相互作用的特殊形式，该形式被描述为互爱、为亲人服务、牺牲、尊重一统性整体的首要地位等。

萨维茨基深知思想具有强大的组织作用，他的欧亚主义方案可以在具体行动中联合那些对宗教与形而上学持批评态度，同时理解东正教学说深奥之处的人。欧亚主义者宣布自己在某些问题上是斯拉夫派的继承者，自由的文化历史类型理论对两个流派而言是共同的东西，他们都否定罗曼—日耳曼文化是万能的奠基文化。于是，以俄罗斯东正教的千年历史为基础的欧亚俄罗斯思想被作为新的有机思想提出来。萨维茨基以具体事实为依据，提出了自己的方案：“欧亚大陆是一个特殊世界”。他把“草原精神”“图兰因素”和另一些欧亚主义范畴联合为稳定而完整的逻辑体系。

萨维茨基在发展俄国 19 世纪的社会政治思想传统时，研究了欧亚主义思想的基本原则。他认为，欧亚主义思想可以划分出三个原则。第一个是民族主义原则，但欧亚主义的民族主义与民族沙文主义完全不同。第二是趋同原则。指文化表现形式的多样性，“趋同”地表现为社会经济、政治、日常生活、民族及它所在领土地理特征的形式；欧亚主义努力认识并吸收不同学科的文化。如果深入思考“欧亚大陆”的概念，那么它在宗教文化、历史哲学、地缘政治和经济方面都是趋同的。第三个是国家主义原则。萨维茨基证明了国家在社会生活中的首要意义，国家是决定文化的统一与完整的特征或因素。欧亚主义的思想统治概念是国家主义原则的具体化。

萨维茨基强调，革命后的俄国在建立未来欧亚主义文明的事业中应当遵循这些原则。萨维茨基定义的新的欧亚主义思想旨在特殊地理解文化、政治、历史和民族问题，具有重要的理论和实践意义。

二 “思想制度”国家

任何社会政治学说都要有详细的政权理论。认为现代民主制度（демократия）应当被思想制度代替的观点是欧亚主义的基础之一。民主制度是根据受广大居民欢迎的特征选择制度，政治上的选举运动和经济上的竞争是选择的主要形式。而“思想制度”是“按忠于一种共同的执政思想的特征选择执政层的制度”。[①] 民主制度国家（简称民主国家）没有自己本身的信仰，不能领导居民的文化与经济生活，因而尽量少参与其中。思想制度国家（简称思想国家）有自己的信仰体系和自己的执政思想，积极组织并领导生活的各个方面。执政思想应当是一种值得为它牺牲的思想，而且在全体公民看来，这种牺牲具有崇高的价值。执政思想决定国家所实行政策的实质，确立与之相应的国家机构，形成某种思想制度体系，也就是某种支配思想和价值体系。不是任何随意选出的思想或思想体系都能成为执政思想，只有在民族自我意识中拥有深厚根源、成为整个民族文化的有机组成部分的思想才能胜任。萨维茨基指出，欧亚主义思想制度要依靠选择执政者来实现，后者的精神和实践基础能为欧亚主义思想进行有效的服务。

---

① Трубецкой Н.С. *История·Культура·Язык.* М., 1995. С. 438.

萨维茨基认为，建立在现实基础上的社会政治任务不是消除社会差别，而在于控制人类社会分解和社会团体产生的必要过程。在他看来，能够完成这项任务的唯一力量是超阶级的国家；只有建立有组织的、高于阶级和团体利益的程序，才能解决这项任务。这种程序应当是命令式和强制性的，具有比单个社会团体和任何团体组合都强大的权威，能实施最高权力。这种命令式的程序代表就是国家。

萨维茨基强调，超阶级国家程序存在的首要条件是组成它能依靠、能操作的社会团体。这个社会团体是无阶级的，它的属性不由任何单独的职能来确定，而由在欧亚主义国家（简称欧亚国家）中占优势的特征——对欧亚主义思想的信仰、服从和依附来决定。在萨维茨基看来，成为欧亚国家政权基础的选择，是纯思想制度的选择，不存在阶级属性成分，因此，欧亚国家也叫做思想国家。萨维茨基指出，在历史上的大多数国家中，思想制度因素都以隐蔽的状态存在，未被提高到自我意识的阶段；而欧亚国家把自己定义为有意识的思想国家，并负有某种使命。

第六章 萨维茨基欧亚主义思想的政治学内涵

一 欧亚俄罗斯世界

欧亚俄罗斯是一个自给自足并能自我恢复的民族和内部封闭、但同时又在外面不断发展的特殊文化类型，在空间上与欧亚大陆大体一致。作为特殊地理世界的欧亚大陆位于两股殖民浪潮交汇的中心点，一股向东，一股向西，相会在白令海的岸边。欧亚俄罗斯的北方被走不过去的冻土带限制，南方是山区，只在很小的程度上与大洋相邻。欧亚大陆广博的土地和无数的自然财富使萨维茨基产生出经济自给自足和自我保障的思想。在他看来，当南北流向的河流切断领土时，当从西向东连绵不断的草原带联合成统一的整体时，欧亚大陆的地理状态就影响了其整个历史。草原是欧亚大陆的脊柱，统治草原的人容易成为整个欧亚大陆的政治统一者。

萨维茨基把欧亚俄罗斯的空间划分为均衡的区域系统，“俄罗斯世界的历史生活所围绕的或当代俄国人民与国家所占据的地理环境最重要的轴心是草原和森林地区的交界处。正是这一事实决定了俄国政治、经济、文化命运中的很多东西”。[①] 在草原和森林的范围中，人们经常迁徙，不断改变自己的栖息地，民族和文化因素相互作用，相互融合。

欧亚大陆客观上迫使人们在政治、文化、经济联合上达到的程度比在欧洲和亚洲高得多。正是在欧亚大陆草原和沙漠的范围内存在一种在很多方面统一的生活方式，比如游牧民族的生活方式——存在于从西徐亚人到现代蒙古人的整个历史中。因此，在寻找欧亚大陆统一的起源时，萨维茨基认为，既不是基辅罗斯，也不是东北罗斯，而是成吉思汗帝国，展示了欧亚大陆巨大的稳定和现实的统一。在萨维茨基看来，俄罗斯国家高度发展的特征是作为金帐汗国继承者的莫斯科公国的发展。过去俄国与亚洲多神教文化的分界线消失了：俄罗斯国家的边界不知不觉几乎与蒙古帝国的边界重合。因而，成为欧亚大陆文明真正核心的任务落到了俄国的头上，居住在欧亚大陆广大空间的民族在该文明中形成超民族的团结。

萨维茨基论证了作为独立文化和政治理想的东方的价值，指出东方的巨大前景。在他看来，欧亚主义世界存在于东北亚和中亚空间，从中国长城以北的地方开始。萨维茨基认为，居住在欧亚大陆空间的民族，形成所谓的“图兰民族类型”（туранский народный тип），与俄国的精神面貌相似。在民族学方面，俄罗斯民族不仅仅是“斯拉夫人”（славянство）的代表。俄罗斯人和乌戈尔芬兰人、伏尔加突厥人一起构成了特殊的文化区，与斯拉夫人和“图兰”的东方都有联系。俄罗斯人和“图兰人”的巩固联系不仅在民族学，而且还在人类学方面，因为在俄罗斯人的血脉中流淌着除斯拉夫人与乌戈尔芬兰人之外的突厥人的血液。

萨维茨基在对“游牧学”的研究中，强调俄罗斯人的民族性与“图兰东方”（туранский восток）也有共同点。他认为，正是由于金帐汗国，俄

---

① Ключников С. *Русский узел евразийства.* М., 1997. С. 406.

国才获得了地缘政治独立，并保持精神自治，免遭罗曼—日耳曼世界的侵入。萨维茨基指出，把成吉思汗后裔建立的帝国看作历史幻影或空想的观点不能被历史事实证明，因为这一政治构成成功控制广袤领土几十年。正是在残酷的政治统治和“草原汗国”（степная орда）的庇护下，罗斯才有了行政结构，从流浪的自由逃民和封建领地的内讧变成了统一的莫斯科维亚文化政治有机体。“俄国是伟大汗国的继承者，是成吉思汗和帖木儿事业的接班人，是亚洲的统一者；俄国是特殊的‘滨海边疆’（окраино-приморский）世界的一部分，是深刻文化传统的载体。”①

欧亚俄罗斯的地理空间，不仅符合文化历史类型，还符合政治类型，其地理和政治边界在空间方面符合俄罗斯帝国的历史边界。萨维茨基认为，历史形成的俄罗斯帝国的领土具有自身边界的自然性和稳定性，成为欧亚大陆空间的自然统一者。这就是为什么大部分欧亚主义者承认苏联 30 年代实行的改造，认为由布尔什维克重新恢复的、大陆超民族的俄国领土的统一，是“欧亚主义思想”（евразийская идея）的胜利，即使是在“共产主义帝国”（коммунистическая империя）的庇护下。

萨维茨基在历史经验的基础上形成了欧亚主义地缘政治思想。在他看来，16~17 世纪，俄国对西伯利亚的占领没有遇到任何强大的对抗，大量民族同化进行得相当顺利。中亚的情况复杂一些，北高加索的宗教极端主义抵制一体化。但整体上的历史状况未让萨维茨基作难：中亚民族相当平静地成为帝国的组成部分。后来，在苏联时期，突厥斯坦（Туркестан）、布哈拉（Бухара）和花剌子模（Хорезм）又加入了新的联邦结构。萨维茨基地缘政治思想的特点在于他想从理论上论证特殊类型的大陆文明——自给自足的世界存在的可能性。从欧亚主义的观点看，地缘政治决定论意味着，只有掌握发展空间的传统，考虑到“空间逻辑”，放弃斯拉夫主义和西方主

---

① Савицкий П.Н. *Континент Евразия.* М., 1997. СС. 334 -335.

义的幻想，才可以确认欧亚主义民族的共同利益，该利益在于欧亚大陆所有地区和组成部分发展的和谐，这与西方历史形成的宗主国与殖民地的对立正好相反。萨维茨基的这些发现与从前的理论相比有重大进步。

适合现代要求的欧亚主义思想显示出一种文化历史前景，可以把不同民族和社会政治力量团结在一起。

二　欧亚主义国家

萨维茨基指出，“欧亚主义世界是能最大发展国家主义的环境”。[①] 萨维茨基认为，思想制度的目标是实现全民族的幸福。而民族的幸福与巩固国家威力及其典型特征有密切联系。在欧亚国家的设置方案中，领导国家的是国家积极分子。这是自愿的组织，因见解和目标一致而联合起来，担负着某些国家职能。那些赞成欧亚主义主要思想的、所有阶级的人们都可以自由地成为积极分子，来自人民的优秀代表经常补充到政治精英中。国家积极分子的主要特征是内部纪律严明和权利面前义务第一。

国家积极分子或执政阶层表现全民族利益的机构职能。在欧亚主义方案中，国家的最高政权拥有驾驭执政思想的常备的国家积极分子。在萨维茨基看来，只有通过常设国家机关才可以实现思想统治，该机关的工作将不受选举的变化影响，经常变动的内阁做不到这一点。

萨维茨基把新的政治体制形式和确立“思想制度”国家联系在一起。思想制度的政治体制应当拥有统一的政党，首先捍卫国家利益，其次是个人利益。欧亚主义政党只能按极权主义的原则组织起来，其中任何个人的主动权都应被压抑，因为它会对最初的团结构成威胁。在萨维茨基看来，欧亚主义者不能从事“纯”政治研究，因为他们给实证思想提出了问题。

---

① Савицкий П.Н. *Континент Евразия.* М., 1997. С. 103.

同时他试图进入实践政治领域，在他看来，政党执政的时代到了，如果拒绝政党，就意味着拒绝在行动中实现自己的观点。但是，由于一系列的原因，欧亚主义运动最后没能建立政党。原因有：苏联人民委员会国家政治保安总局的破坏活动，欧亚主义者的内部分歧，在重要关头缺少“领袖的铁腕”等。

萨维茨基证明，可以利用极权主义政党作为实现自己政治任务的手段，并尝试为苏俄的存在辩解，试图借用布尔什维克在建立新社会的实践中获得的“思想制度”的经验。萨维茨基指出，思想制度需要强大的国家制度，欧亚主义传统的固有特色是通过中央集权的国家制度来解决很多社会、文化及其他问题。尽管萨维茨基也指出某些非国家构成的重要作用（如私有经济，地方自治政权等），但仍坚持认为，作为原则的国家主义永远是其政治思想体系中坚定不移的：国家主义有巨大的正面意义。在他看来，只有在经济领域也最广泛地发扬国家主动精神，才可能保障俄国在世界上应有的地位。

理想的思想制度与国家极端主义有区别。前者要求政权极端强大，但要与人民十分接近。在萨维茨基看来，志同道合者联盟，“执政积极分子”领导的国家，一方面应当积极影响社会；另一方面，应制止私人机构和资本实行自身政策的企图。

萨维茨基认为，必须用有组织地选派各界代表的程序替换选派个别人物和政党的程序，也就是要实行组合主义（корпоративизм）[①]。萨维茨基反对议会，不承认权力的分离。在他看来，俄国的条件不能接受欧洲的民主制度。正由于俄国是一个特殊的自给自足的世界，国家主义和计划经济才十分发达；欧亚主义的国家主义同样能促进国家积极分子与人民代表委员会体系的相互和谐。欧亚主义委员会与布尔什维克委员会的根本区别在于，

---

① 20世纪30年代意大利法西斯党的主张。

前者认为必须把全部力量集中在保障地方的自由选举上。

萨维茨基提出“人民的”制度，它的基础是思想制度原则。人民制度（демотия）[①] 首先要为广大民众的利益，以组织政策为前提。萨维茨基指出，要利用苏联的经验，依靠广大工农群众的人民政权是唯一可行的政权，苏维埃制度是欧亚俄罗斯唯一可行的制度。但为了使苏维埃制度成为真正的人民制度，应当用欧亚主义因素取代共产主义因素，实现这种取代是欧亚主义的主要政治任务。在萨维茨基看来，他的政治纲领中的某些内容，在苏联国家的理论中被宣布出来。其中包括，在苏联形成了实行某种正确纲领的执政团体，在选举委员会代表制度的形式中存在人民的因素等。

萨维茨基认为，在苏维埃体系中存在一些问题，如阶级仇恨精神、对权利思想缺乏尊重等。在他看来，能战胜这些不足的唯一力量是超阶级的思想制度国家——负有某项积极使命的国家。欧亚国家在实行积极的建设计划时，使自己的所有成员都承担一系列的责任，并采取强制措施。不承担强制义务不可能建设国家，但义务应当依靠国家机器的运作结合每个公民的责任意识来履行，这种结合把强制压缩到最低限度。崇拜强制会造成社会有机体的一切单独部分——社会团体、民族、工会和个别人物缺乏独立的发展机会，缺乏个人主动性和意志。欧亚主义政治制度不崇拜强制和暴力。

萨维茨基指出，欧亚国家模式的典型特征，还包括它的保障性。欧亚国家不仅明确义务，也保障权利，保障单独的社会团体、民族、联盟和个体的自决权，保障国家整体中的单独部分广泛参与政治生活。从这方面看，欧亚国家也是民主国家。但萨维茨基认为，民主制度的政治形式——民主国家的现代类型在西方正经历深刻的危机，因而不适用于欧亚国家。后者的主要政治细胞不是孤立的人或人为形成的政党，而是国家中有机产生的

① 是一种地方委员会体系。见 http:// Eurasia.com.ru/vehil.html。

职能团体，一起或单独参与国家建设的过程。在他看来，这种参与不能限制监督政权活动的功能。萨维茨基认为，保障性国家能最大限度地使用自己的监督功能，不仅应实现执政层的计划，还要实现公民的主要权利和自由；保障性国家实行思想统治，避免任何极权的、宗教的或哲学世界观的强制诱导，是法制的国家。在该保障体系中，当权利和义务牢不可破、政权不可分割时，当不通过宣布权利和自由、而通过内部思想统一达到团结时，保障性与民主性是相对立的。

因此，萨维茨基认为，保障性国家的政治制度具有可操作性的倾向——追求实际利益；国家内部政治对立的需要正在丧失，民族的积极分子不会被拆散成很多政治团体，而将联合成主要的“保障”层，作为国家捍卫者的特殊干部阶层。欧亚主义对这些干部提出的要求，能帮助理解今天政治操纵的性质。萨维茨基学说中的这部分欧亚主义方案，要求对国家的智力资源采取应有的维护、保存和再生产措施，否则，俄罗斯不可能复兴和独立发展。萨维茨基提出的新的国家体系成为俄罗斯今天的具体实践。

第七章　萨维茨基欧亚主义思想的经济学内涵

一　关于国家—私有制

萨维茨基毕业于彼得堡工学院的经济地理专业，获得经济学副博士学位，曾作为编外副教授担任经济类课程的教学。他是俄国学者公认的经济地理学家，对经济学问题以及俄国经济的历史和未来格外关注。

萨维茨基对经济问题的看法首先和欧亚主义世界的特征有关，他认为后者是一个和谐完善的整体。萨维茨基详细研究了欧亚主义流派的经济方案，指出其经济福利学说具有现实性。在他看来，“没有以某种方式影响现实世界经济结构的、独立的、创造性的政治经济部门，就不可能有伟大的欧亚主义文化”。[①] 萨维茨基提出一种经济制度，旨在完整而现实地实现公平和“共同事业”（общее дело）原则。他认为，当吸收全体劳动者到经

① Савицкий П.Н. *Континент Евразия.* М., 1997. С. 294.

济生活建设中来这一设想与个体经济自觉连在一起时，才能实现国家正确的劳动体制、共同事业体制和共同建设体制。这一制度即“国家—私有制（государственно-частная система）”。

萨维茨基强调，在欧亚俄罗斯不可能恢复建立在私人所有制基础上的旧的经营方式；计划经济及其带来的所有好的成果将予以保留，但计划经济应拒绝经济教条主义，不压制而利用个体经营的主动性为整体服务。这样，稳定的个体经营将被列入共同的国家经济计划。欧亚主义国家私有制的实质即在于此。这不是资本主义与社会主义的妥协，也不是它们的机械联合。这是一种综合，是摆脱资本主义僵局和完全社会化的辩证的出路，能协调解决经济领域中私人与公共之间的矛盾。国家—私有制来自欧亚主义的总的观点，即作为整体和局部，“共同事业”和个性自主的、有机综合的人民一统个性。在萨维茨基看来，人民是整体和部分的有机综合。国民计划经济的经济标准应当是最大限度地提高国民的收入，国民收入是人民福利水平在经济上的表现。国民收入的相应提高主要取决于消费品的分配和生产手段。

在萨维茨基看来，任何经营和经济活动都包含两个因素：社会利益和私人利益。为了最大限度地提高国民收入，在所有经济领域中社会利益都高于私人利益的状态是最适宜的。在资本主义私人经营中，在缺乏计划性的条件下，这种状态永远也达不到。每一种私人利益本身都具有社会利益，因此，强制消灭任何私人的利益同时也是消灭社会利益，也就等于国民收入的相应减少。萨维茨基强调，只有在计划性国家—私有制中才能达到社会利益多于私人利益的最适宜状态。

萨维茨基认为，在任何经济模式中都必须保留个别经营主体的进取和竞争因素，但在宏观经济水平上，这种自发的因素应当减到最少。谈到欧亚主义的经济方案时，不能绕过“经济强国”（хозяйнодержавие）的概念。萨维茨基指出，这是“思想观和社会政治行动的体系，该体系把‘主人’

形象列入视野，把充满个性主人因素（原则上与社会因素对立）的经济活动作为自己的首要任务。经济强国不反对社会主义和资本主义的目标”。[①]欧亚主义的“经济强国”概念是关于一统性主体、思想制度、思想统治者等基本理论的特殊综合。

萨维茨基提出“主人”（хозяин）概念，认为“这既是家庭主人，农业主人，也是企业主人；在生产和消费的所有经济过程中用以描述主人特点的是主人的意志（хозяйская воля）和主人的眼光（хозяйский глаз）”。[②]在萨维茨基看来，社会主义实质上反对“个性主人”（хозяин-личность）成为“真正的主人”（настоящий хозяин），而证明只有“社会主人”（хозяин-общество）才能成为这样的主人。但他认为“社会主人”不能完全代替“个性主人”：后者在履行经营职能时更灵活，更完整；建设欧亚俄罗斯世界必须解决确立“经济强国”的任务，“使现实充满个人经营的因素”。萨维茨基赋予“主人”这个术语巨大的意义，认为这个词是个性因素在整个经济生活中的表现。“主人”作为所有制的主体，原则上不因所有制形式的变化而改变自己的实质，并且能够超越所有制和权利：所有权可以受到限制，但“主人”仍具有并将实现监督、控制和创造的功能。

萨维茨基不反对国营农场和集体农庄，但认为在国民经济领域中，个性主人应当占据农业中最重要的地位，而集体农庄和国营农场只占据特殊的、严格确定的地位。为了交给国家用于调节产品和市场价格所必须数量的农产品，必须要有国营农场。这种调节是计划经济存在的必要条件之一。在萨维茨基看来，小的农业措施、小型的私人贸易应当以固定的形式被确立在经济体系中，私有经营比任何正式的纲领更能保障个人的权利；集体农庄只在实行粗放经营的地区和独立经营生产过于薄弱的农区才有合法地位。

萨维茨基谴责苏联让直接生产者管理集体农庄的实践。他强调国家应

---

① Савицкий П.Н. *Континент Евразия.* М., 1997. С. 261.

② Савицкий П.Н. *Континент Евразия.* М., 1997. С. 255.

对集体农庄予以全力援助，但国家对集体农庄的支持不应当剥夺农业生产者选择经营方式的自由。萨维茨基认为，每个攒够生产资料的人，都有离开集体农庄的权利，还可带走相应的份地。也就是说，国家借助集体农庄也可以促进个体经营水平的提高。因此，萨维茨基建议在土地自由轮作和个体积极的条件下，保障集体农庄和坚实的农民个体经济共存的体系。

在萨维茨基看来，类似的方案也适合于工业。在实行国家—私有制的实践中，民族化的工业不仅保存下来，而且有进一步的发展。欧亚主义概念中经济政策的正面意义是有效管理国民经济，因此，国家经营应与私人经营相当。为了遵守适宜的经济平衡，国家不仅应当是控制者，还应当是直接的经营活动者。

萨维茨基认为，在类似欧亚俄罗斯这种经济强大的国家，应将私人生产列入共同计划构想，如利用税收政策。借助租让一定期限的合同也能产生私人工业，后者可加入相应部门的辛迪加。这些辛迪加就是统一的国家中心通过其实行计划经济的机构。辛迪加依照共同的计划，调节价格水平，规定每个国家企业和私人企业的生产额。同时“个性主人”在轻工业部门应当占优势，尤其在生产大众消费品的领域。在财政领域，萨维茨基也提出了国家和私人成分的明确区别。萨维茨基强调，私人财团和银行正在失去“个性主人”的特征。因此，他在提出“财政信用机构国有化”的同时，强调应把直接积累部门转给私营企业者，因为他们才能现实地提高这些部门的积累，“对个性主人活动范围的任何缩减都必然会减少积累”。①

萨维茨基指出，必须巩固私人经营的自由；资本主义赋予了所有制度新内容，解放了所有者，将经营权和所有制同政权相分离。但萨维茨基同时也看到了类似经营权解放的负面后果，导致剩余产品的直接生产与分配的联系脱节；财产的主体得到绝对的自由，但经济自由使无产者产生对财

① Савицкий П.Н. *Континент Евразия.* М., 1997. С. 239.

产拥有者的物质依附，造成前者的贫困和后者的奢侈。在萨维茨基看来，国家应当成为经济关系的主要调节者，创造职能所有制的模式，在该模式下才可能把私人主动性与国家的经济计划思想，也就是计划经济相结合。在道德伦理方面必须改变所有者本身的性质及其世界观方向，没有“精神的改变”就不可能改造所有制。

萨维茨基认为在俄国的条件下，经济发展尤其不能缺少国家主义的因素，不能消除国家主义。别尔嘉耶夫等欧亚主义批评家们，指责欧亚主义者追求经济生活的极权国有化；认为欧亚主义思想证明，国家是正在形成的、不完善的教会；认为欧亚主义在理解教会和国家的关系时形成原则上的一元论，国家是教会的职能和机关，具有无所不包的意义；于是在此基础上产生了从教皇和帝国主义的神权国家到共产主义和欧亚主义的乌托邦。但事实上欧亚主义并不坚持国家在经济中采取强权。计划经济和给予个体选择经济形式的自由，是两个初看起来充满矛盾的、而事实上一致的原则。欧亚主义在这些原则上建立自己的经济体系，这些原则事实上相互补充并构成“经济发展的辩证因素”。比如，国有企业与私人企业的共存也有好的一面，后者能够督促国有企业。萨维茨基提出的经济结构是计划性国家—私有经营体系，国家的成分比私人多。

在萨维茨基看来，国家主义原则无论在经济组织，还是整个俄国历史上都具有重大意义，认为只有在经济领域最大限度地发展国家主动性才能保障俄国在世界上的应有地位。但经济中的国家主义不应当大权独揽，作为均衡的私有成分也应当存在，这种共存应当保证最好的经济发展，国家—私有制最符合俄国历史形成的条件。萨维茨基强调，在近几个世纪俄国工业相对最落后的时期，一方面是“工业自由主义”（промышленный либерализм）（19 世纪 60~70 年代），另一方面是“共产主义”（从 1918 年开始）占统治地位的情况不是偶然的；无论是工业自由主义，还是共产主义都不符合俄国的特征。俄国工业的形式是特殊的国家—私有工业体系。

二 欧亚俄罗斯的经济

萨维茨基认为，欧亚俄罗斯是一个完整的大陆，在一系列特征上与其他地理世界有根本区别，与欧洲和亚洲的地理轮廓、山岳形态、气候特点等差别较大。欧亚主义世界的特殊地理状况影响到它经济发展的条件。萨维茨基很关注俄国经济发展的任务，在他看来，外国经济力量参与俄国经济发展，不是什么陌生和危险的事；只是要千方百计地强调，俄国私有经济的“欧洲化”或“美国化”决不意味着俄国思想的“罗曼—日耳曼化”。

在文章《大陆—海洋》中，萨维茨基分析了俄国在海外市场联系方面的地位。萨维茨基指出，欧亚俄罗斯的经济地理环境不适合参与大洋交换，必须建立多样的、一体化的大陆经济，这是俄国经济的基础。他在比较陆路与海路运输的可能性时，将国际与地区间交换的“大洋”原则与“大陆”原则对立起来。在萨维茨基看来，俄国广袤的领土远离海岸线，在参与“大洋交换”时冒险站到了不重要的世界经济位置上。萨维茨基提出，消除“大陆性”缺陷的方式是，在大陆世界范围内废除大洋世界经济的完全统治原则，建立大陆世界空间上相互接触的、单独的地区经济，在相互联系中发展这些地区。

萨维茨基认为，由于领土广博，地区经济性质多样，俄国能平衡发展不同的经济部门。他还指出，俄国的沿海部分被分成四个独立的地区，这种状态从经济和海军意义上，极大地削弱了俄国在海上的地位。萨维茨基认为，发展破冰技术和开发北冰洋，建立白海和远东地区以及白海和波罗的海（以挖运河的方式）之间的航运联系，可以克服这种缺陷。在他看来，俄国人民需要统一沿海，不是为了军事侵略，而是出于经济和文化目的。保障俄国沿海统一的提法，补充并扩展了萨维茨基 1921 年提出的“大陆—海洋”口号，这将使俄国不仅在陆地，而且在海洋上起重要作用。作为

“大陆海洋”和自给自足的世界，欧亚俄罗斯应当是联系欧亚大陆三个周边世界（欧洲、亚洲和美洲）交通干线的交叉处，这符合它中央世界的性质。

20 世纪 20 年代，萨维茨基研究了俄国生产力发展的问题。他高度评价了俄国的经济资源，指出俄国最富的地区在东西伯利亚，那里有很多丰富的工业自然资源。位于东经 90 度至 55 度之间的这一地区，被萨维茨基称为“大陆的蒙古核心”（монгольское ядро континента）。他认为“莫斯科近郊和乌拉尔的煤质量不高是阻碍国家工业发展的原因之一”，① 必须以发展边疆区的工业为方针，但这不是简单机械地推广技术文化，而是应让俄国人民适应那些地区的条件，与当地民族接近，深入他们的传统。萨维茨基尤其强调，不能把俄国称为宗主国，把它的边疆叫做殖民地，因为俄国本身的工业未来在很大程度上以边疆的工业发展前景为基础。

在萨维茨基看来，第一次世界大战和战后国际关系的弱化，以及 20 世纪 20 年代末的经济危机，表现出世界经济体系的很多不足，领土的范围或国家经济发展的范围束缚了经济的发展。他认为欧亚俄罗斯的出路在于建立“大陆经济”（материковые хозяйства）体系，该体系相对自给自足，同时由于幅员辽阔，有足够的空间实现地区间的劳动分配；但这不意味着对外贸易会给民族经济带来灭亡的危险，在俄国应当是一种主要依靠内部流通的“大陆经济”，外贸是俄国经济生活的附属领域。

萨维茨基很关注欧亚俄罗斯农业资源的研究，认为其空间中有各种各样的农业地区。他确定俄国主要的农业区属于两种地理区域：森林区和草原区。地区差异意味着播种技术的差异，因为用于改善农业的欧洲方式，如种植肉质直根类作物（如甜菜、胡萝卜、芜菁、甘蓝等）和饲草，只适合森林地区。在草原区，由于气候条件，农业性质与欧洲有区别。萨维茨基认为“在俄国的土地上，四种农区相互交替。第一种是‘欧洲式’农业

① Савицкий П.Н. *Месторазвитие русской промышленности.* Берлин, 1932. С. 57.

区（土豆和三叶草）；第二种——草原农业区（三区轮作，小麦）；第三种——纯粹的畜牧区；第四种是沙漠，那里既不能生长小麦，也不能喂养牲畜”。① 他对每个地区都提出了发展任务：依靠进入黑土区扩大“欧洲式”农业区，在草原地区合理运用土壤耕作积攒水分的方式，在沙漠利用适宜的水资源恢复灌溉系统，在草原畜牧区支持和发展欧亚大陆世界游牧民族奠定的传统，创立资本主义类型的畜牧经济。

萨维茨基通过对欧亚俄罗斯生产力的研究，认为它能成为工业与农业平衡发展的国家。在他看来，俄国的自然生产力异常强大，经济天然资源丰富多样，这注定了国家的农业和工业发展。这也证明了俄国经济的“大陆性”特征，对于理解俄国的过去和现在的状况有很重大意义。

萨维茨基研究了俄国 18~19 世纪工业历史的国有与私有因素，指出 18 世纪和 19 世纪上半叶，私有与国有因素的结合是俄国的典型特征，其中国有因素占优势。他批评了认为 18 世纪俄国工业落后的观点，强调那时的俄国不仅是原料产地，而且是强大的工业出口国。“1793~1795 年，亚麻和大麻织物这两种工业品占俄国出口的 21.5%，而且大量输出软皮、粗绳、麻绳等。这时的俄国对欧洲而言不仅是原料供应者（那时主要的纺织原料——大麻、亚麻），而且是重要的工业出口国；不仅完全不是未加工原料国，而且加工技术位于前沿：欧洲在 19 世纪才从技术方面超越了俄国。直到 19 世纪中叶，俄国工业才失去了对西方的挑战性。”②

1860~1870 年，俄国国家经济的思想衰落了，萨维茨基认为这是俄国工业最落后的时期，尽管在某些部分有进步，绝对生产指数有所增长，但在 19 世纪最后几十年俄国积极参与了经济过程，比如铁路政策和关税的设立。1860~1870 年实行的相对“自由的”关税，从 1870 年末开始变为“保

① Савицкий П.Н. Степь и оседлость // Савицкий П.Н. *Континент Евразия.* М., 1997. С. 338.

② Савицкий П.Н. Проблемы русской истории // *Русский узел евразийства.* М., 1997. СС. 393-394.

护”关税。在铁路事务中为私人主动权提供无限自由变成国家调控和广泛发展国有铁路建设。20 世纪初的俄国工业中，相当多的经济部门都是私有，如南方的冶金工业和西伯利亚及远东的采金业。国家除了实施“鼓励”和“保护”政策外，也积极参与经济。萨维茨基尤其指出第一次世界大战时官办工业的成就，“战前在俄国存在相当多的官办工业是欧亚俄罗斯的特征之一，因为在很多别的国家，相应的需求由私人而非官办工厂来满足”。[①]

萨维茨基认为，“国有化”（национализация）是帝国主义政权时期“充公”（взятие в казну）的再现。他把“官办经营”（казенное хозяйствование）和“工业国有化”（огосударствление промышленности）制度相对照，认为旧的官办经营只包括某些领域，而“国有化”几乎包括了整个工业；这是数量而非质量的区别。根据这些研究，萨维茨基认为必须稳定俄国的国家主义，只有强大的政权才能同经济发展的巨大困难（如气候严酷，领土辽阔）作斗争。萨维茨基指出，国家以不同方式调控，履行经济职能，必然表现在俄国历史中：早期大公们的商业交易，莫斯科时期国有企业家的活动，帝国主义时期企业家的活动及对经济生活的调整，这些现象以最紧密的方式和俄国的全部条件联系在一起，表现出俄国发展空间的必要性。在拥有大片领土而出海困难的条件下，在大洋经济中占统治地位的竞争原则将被国家干预经济的垄断原则所取代。

萨维茨基还认真分析了苏联经济生活的现象。他认为，在 1928 年，苏联政策中工农业平衡发展的思想逐渐变成了经济自给自足思想。在萨维茨基看来，共产主义的口号重复了第一次世界大战前“经济爱国主义”（экономический патриотизм）和第一次世界大战时号召自给自足的公式。“俄国资本主义经济活动家情绪高昂地为俄国服务，就像现在‘社会主义建

---

① Савицкий П.Н. Проблемы русской истории // *Русский узел евразийства.* М., 1997. CC. 302-303.

设者'（строители социализма）为苏联服务一样。"[①] 萨维茨基指出，俄罗斯国家的社会主义建设和经济自主方针使欧亚俄罗斯特殊世界得到了自我肯定；在一国建成社会主义（построение социализма в одной стране）的问题中，共产党人已经开始无意识地谈论俄罗斯是特殊的历史世界；社会主义建设本身只是它特殊道路的例行阶段，将像其他阶段一样过去。

萨维茨基研究了苏联第一个五年计划的进程，认为其面临的任务符合欧亚主义的经济观点。他分析了其成就与失败，提出了国家应当解决的新任务。在他看来，五年计划的成就在于：重新装备了乌拉尔（Урал），发展了库兹巴斯（Кузбасс），开发了新区工业。萨维茨基指出，1930~1931 年苏联工业建设的中心开始明显转向东方。在表述俄国国民经济的现代历史时，萨维茨基认为，其萧条时期和高涨时期相应延长并相互交替的行情与西方不符。"还在资本主义经济条件下，1909 年的欧洲金融危机完全没有影响俄国，这之前俄国也不知道符合 1904~1907 欧美繁荣时代的经济高涨。结束这一时代的 1907 年危机几乎也未使俄国遭受影响。反过来，俄国 1895~1896 年的金融（非普遍工业）危机在西方也没有回应。"[②] 萨维茨基指出，经济行情最明显的不符表现在苏联实行第一个五年计划期间：1927 年开始的苏联工业增长和资本主义世界最强大的经济危机。

萨维茨基强调，五年计划的成就是靠急剧缩减国民需求获得的，付出了重大代价。他尤其指出俄国农村遭受的贫困，"全盘集体化"（сплошная коллективизация）在很多方面简化成完全破坏农业经济和畜牧业，只是由于在农业中使用复杂机器，才在某种程度上使农村的技术文化有所发展。萨维茨基预测苏联共产党人掌控的计划经济必然衰退，并将因苏联经济领

---

① Савицкий П.Н. Пятилетний план и хозяйственное развитие страны // *Политическая история русской эмиграции...* С. 285.

② Савицкий П.Н. Пятилетний план и хозяйственное развитие страны // *Политическая история русской эмиграции...* С. 283.

导人的错误和失算而更严重，不能用劝告和强制迫使几百万人放弃自己的个人利益。在萨维茨基看来，共同事业需要和私人利益联系起来，国家的经济独裁隐藏着巨大的危险；“国家主义”应当是辩证的概念，应有自己的范围；这种范围允许一定程度的私人自主，计划经济手段应当以市场存在为基础。

萨维茨基指出，1927 年很少有人谈论苏联之外的计划经济；但在集体宣言《欧亚主义（1927 年的定义）》中，欧亚主义者已提出了自己的纲领。他们认为自己是“国家广泛调控经济生活的拥护者和国家吸收重要经济职能的拥护者”。① 萨维茨基承认国家主义的缺陷：官僚主义、办事拖拉、管理不善，但强调应容忍这些缺陷，因为只有国家经营才会使经济有秩序、有组织。1931 年，欧亚主义组织第一次代表大会上通过的文件扩展了“国家—私有制”的概念。文件中谈到，应保障全体劳动者选择经营活动方式和收入的自由。私人企业主不是阶级，而是具有职能性的职业，欧亚主义国家的法律应保障这种状况的确实实现。私有企业通过必要的辛迪加化（синдицирование）与国有行业有组织地联系，进入计划经济的框架。国家—私有制在保障个体经营自决的同时，不超出计划经济的范围。

根据苏联社会主义建设的总体经验和资本主义国家的经验，萨维茨基认为，建设国家经济生活必须使国家调控和无意识的私有经济动机相结合，将用于均衡的储备集中到国家手中；决定货币通货膨胀的政策也应当由国家全部控制。萨维茨基还强调，只有在国家—私有制的范围内，才可能实现计划经济，实现之后才能着手更有效地解决国家面临的开发新区经济的任务，首先是东部地区。

萨维茨基认为，俄国经济能“自给自足”。前提在于：农业区与工业区

---

① Евразийство (Формулировка 1927 г.) // *Россия между Европой и Азией: Евразийский соблазн* ... С. 225.

相间的大片领土，自然资源丰富，内部市场潜在的巨大容量。萨维茨基号召使用这些条件，首先尽量使资源丰富地区积极加入经济流通。“只有确定向东的方针，只有把俄国变成真正的欧亚主义整体，才能实现俄国工业的巨大发展。”[①] 各经济部门、各地区的平衡发展将使俄国成为独立的经济强国。

① Савицкий П.Н. *Месторазвитие русской промышленности.* Берлин, 1932. С. 10.

第八章　萨维茨基的俄国历史观及其对十月革命的思考

一　关于俄国历史进程

1. 蒙古统治时期是俄国历史的必然阶段

俄国学者认为欧亚主义学说整体上是符合历史事实的。万达尔科夫斯卡娅认为："欧亚主义者依靠俄国史学传统，试图为国家的历史事件和现象做出自己的解释。"[①] 他们对其中很多问题的观点新颖而独特。俄国历史道路每个阶段的意义；对国家和人民而言，永远留下的是什么；后者对现在和将来的影响——这些就是欧亚主义者思考的问题，这就是他们所做历史研究的意义。

萨维茨基指出，基辅罗斯时期发生了一件影响整个俄国和世界历史进程的大事——从君士坦丁堡那里接受基督教，这对后来莫斯科公国和俄罗

① Вандалковская М.Г. *Историческая наука российской эмиграции...* С. 3.

斯帝国的进一步发展意义巨大。“在研究俄罗斯国家制度的思想起源时，人们通常会讲到拜占庭遗产。就思想文化领域而言，这种见解是完全有根据的。”[①] 通过东斯拉夫部落对东正教的认识，罗斯认识了拜占庭和希腊化时代伟大的宗教和历史传统。

萨维茨基指出，古代俄罗斯国家的首都基辅位于森林和草原地区的交界处，地理位置十分重要。他把这个边界叫做欧亚大陆的地理和历史脊梁，认为正是以基辅为中心的地区成为欧亚俄罗斯历史生活的重要轴心；在这条边界上交汇了很多土壤、植物的自然历史特征，以及结构最复杂丰富的森林和草原资源。萨维茨基认为，位于这个中心的基辅能够同时使用毗邻地区全部的森林和草原资源；基辅附近还汇集了大型的水陆交通干线。“理解基辅的边界地位（介于森林与草原之间）对于解释它整个千年的历史十分重要。”[②]

基辅罗斯控制了联系北欧和拜占庭及东方的重要商路，但在 11~12 世纪时，这种优势由于各种不好的对外政策消失了。波洛伏齐人（половцы）占据第聂伯河下游使罗斯与君士坦丁堡的联系变得困难，而十字军东征为西方开辟了到达东方的新路线。古代俄罗斯国家，因矛盾重重而分裂为独立的公国。在萨维茨基看来，基辅罗斯由于内部的分裂和衰落不能对蒙古鞑靼人予以适当的抵抗。“罗斯听命于鞑靼人的那种无助，被不合逻辑地看作是‘命中注定的偶然’（роковая случайность）；罗斯在鞑靼统治之前，就具有不稳定的成分，有衰退的倾向。类似的历史进程，不仅对于东斯拉夫人，而且对其他一些民族来说都是典型的。首先是繁荣，然后取代国家巩固的是——分裂和衰落。保加利亚人，塞尔维亚人，波兰人的历史都是这样；在鞑靼人统治之前，罗斯的命运也是这样”。[③]

---

① Савицкий П.Н. Географический обзор России-Евразии... С. 281.

② Савицкий П.Н. Основы геополитики России // *Русский узел евразийства...* С. 410.

③ Савицкий П.Н. Степь и оседлость // Савицкий П.Н. *Континент Евразия...* С. 333.

萨维茨基指出，在 14 世纪莫斯科公国合并俄罗斯土地时，出现了一位强大的对手——立陶宛大公国。1362 年立陶宛大公奥尔格尔德（Ольгерд）获胜之后，部分波多利斯克鞑靼人臣服于他，在立陶宛出现了军职鞑靼人。他们服兵役，得到黑海沿岸的土地。14 世纪下半叶，适宜的地缘政治局势未能被立陶宛和暗中支持它的波兰所利用，1399 年沃尔斯克拉河（Ворскла）战役之后，这种局势实际上就消失了。在萨维茨基看来，14~15 世纪立陶宛大公国的条件，对发展俄罗斯文化更加有利：外国的压迫，与欧洲交往的机会和继承并发展国家权利规范。文化的继承与发展，尤其鲜明地表现在立陶宛大公维托夫特（Витовт）给波洛茨克（Полоцк）、斯摩棱斯克（Смоленск）和维捷布斯克（Витебск）的法定文书中。这些文书传达并确认了这种前几个世纪在该土地上形成的政治、社会和法律制度的形式是井然有序的；当地还以会议的形式保留了谓切（вече），作为地方管理事务的最高权力机构；同时保障"个体不可侵犯"（неприкосновенность личности）、自由迁徙等。而在当时政治条件严峻的莫斯科罗斯，不可能有任何类似的情况。

萨维茨基也看到，当时俄罗斯文化的逐渐衰弱取代了繁荣。"俄罗斯性与天主教不相容，天主教同样与实现欧亚大陆世界范围内的联合角色不能并存。"[①] 对于萨维茨基来说，莫斯科能联合欧亚大陆，而立陶宛和波兰不能的情况确定了两个历史世界的边界——欧洲和欧亚大陆。

14 世纪末，帖木儿（Тимур）的蒙古国家在中东出现，出现了金帐汗国国家传统的复兴。一位受他庇护的人——脱脱迷失（Тохтамыш）重新征服了莫斯科，而铁米尔—库特路易（Темир-Кутлуй）和叶基盖依（Едигей）一起在沃尔斯克拉河消灭了维托夫特（Витовт），这在一定程度上帮助了莫斯科对抗立陶宛。罗斯被吸收到帖木儿国家的周边具有很大的意义。"这种

---

① Савицкий П.Н. *Континент Евразия.* М., 1997. С. 309.

吸收，结合另外的历史事实，证明罗斯（东斯拉夫人）属于那个叫做欧亚大陆的历史世界。”①

2. 蒙古时代对俄国思想文化和国家制度的影响

萨维茨基认为，罗斯皈依基督教的意义不是独立的，而在它与其他时代的联系和相互作用中揭示出来。他指出，虽然在金帐汗国的拔都入侵前，罗斯早已是东正教国家，但正是在蒙古统治的艰难时期，罗斯的精神生活才繁荣起来。正是在那时，东正教深入罗斯人民的全部生活中，这帮助战胜了蒙古枷锁。此外，通过东正教，罗斯从蒙古人那里接受了国家强盛和联合整个欧亚大陆的思想。

东斯拉夫人对东方文化的最初认识比 13 世纪的蒙古人统治时期要早得多。还在古俄罗斯国家时代，东斯拉夫人就与草原民族广泛地交往，了解了后者的日常生活与传统。战争、贸易和其他联系对东斯拉夫人与草原民族来说都是典型的。从诺夫戈罗德人开发北方，到后几个世纪基辅罗斯的扩张，再到蒙古鞑靼枷锁时期，罗斯与东方的交往得到巨大发展。在萨维茨基看来，“没有‘鞑靼人的统治’就没有俄罗斯。”②

萨维茨基指出，俄国史学史的不足在于忽视蒙古鞑靼枷锁时代的意义。“关于鞑靼枷锁时代的俄罗斯是这样被描述的，仿佛不存在任何的鞑靼枷锁。这种解释历史的方法是明显错误的。在整个俄国历史之外描述梁赞省的历史不是很荒谬吗？同样十分荒谬的是，描述鞑靼枷锁时期的俄国历史时，忘记了它同时是大国的一部分。”在萨维茨基看来，基辅罗斯注定遭受军事失败，被套上异国的枷锁，在某种程度上甚至是“幸运的”，因为是蒙古人利用了它内部的分裂。从成吉思汗时代起，蒙古人在宗教问题上坚持信仰自由的原则。在萨维茨基看来，东正教会成为俄罗斯民族统一的基石，

---

① Савицкий П.Н. *Континент Евразия.* М., 1997. С. 310.

② Савицкий П.Н. Степь и оседлость // Савицкий П.Н. *Континент Евразия.* М., 1997.С. 332.

其居民大多都已皈依东正教，说明了人民宗教感情的增长。鞑靼枷锁本身促进了俄罗斯国家组织的形成，是对俄罗斯精神特点的考验。俄罗斯精神的中心是俄罗斯的虔诚（笃信宗教），这种虔诚正是在鞑靼统治时期建立起来的。鞑靼统治时期的罗斯——神秘主义深入人心，俄罗斯宗教绘画的全部繁荣都发生在“鞑靼枷锁”（татарское иго）时期。“鞑靼人拥有中性的文化环境，接受‘一切上帝’和‘任何崇拜’，他们没有破坏俄罗斯民族创作的纯净。如果罗斯碰上感染了伊朗式狂热的土耳其人，它遭受的考验将更严峻，命运会更悲惨。如果是西方占领了它，将掏空它的灵魂，折磨至死。”① 萨维茨基同意东方学家巴尔托尔德的观点，罗斯因蒙古的占领而被卷入欧亚主义事件总的进程。尽管蒙古人造成了破坏，但蒙古帝国存在的初期仍然带来了经济和文化领域的繁荣。蒙古人广泛发展商贸，与西亚和东亚的文化交往空前紧密。

在金帐汗国的时候，罗斯进入蒙古国家的体系。“术赤兀鲁思的主要领土构成了现代俄罗斯国家领土的大部分。金帐汗国的政权同时包括顿河、伏尔加河流域，基辅、斯摩棱斯克，诺夫戈罗德，乌斯丘克，咸海沿岸（当时的乌兹别克斯坦）和后来的托博尔斯克及托木斯克省的草原。”② 在蒙古帝国和俄罗斯帝国空间延伸具有同一性的基础上，萨维茨基认为，依照军事行动地点共同的分布和军队行进的方向，两国在一些战役和征伐的地缘政治方向上有相似之处。

罗斯成为金帐汗国的组成部分，强烈地影响了俄罗斯国家制度的发展，这在军事组织方面表现尤其明显。萨维茨基指出，有一种制度，其中所有社会阶级都是“与军职有关的”，都承担着赋税，没有真正的私人土地所有制，每个社会团体的意义取决于它对国家的态度，——这种制度深深地植根

---

① Савицкий П.Н. Степь и оседлость // Савицкий П.Н. *Континент Евразия...* СС. 333-334.

② Савицкий П.Н. Геополитические заметки по русской истории // Савицкий П.Н. *Континент Евразия.* М., 1997. СС. 304 -305.

于游牧国家的历史生活方式中。它被莫斯科罗斯所接受并赋予后者强大的政治力量。萨维茨基认为，军职鞑靼人对于组织军队起过很大的作用。“可以有根据地证明，在 16 世纪和 17 世纪的部分时期，莫斯科公国的扩张是俄国与鞑靼独特的军事合作成果；在这个意义上，鞑靼人毫无疑问是俄罗斯国家的共同缔造者。”①

在 13 世纪中期前，罗斯的历史都是欧亚大陆西部边疆的历史。因蒙古的占领，罗斯被列入包括亚洲和欧洲广大空间的国家体系，加入全欧亚主义事件的进程中。萨维茨基认为，在俄国的新土地发现者中和后几个世纪开发及占领的空间中，都表现了“蒙古人的大陆感”。蒙古人把分散的草原组织起来，这最终决定了俄国向东方的扩张，这一运动本身就需要强大的中央集权的政权。因此蒙古人对莫斯科罗斯国家政权的演变产生了直接的影响。萨维茨基认为，蒙古人不仅帮助削弱了分散的俄罗斯公国和贵族的主要力量——大贵族，从而促进了莫斯科大公政权的加强，而且教会了俄罗斯人建设多民族的中央集权的国家。在萨维茨基看来，不是瓦良格人，也不是基辅罗斯，而是蒙古人把罗斯的等级和纪律因素列入统治与臣服的关系中，蒙古人才是俄罗斯国家真正的先驱。

3. 蒙古占领对俄罗斯地缘政治发展的意义

萨维茨基认为，蒙古人的政权衰落之后，罗斯处于金帐汗国的国家继承者体系中。16 世纪中期，随着喀山汗国与阿斯特拉罕汗国的归属，俄国开始追求欧亚大陆土地合并者的角色。16~17 世纪，俄国兼并了东方的大片领土后，接近了太平洋。18~19 世纪，波罗的海、芬兰、乌克兰、白俄罗斯、摩尔达维亚、高加索、中亚和远东的一些土地归属俄国。但萨维茨基指出，俄国来到大洋空间，并在此设防固守的尝试未获成功。由于各种经济、政

① Савицкий П.Н. Проблемы русской истории // *Русский узел евразийства...* С. 398.

治原因，俄国被迫撤离大洋。在萨维茨基看来，这也证明俄国的习惯环境是大陆世界。

“发展空间”因素对萨维茨基从地理观点来研究俄国历史起了决定性作用。萨维茨基认为，“斯拉夫人属于两个地理和文化历史世界：欧洲和欧亚大陆”。① 这是因为东斯拉夫人从自己最初的居住地优先向东北和东方迁徙。这一共同的运动方向具有两个主要的后果：1）东斯拉夫人占据了与西斯拉夫人和南斯拉夫人完全不同的发展空间；2）他们与祖先是芬兰—乌戈尔、土耳其、蒙古和满洲人的民族，以及古亚细亚各族交往，而其他斯拉夫人和这些民族交往较少或者完全不接触。这不能不在东斯拉夫人的共同文化面貌上、东斯拉夫的民族学以及人类学上留下痕迹。

在萨维茨基看来，东斯拉夫人的政治联合是在9~10世纪由诺曼人组织的，“基辅罗斯出现在欧亚大陆的西边是在整个欧亚大陆联合趋势暂时薄弱的时代”。② 古代罗斯占据了某个地缘政治的小环境——控制了东欧相当大的空间。萨维茨基认为，瓦良格——俄罗斯国家是在商路上逐渐形成的。因为正是在这个时代开辟了“从瓦良格人到希腊人”之路③，还有连接波罗的海与中东（波斯和阿拉伯）的伏尔加之路，这些道路当时都按照指定的干线，从北欧到拜占庭和穆斯林的东方。在他看来，“16~20世纪的俄国在很大程度上是西徐亚、匈奴和蒙古国的继承”。④ 对于这些在不同历史时期起过作用的民族，共同的事物正是“发展空间”。这种观点允许把金帐汗国及其继承者——俄国进行地缘政治的类比：领土的一致性，领土周边的军事活动带以及蒙古人在13世纪和俄国在18~19世纪的某些重大的军事行动。萨维茨基认为，“13~14世纪一些金帐汗国的汗王和万人指挥官，作为

① Савицкий П.Н. Русские среди народов Евразии // *Русский узел евразийства...* С. 405.

② Савицкий П.Н. Евразийская концепция русской истории. Указ. соч. С. 125.

③ 即从波罗的海，经过伊尔门湖水域，沿第聂伯河到黑海和君士坦丁堡的欧洲传统商路。

④ Савицкий П.Н. Евразийскя концепция русской истории. Указ. соч. С. 125.

欧亚大陆的命运指挥者，应当可以与18~20世纪俄国沙皇、女皇和统帅中的榜样相媲美。”①

萨维茨基指出，可以把罗斯——俄国与蒙古鞑靼国家历史的关系简化为下面几点：1）两个世纪里大部分俄罗斯部族受金帐汗国的统治；2）俄国本身就是金帐汗国的继承国之一，优先属于金帐汗国解体后形成的国家体系；3）临近19世纪，俄国模仿并恢复（在地缘政治方面）了13~14世纪的金帐汗国（那时伟大的蒙古强国的一部分）。属于金帐汗国的地缘政治体系并与之相关联的特点如一条红线穿过了俄国历史的最近几百年。俄国表现为欧亚大陆空间的一种新的、有组织的联合力量。“在这方面，金帐汗国在俄国历史上的意义不逊于查理曼帝国在欧洲历史上的意义。”②

萨维茨基认为，金帐汗国统治时期，在对每个俄罗斯人而言都很神圣的奥卡河与伏尔加河之间的地带，开始形成历史环境的发展空间，该环境结合了拜占庭的精神文化影响和蒙古的军事国家影响。“这是13~15世纪伏尔加河上游罗斯的历史环境，以大公们和大主教们的名字标记，从亚历山大·涅夫斯基（Александр Невский）到瓦西里·瓦西里耶维奇（Василий Васильевич），从都主教基里尔（Кирилл）到都主教约纳（Иона）。”③ 萨维茨基认为，在这里，来自拜占庭的文化因素虽依然强大，但已开始被迫地、然后自愿地、继而有益地接受了鞑靼人的文化。“由此展开了结合拜占庭和蒙古遗产的纽带。这里最鲜明地表现出‘俄罗斯性’（русскость）”。④

萨维茨基曾经指出一个有趣的现象：“莫斯科罗斯时期有几乎100年的

---

① Савицкий П.Н. Геополитические заметки по русской истории // Савицкий П.Н. *Континент Евразия.* М., 1997. С. 306.

② Савицкий П.Н. Геополитические заметки по русской истории // Савицкий П.Н. *Континент Евразия.* М., 1997. С. 331.

③ Савицкий П.Н. Геополитические заметки по русской истории // Савицкий П.Н. *Континент Евразия.* М., 1997. С. 307.

④ Савицкий П.Н. Геополитические заметки по русской истории // Савицкий П.Н. *Континент Евразия.* М., 1997. С. 308.

时间（1452~1533）仿佛被‘取消’了波浪式的历史运动。莫斯科罗斯开始了近 1 个世纪的高涨——在 80~90 年的时间里几乎没有‘绕弯’。这样的秩序创造了莫斯科公国出现的前提，稍后即诞生了公国本身——俄国和世界历史上这一最重大的现象。”① 这时候罗斯的中央政权逐渐巩固，展开了大规模的建设，并开始深入西伯利亚。

在萨维茨基看来，附属莫斯科的卡西莫夫王国的出现和军职鞑靼人的大量增加在很多方面促进了俄国军事力量的增长。“卡西莫夫王国在很多方面促进了欧亚大陆的内部联合者从蒙古鞑靼统治者到莫斯科沙皇转变的趋势。”② 15 世纪中期和下半叶，金帐汗国衰亡的过程已具不可逆性。萨维茨基认为，俄国从蒙古人那里得到了最珍贵的地缘政治遗产：巩固森林和草原地区政治联合的思想和组织这种联合的技能。但是，这份遗产未能马上实现。莫斯科只是金帐汗国的继承者之一，在后者的构成中还分出了几个国家，如在合并俄国土地事务中的立陶宛大公国等，它们能成为莫斯科合并欧亚大陆土地的对手。

萨维茨基指出，距离罗斯最近的喀山汗国是依靠久远的国家传统而产生的；在卡马河与伏尔加河交汇处的周围地区曾经存在过、现在仍存在一种特殊的文化，几个世纪以来越来越多地被染上伊斯兰的色彩。这种文化被叫做“伏尔加河中游文化”（средневолжская культура）。和东正教俄罗斯文化一样，伏尔加河中游文化也是金帐汗国地缘政治圈中的重要现象。萨维茨基认为，在乌拉尔山脉以东出现了西伯利亚汗国，它的统治者们曾试图争夺莫斯科在喀山的影响，这证明“乌拉尔山脉这时也不是重要的地缘政治界限，正如它不再是重要的地理边界一样。”③

---

① Письма П.Н. Савицкого Л.Н.Гумилёву // Гумилёв Л.Н. *Ритмы Евразии: эпохи и цивилизации.* М., 1993. С. 220.

② Савицкий П.Н. *Континент Евразия.* М., 1997. С. 307.

③ Савицкий П.Н. *Континент Евразия.* М., 1997. С. 311.

萨维茨基同时指出，在所有穆斯林汗国的继承者中，金帐汗国最鲜明的国家传统在克里木得到复兴，波兰——立陶宛公国被克里木鞑靼人的力量从黑海岸边抛开了，南方几乎所有长满针茅和艾蒿的草原都受克里木鞑靼人的控制。在萨维茨基看来，克里木汗国在很大程度上恢复了金帐汗国领土的西南边界；它存在的时间相当长，直到18世纪下半叶，波兰——立陶宛公国和莫斯科公国的边境及中央地区仍因受其经常侵袭而顺从于它。但萨维茨基也指出，不能按照莫斯科和克里木的关系来判断罗斯和金帐汗国的关系。在他看来，金帐汗国的汗王们的政权是正规的权力，遵循十分广泛的宗教和政治原则，不能把它等同于并确定为后来鞑靼人侵袭的野蛮掠夺。不过，金帐汗国的传统在克里木汗国也显示出来，因为克里木汗国以从金帐汗国迁来的人口为基础构成，他们仍保留着这方面的记忆；而且他们仍保持着游牧国家的民族传统（包括氏族制度）。萨维茨基强调，克里木汗国是莫斯科公国在合并前金帐汗国土地时最强大的对手。

因此，在萨维茨基看来，莫斯科存在于金帐汗国继承者的体系中。萨维茨基指出了莫斯科公国地缘政治布局的特征：它位于以基辅——涅瓦河口一线及下诺夫戈罗德和喀山上游为基础的混交林三角地带的中心。这个从莫斯科公国向西扩展的区域，接近于欧洲的地理条件。在莫斯科公国的地理位置上明显表现出它河间地带的特征，它位于乌拉尔西部俄国典型植物分布的地理枢纽中。萨维茨基认为，莫斯科公国的危险来自西方和东南，它遭受危险时的依靠是东北。萨维茨基尤其指出，在15世纪末到16世纪初的俄国历史中，伊凡三世（Иван Ⅲ）对喀山产生了巨大的影响，确立了与克里木汗国的结盟关系。这表明，金帐汗国的遗产在莫斯科大公的政权下将毫不费力地被转移过来。

萨维茨基指出，从1470~1570年的100年间，莫斯科公国的领土增加了不下8倍。1478年，莫斯科公国兼并了大诺夫戈罗德的领地，获得了波罗的海和北冰洋的出海口。15世纪末，它开始向西方挺进，立陶宛的领土逐渐转入莫斯科公国的控制之下。16 世纪初，俄国与克里木的关系破裂，俄国政府被迫巩固南部边界，沿边界线建造设防的城市。萨维茨基指出，对于 16~17 世纪的俄国而言，典型的特征是在森林草原的范围内建造防线。往南一些，主要在大的水路交通干线上——伏尔加河，顿河，沃斯卡拉河上——设置据点城市。

萨维茨基认为，莫斯科公国在 16 世纪中期占领喀山汗国和阿斯特拉罕汗国后，获得了重要的地缘政治优势，因为它获得了通往里海的出口。在萨维茨基看来，占领喀山和阿斯特拉罕意味着莫斯科公国不再是金帐汗国的继承国之一（如克里木汗国、西伯利亚汗国等），它成为金帐汗国分裂的兀鲁斯的集中者，下一个重要步骤是兼并西伯利亚。15 世纪末，伊凡三世在位时，强大的新编军队开始深入乌拉尔以东。从 1580 年开始，每隔 10 年，莫斯科公国在外乌拉尔就会开发不少于几十万平方公里的土地。16 世纪末，莫斯科公国制服了西伯利亚汗国古楚汗（Кучум）持久顽强的抵抗。甚至在混乱时期，莫斯科公国仍继续向西伯利亚扩张。1580~1660 年间，莫斯科公国在外乌拉尔获得的总面积超过 1000 万平方公里。1660 年初，由于一系列军事失败，俄罗斯停止了向东方的行进，后来与中国签订了《尼布楚条约》（« Нерчинский договор »）。

莫斯科公国在西方的扩张成绩变化不定，边界时而向前推进，时而重新退向东方。在立窝尼亚战争的前期，俄军在波罗的海沿岸取得了巨大成绩，但 16 世纪 70 年代末的军事行动又使之一笔勾销。由于混乱时期发生的事件，俄国丧失了 15 世纪末至 16 世纪初获得的一些西部区域。17 世纪初，乌克兰爆发反对波兰统治的起义之后，情况发生了变化。1655 年，莫斯科沙皇开始被叫做“整个大俄罗斯、小俄罗斯和白俄罗斯”（вся великая и малая и белая Россия）的沙皇，这是“俄罗斯”这一名称最早出现的时刻（以区别于更早的名称“罗斯”）。根据 1667 年与波兰的停战协定，莫斯科公国获得了具有很大意义的领土。17 世纪 60~70 年代，莫斯科公国在东、西方持续扩张（交替着也有撤退）的过程暂时停止了。“从 1570~1679 年的 100 年间，莫斯科公国将自己的疆域从约 350 万平方公里拓宽到 1400 多万。在这一时期莫斯科公国从大俄罗斯国家变成了俄罗斯国家，体现了这个名称更广泛的意义”。[①]

在萨维茨基看来，从 17 世纪下半叶开始，几乎有两个世纪的时间，俄国的边界一直向西推进，俄罗斯帝国继续在西部扩张。由于同瑞典的战争和瓜分波兰，总面积不少于 100 万平方公里的土地归俄国所有。1815~1915 年，俄国在西部的扩张最大。在 18 世纪，防线移到了长满针茅和艾蒿的平原，俄国在那里设置了前哨、灯塔。18 世纪，北美的土地也并入了俄罗斯帝国。但那里的俄国居民不多，主要集中在南部沿海。1812 年，俄国加固了加利福尼亚沿岸。1815~1817 年，俄国想在夏威夷群岛建立殖民地，未能成功。萨维茨基指出，俄国唯一到达大洋沿岸的地方是堪察加。1841 年，俄国把加利福尼亚的防御工事卖给了私人。1855 年，因克里木战争，俄国的海军基地从彼得堡要塞迁到阿穆尔河上的尼古拉耶夫斯克，也就是内陆水域。1867 年，俄国把在北美的领地卖给了美国。1875 年，俄国把千岛群岛割让给日本，作为南萨哈林的交换，后者由于 1904~1905 年的日俄战争也归属日本。这些事件标志着俄国离开了大洋空间。

萨维茨基认为，在地缘政治的规模上，18~19 世纪俄国向南部的扩张比 17 世纪向东方的运动要慢得多，但获得了经济方面更珍贵的土地。1878~1918 年，俄国向西南方向扩张达到极致；19 世纪下半叶，它用不断的流血战争征服了高加索。在中亚，俄国开发新土地的速度较慢；19 世纪 40 年代，它在沙漠范围内开始设置防线；19 世纪 60~80 年代，俄国占领了突厥斯坦，为俄国国民经济获得了广阔的亚热带作物（棉花）区。于是，“19 世纪末，欧亚俄罗斯的地缘政治统一完成了。”[②]

---

① 转引自 Быстрюков В.Ю. Общественно-политическая и научная деятельность Петра Николаевича Савицкого в годы эмиграции (1920-1938 гг.). канд. дисс. Самара, 2003. С. 163。

② Савицкий П.Н. *Континент Евразия.* М., 1997. С. 322.

萨维茨基指出，19 世纪欧亚大陆联合之后，其空间中的防线就消失了。他认为，这些防线的历史在很多方面与欧亚大陆领土上的国家形成过程是合拍的。10 世纪时，筑造防线是为了保护罗斯的南部边境免遭草原居民的侵袭。被蒙古人摧毁的欧亚大陆空间的防线，在 16 世纪重新出现，而在 19 世纪再次消失。因此，欧亚大陆内部防线存在的时代和它们消失的时代交替，这和西部边界的状态形成对比，西部的防线几乎一直存在。萨维茨基还指出，在西部边界和长城之间的部位，设防与不设防相互交替：1）在弗拉基米尔一世之前未设防线；2）从 10 世纪末到 13 世纪有了抵抗草原侵袭的防线；3）从 13 世纪到 15 世纪初这些防线消失了（蒙古统治时期）；4）从 16 世纪初到 19 世纪末是继续设置防线的新时代；5）19 世纪末防线再次消失。萨维茨基认为，时而出现、时而消失的防线，应当被确定为欧亚大陆内部的防线，因为分离与联合的过程（联合时防线消失）在这里时常交替。

萨维茨基主要对俄国历史的两个方面感兴趣：它的地理扩张和每个发展阶段上的思想制度。莫斯科公国对萨维茨基而言，是一种“黄金时代”，是国家联合欧亚主义空间的时代，它的思想制度符合俄国人民的精神。萨维茨基认为，在帝国时期这种精神被执政层忘记了。在他看来，俄国 19 世纪的精神传统中，有一种传统通过斯拉夫派，果戈理，陀思妥耶夫斯基，索洛维约夫，列昂季耶夫等人，产生欧亚主义学说。萨维茨基认为，正是欧亚主义将代替俄国的共产主义。

二 关于十月革命

对 1917 年俄国十月革命进行历史哲学思考是欧亚主义概念的基石。萨维茨基强调：“思考俄国革命就是思考俄国历史，反言之：搞清楚革命的意义，我们就能弄清历史的意义。”① 萨维茨基认为十月革命具有深刻意义，是欧亚俄罗斯历史上最重要的转变时期。

1. 萨维茨基认为俄国革命是俄国历史的必然规律

俄国革命的问题在萨维茨基的欧亚主义学说中占有重要的地位。尽管萨维茨基曾经是布尔什维克革命的反对者，并曾经颇为积极地参加了白卫运动。但是在经过深入思考之后，萨维茨基仍然高度地评价了十月革命。在萨维茨基看来，俄国革命证明了自己的力量，粉碎了白卫运动，抵挡住了外国干涉；没有人民大众的广泛参与，这一切都不可能，他认为把革命看作偶然的过程是幼稚的。革命是俄国历史必然的规律，是国家发展的“帝国主义”时期的完结，在这个意义上不可能回到旧事物。对于布尔什维克来说，1917 年革命是封建资本主义剥削的后果；而对萨维茨基而言，它是国家强制欧化的结果。他们都笃信历史过程的规律性，认为革命是必然的。信奉历史决定论赋予欧亚主义观点命中注定的色彩：在劫难逃。“社会革命党领袖之一——鲁德涅夫（В.Руднев）反对这种研究事件的方式，他写道，欧亚主义者没有看到任何红色恐怖哗变的痕迹，在布尔什维主义中他们感兴趣的只是管理国家的能力。”②

萨维茨基十分关注俄国革命与俄国经济地理特征之间的联系。他划出 11 个在白军与布尔什维克斗争期间未渗透到的中央省份（莫斯科、梁赞、图拉、科斯特罗马等），这 11 个省构成了 1917~1921 年间苏维埃政权唯一不变的领地。其中 10 个省在革命前很早就一直在缩减播种面积，而白卫运动最巩固的基地是在 19 世纪末播种面积扩大的地区（如顿河、塔夫里达、奥伦堡等省）。萨维茨基指出，农业人口的缩减和从事工业生产人口数量的增长促进了播种面积的缩减；工业人口的出现，从数量上创造了布尔什

① Савицкий П.Н. *Континент Евразия.* М., 1997. С. 52.

② Люкс Л. Евразийство // Вопросы философии. 1993. №6. С. 109.

维主义的主要干部。因此，随着前线向中央省份推进，红军的抵抗增强了。红色俄国战胜白军是工业俄国对农业俄国的胜利。

在萨维茨基看来，革命是因为人民激烈反对彼得一世所创造的事物而组织起来的，它是彼得一世欧化改革引起民族分裂的最终结果；革命也是人民意识到自己有独特的文化，要在本身的基础上建设文明的结果。但这种人民起义又与继承彼得一世思想的运动联合在一起，因为布尔什维克的目标是把落后的俄国变成先进的工业国。萨维茨基认为，布尔什维克的成就不在于他们抽象的目标，而是对现存秩序和贵族阶层的仇恨，这种感情得到底层居民的完全赞同。萨维茨基笃信，俄国革命是从俄国历史中，而不是从抽象资本主义的历史中产生。

萨维茨基否定那时在俄侨中广泛流行的一种观点，即认为革命是类似普加乔夫和拉辛起义的野蛮而无意义的暴动。他强调革命首先是帝俄的自我分解，是旧的主要阶层的瓦解。它表现为人民的不满意和不信任感，精神沮丧和丧失对政权的权利感。一些新人走上舞台，并伴随着原则的改变，在这些原则上形成主要的阶层。萨维茨基指出，1917 年革命推翻了旧的执政层，俄国离开了西方的发展道路框架。

萨维茨基把革命的结果看作是布尔什维克和俄国人民之间的妥协，人民接受了布尔什维克的统治，布尔什维克在很大程度上放弃了自己的乌托邦计划——向新经济政策的转变是直观的证明。布尔什维克本能地感觉到人民的情绪，因此在恢复俄国国家制度方面的部分活动是有益的。

共产主义思想和欧亚主义思想在俄国现实中竞争，到底哪种方案能起领导作用，国际主义方案还是全欧亚民族主义原则。萨维茨基强调，第二种思想在苏联的影响是受到关注的。他认为，在“建设社会主义”的形式下创造欧亚俄罗斯的经济独立，这证明了国家历史的共产主义阶段早晚要被欧亚主义取代。在他看来，“欧亚主义这一流派的生命力，能以追求欧亚俄罗斯特殊世界自我肯定的热情代替国际共产主义的抽象口号”。[①]

因此，萨维茨基在对俄国革命持坚决否定态度的同时，把它解释为必然的事实，认为恢复旧秩序和旧执政层是没有意义的。萨维茨基在承认革命是历史必然的同时，建议寻找“战胜革命”的方式，也就是通过创立新的执政层，找到革命的出路。新执政层应具有持久的抵抗力，以避免再次发生革命。

2. 布尔什维主义与欧亚主义

萨维茨基指出，布尔什维主义虽然在很多方面占优势，但不能囊括并意识到多方面的文化，对宗教史和地缘政治史也很陌生。而欧亚主义对布尔什维主义的理解要丰富得多，它在俄国历史多种因素的背景中，考虑到了宗教、社会学、民族学、语言学等。因此，萨维茨基等欧亚主义者也被称为“东正教布尔什维克”（православные большевики）。萨维茨基的欧亚主义倾向于寻找与俄国革命共同的基础和与布尔什维主义共同的任务。在别尔嘉耶夫看来，欧亚主义是出现在侨民环境中的“唯一的、革命后的思想流派”，这就是它的功绩。因为“任何革命前的事物都已经不可行了，可行的只有革命后的东西”。

萨维茨基认为，在白卫运动中没有一个伟大的思想家，没有一种能与共产主义思想相称的强大思想。“邓尼金被战胜是因为在思想广度上，与布尔什维克相比，他是一个地方主义者（провинциал）。”[②] 萨维茨基指出，革命前俄国的各派政治力量与布尔什维克的斗争都失败了，如帝制派、社会革命党与立宪民主党等，尽管后二者对革命的不同阶段有过影响（社会革命党与临时政府，立宪民主党与邓尼金政府等）。因为在危急情况下，他们不能胜任国家的迫切需要，不能坚守政权。“问题不在于过去的错误，而是不能完全理解政权的性质，而该政权本身能被理解并在过去的教训中得

① Савицкий П.Н. Евразийство как исторический замысел... С. 107.

② Савицкий П.Н. Подданство идеи // Савицкий П.Н. *Континент Евразия*... С. 129.

到现实的证明。”[①]

萨维茨基在写给自己的老师斯图卢威的信中说：“我永远不接受并彻底反对共产主义和任何社会主义，但我仍然倾向于把俄国的未来和苏联政权的未来联系在一起。”[②] 如果存在重大的抉择，萨维茨基支持的将不是布尔什维克政权。但是，作为现实主义者他不能不指出，立宪民主党和社会革命党人“没有统治意志和治理俄国必需的潜在的大胆志向”。与帝制派、立宪民主党和社会革命党人的政治不适用性形成鲜明对比的是“布尔什维克的政治适用性”（политическая годность большевиков）。这种政治适用性，影响到国家的政治状态。萨维茨基预言，如果承认与布尔什维克争权者具有政治不适用性，那么随着布尔什维克的衰落，人民无政府主义思想的浪潮将淹没俄国。在这种无政府主义状态下，就会产生一些擅自行动的人——如格鲁吉亚人、库班人、阿塞拜疆人和乌克兰人等。

萨维茨基认为，布尔什维克的主要功绩是恢复了强大的俄国领土，把白军参与分裂的俄国确实合并了起来。他确信，布尔什维克能够很好地解决经济问题，就像他们解决建立红军的问题一样。在著名欧亚主义者卡尔萨文看来，布尔什维克的行动中有合理的内核。他不相信布尔什维克是理想的政权，但假定其是俄国当时所有可能的政权中最好的。萨维茨基强调，即使它是现在所有可行的政权中最好的，也不能长久存在，注定要消亡，因为它以人民陌生的西方意识形态——共产主义为基础。欧亚主义把俄国布尔什维主义的主要流派与列宁（В.И.Ленин）的形象联系在一起。“后者与其说是国家自发现象的统治者，不如说是合理完成帝俄自我分解过程的工具，在原地应当出现新的欧亚俄罗斯”。[③] 卡尔萨文也指出，向新经济

① Савицкий П.Н. Письмо к Струве « Ещё о национал-большевизме » ... С. 274.

② Савицкий П.Н. Письмо П. Струве // *Континент Евразия.* М., 1997. С. 272.

③ Ключников С. Восточная ориентация русской культуры // *Русский узел евразийства.* М., 1997. С. 19.

政策的转变，脱离了“欧洲的共产主义”；挽救城市免遭饥饿，归根到底是“保存俄罗斯文化和国家制度唯一适宜的手段”。

在萨维茨基看来，苏联政治制度的实质不可能与“无产阶级专政”（диктатура пролетариата）完全一致，因此他把苏联的国家制度称为“伪思想制度”（псевдоидеократия）。萨维茨基认为思想制度的现代形式不可能与旧马克思主义思想有机联合，但他同时指出，俄国布尔什维克革命家的优点是他们的政治职业性，能吸引广大民众参与政治创造和实践主义。

萨维茨基在评价布尔什维主义时还指出，列宁在实践政策中最关注与东方——阿富汗、土耳其、中国、蒙古发展关系。萨维茨基解释苏联政府的这些举措是试图为了与具侵略性的西方相对抗。苏符钦斯基曾断言，俄国被赋予一个机会，通过革命克制自己的西方主义，并开始按新的方式创造自己现实的精神命运。

在萨维茨基看来，尽管布尔什维主义把自己解释为马克思的后继者，但实际上并非如此，因为布尔什维克的行动——实行新经济政策、放弃世界革命的乌托邦思想等，完全不符合马克思主义。因此，他认为布尔什维主义应是以西方术语为掩饰的、俄国的现象。布尔什维克不得不考虑作为客观因素的俄国人民强烈的本能。萨维茨基认为，这一强大的民族本能，迫使并引导布尔什维克捍卫欧亚俄罗斯的民族利益，将内战后的国家合并起来；巩固安全，对抗西方。因此，萨维茨基在承认阶级和阶级利益、阶级斗争作用极大的同时，不只把无产阶级的利益放在首位，而是整个社会的利益。他指出布尔什维克在解决理论和实践任务时，把阶级立场绝对化是不合法的。

欧亚主义和布尔什维主义对意识形态和建立在此基础上的社会政治体系的一致态度，使他们的立场接近。他们都抛弃意识形态多元论，坚持单意识形态，但思想的实质不同：布尔什维克的“科学共产主义”和欧亚主义的“真理”思想有很大差别。为思想服务——无论是对布尔什维克，还是对欧亚主义者而言，都是政治领导的最高特征。欧亚主义与布尔什维主义的统一之处在于它们的战略目标是一致的——建立强大的国家，保障在此居住的所有民族的安全和俄国在国际舞台上的高等地位。在萨维茨基看来，布尔什维克的特点在于，他们不允许国家的真正解体，并在 1921 年前重新“合并”了俄国，苏联保留了俄国战前具有的地缘政治轮廓；1918~1921 年，为了重新形成的和以前存在的边境缓冲国（拉脱维亚、爱沙尼亚、立陶宛、波兰、芬兰），苏联出让了几十万平方公里土地。但它在领土上的这种损失得到了补偿，从 1921 年开始，它在蒙古的政治影响明显加强了。

因此，萨维茨基对布尔什维主义革命持双重态度：一方面，对后者加以诅咒；另一方面，对它表示欢迎，因为它破坏了模仿欧洲样式形成的整个俄国的生活方式。萨维茨基指出，布尔什维克的主要任务之一是恢复欧亚大陆的领土统一。在他看来，苏维埃政权的口号（比如，“社会主义建设”）实质是确立欧亚俄罗斯为特殊历史世界的口号形式。但他认为，共产党人不能解决国家的迫切问题，“共产主义制度”是俄国历史上的过渡阶段。

萨维茨基不认为共产主义政权具有文化创造，认为它只是将新事物带进了社会领域，而未改变存在于俄国的文化传统。在萨维茨基看来，共产主义政权不能实现俄罗斯文化的增长。因为创造要依靠传统，二者的结合是“任何文化焕发生机的源泉”。萨维茨基指出，俄国共产主义革命的经验证明：健康的社会日常生活不能确立在宗教联系之外，俄国共产主义的热情在潜意识中具有宗教基础。萨维茨基认为，欧亚主义的主要任务正是把宗教问题和革命提出的社会问题相联系；确立欧亚俄罗斯特殊世界的特点并未导致它与其他文化的隔离；只有创造性的相互作用原则才能成为不同民族间关系的基础，俄国的共产主义政权不能完成欧亚俄罗斯的这项任务。“共产主义的解决方案既不真实，也不彻底，在很多特征上只与俄国历史的某些方面有关；大多表示的是俄国历史最差的方面，只表现其局限性。”[①] 萨维茨基认为，俄国历史和国家制度的这个阶段应当被新的、欧亚主义的阶段代替。

萨维茨基把历史过程看作组织思想的更替。在他看来，这种思想是一种执政的思想，不具有任何抽象唯心主义；这一思想离不开它组织的基础。萨维茨基强调，欧亚主义正是这种新的应当代替俄国共产主义的组织思想，依靠它曾经建成了东正教王国和全俄罗斯帝国；现在在进行“社会主义建设”；以后还将要建设欧亚俄罗斯特殊世界。

① Савицкий П.Н. Евразийство как исторический замысел. Указ. соч. С. 101.

第九章　萨维茨基思想的历史影响与现实意义

一　萨维茨基与同时代人的思想交汇

1. 萨维茨基与特鲁别茨科伊

特鲁别茨科伊公爵是欧亚主义的奠基人之一，当代俄罗斯学者杜金把他称为“欧亚主义的马克思”（евразийский Маркс），把萨维茨基称为“欧亚主义的恩格斯”（евразийский Энгельс）。① 特鲁别茨科伊是俄侨中知识最渊博的思想家之一，是最有声望的语言学家、语文学家、历史学家、哲学家和政治学家。他 1890 年 4 月 15 日生于莫斯科大学校长的家庭，其家庭带有古老的公爵姓氏，属于格底敏后裔（Гедиминовичи 立陶宛大公格底敏的后代，格底敏的孙子亚盖洛是波兰亚盖洛王朝的创建人）。

特鲁别茨科伊的《欧洲与人类》对促进萨维茨基欧亚主义思想的创立

---

① Трубецкой Н.С. *Наследие Чингисхана.* М., 1999. С. 5.

起到了关键作用。在索非亚，萨维茨基了解到特鲁别茨科伊的书《欧洲与人类》，并且建议作者和他一起在书中提出的那些思想基础上，创立一种新的思想运动。在特鲁别茨科伊看来，欧化教育的知识分子曾经提出一个论题：全面阐述西欧文化或罗曼—日耳曼文化是 20 世纪文化变革的内容。特鲁别茨科伊认为，这是对其余人类社会的威胁。他号召进行反对普遍欧化的斗争，认为“罗曼—日耳曼文化强烈渗入俄国的责任应由俄国知识分子承担”，[①] 因为后者对“世界主义”（космополитизм）和“文明的财富”确信不移，惋惜自己民族的落后与保守，努力使本民族融入欧洲文化；并强制破除几个世纪以来形成的本民族独特文化的准则。

《欧洲与人类》有四个主题。第一个主题：在沙文主义和世界主义之间没有根本的区别。“世界主义者反对民族间的差异。如果存在这种差异，那么应当把它消除。”[②] 欧洲的世界主义者总是把“文明”理解为罗曼—日耳曼民族制造的文化，把罗马人和日耳曼人当作文明人。沙文主义者认为自己是世界上最优秀的民族，其余所有人都应当服从他，接受其信仰、语言、文化，与之融合。在特鲁别茨科伊看来，沙文主义与世界主义大同小异，只有程度的、而无原则的区别。第二个主题：“人类”“全人类文明”及其他词汇都是极不精确的表述。“欧洲文化不是全人类文化。这是某个民族团体历史的产物。”[③] 特鲁别茨科伊认为，欧洲世界主义（罗曼—日耳曼沙文主义，романо-германский шовинизм）以自我中心主义为基础；明显表现自我中心主义心理的人认为自己是宇宙的中心，创造的顶峰。第三个主题：欧洲世界主义在非罗曼—日耳曼人中也飞速传播。在斯拉夫人、阿拉伯人、土耳其人、印度人、中国人和日本人中，这样的世界主义者已经很多。

---

① Дурновцев В.И. Кулешов С.В. *Культурное наследие российской эмиграции (1917~1940)*. Кн. 1. М., 1994. С. 145.

② Королев К. *Классика геополитики ,* ХХ *век.* М., 2003. С. 37.

③ Королев К. *Классика геополитики ,* ХХ *век.* М., 2003. СС. 39-40.

第四个主题：欧洲人认为自己和自己的文化是人类进化的顶峰。于是产生“文化的阶梯”——罗曼—日耳曼民族在顶峰，然后是“古代的文化民族”，再下面是“文化水平不高的民族”，最下面是愚昧落后的“野蛮人”。

1921 年初，萨维茨基发表了针对《欧洲与人类》的评论文章《欧洲与欧亚大陆》。这篇文章在一定程度上是针对特鲁别茨科伊的一些观点的回答。萨维茨基在评论文章中强调，应当区分在物质技术领域和道德精神方面的民族成就，其他民族为了自身发展必须借用欧洲的或罗曼—日耳曼人的物质技术成就，而在道德精神方面应保持自身本色，文中分析了多种文化的等值性和可比性问题。萨维茨基提出，要对俄国知识分子进行意识革命，消除上层西方主义，形成新的综合政治学说目标。在他看来，新欧洲精神——重商主义（меркантилизм 15~18 世纪欧洲商业资产阶级的经济学说和经济政策[①]）精神已走到尽头；在新欧洲的文化环境中，那个“批评的”时代将被“信仰时代”代替。

在评论文章中，萨维茨基试图说明俄国的特点是一个特殊的地理世界，并描述了这个世界的地理、气候和土壤特征。关于欧亚主义中央世界的划分，萨维茨基写道：“我们把某些文化历史概念与欧洲和亚洲的概念相联系，把称之为‘俄罗斯世界’的简要历史文化特征列入‘欧亚大陆’。它是欧洲与亚洲文化历史特征的组合，但同时又与后二者的自然地理特征不完全类似——既不是欧洲，也不是亚洲。”[②]

在进一步描述新世界——欧亚大陆的政治学特征时，萨维茨基写道，“在俄语和其他语言中，从‘亚洲’（Азия）一词构成了两个形容词，азийский 和现在常用的 азиатский（两个词的含义都是：亚洲的、落后的）。前者主要用于现在小亚细亚的西部——罗马的行省，而后者用于后来旧世界

① 黑龙江大学辞书研究所：《俄汉详解大词典》，黑龙江人民出版社，1998：2304。

② Савицкий П.Н. *Континент Евразия.* М., 1997. С. 155.

主要大陆所在的那些地区。”[①] 最初，术语 Азия 和 азийский，азийцы 使用意义较窄，其中包括在使徒行传（деяния апостолов）（新约）中使用。而 азиатский 一词，由于一些误会，在欧洲人的话语里带有笼统的、令人厌恶的色彩。因此，萨维茨基提出，可以通过回归使用更古老的名称来消除这种无知的、令人厌恶的痕迹，这在欧亚主义一词的构成中得以实现。

在评论文章的第一部分，萨维茨基谈到，特鲁别茨科伊在《欧洲与人类》中提出了西欧文化与其余人类文化的相互关系问题，并认为罗曼—日耳曼人的文化并不比其他所有文化完善。特鲁别茨科伊推出一种“新原则”——即地球上所有文化和民族同样有价值、性质不同；他强调“文化价值”是“主观”而非“客观”的价值，因此不需要“客观证明”其完善与否。萨维茨基承认，特鲁别茨科伊认为很多“文化价值”等价、性质不同的思想是对的；但不是所有“文化价值”相互之间性质完全不同，因为在技术和经验知识领域必须存在人人都应遵守的标准，用以评价科技成就的相对完善，并证实这些“文化价值”不等价、同时在性质上有可比性。特鲁别茨科伊反对罗曼—日耳曼文化，号召非罗曼—日耳曼民族的知识分子进行变革；他认为“创办工厂和研究欧洲科学”是可恨的“欧化”阶段。而萨维茨基指出，每个民族都应拥有自己本身的思想，在思想上不受其他民族的支配；但可借用他人的技术和经验知识，包括罗曼—日耳曼人的科技成就。

萨维茨基在文章第二部分中指出，“特鲁别茨科伊忽视了作为民族文化存在动因的力量的意义”。[②] 萨维茨基认为，力量的特征以不同形式确立在人类文化的各个领域：在一些情况下，某种文化对另一文化同时具有军事——政治和文化影响的优势；另一些情况下，一种在军事——政治方面较强的文化在文化影响上较弱。在萨维茨基看来，要摆脱罗曼—日耳曼文化的枷锁，不仅要有愿望，还要有能完成这件事的力量。萨维茨基承认，

---

① Ключников С. *Русский узел евразийства.* М., 1997. С. 78.

② Савицкий П.Н. *Континент Евразия.* М., 1997. С. 146.

布尔什维主义反对迫使俄国人“以罗曼—日耳曼人的观点”评价“自己的民族和文化”。在他看来，布尔什维克实现了思想上和空间规模上的社会尝试，这在西方的历史上没有先例，是俄国特有的现象，它使欧洲与俄国的文化历史关系有重大改变；在这一现象中，西方已经不作为积极因素，而俄国不再作为仿效者。

在第三部分中，萨维茨基指出，可把特鲁别茨科伊提出的“欧洲与人类”的对立简化为“欧洲与俄国”的对抗。他认为，在纯地理意义上，1914年的俄国位于普尔科沃子午线（меридиан Пулкова）以东（因为没有自然边界，采用的是人为的界限），是一个独特的世界，区别于“欧洲”（普尔科沃子午线以西、朝大西洋方向的国家总和）和“亚洲”（中国低地、印度半岛、美索不达米亚和位于它们之间的山地国家以及与之毗连岛屿的总和），是全球最大的大陆世界。俄国的气候在很多主要特征方面是统一的，同时与“欧洲”和“亚洲”的常见气候有根本区别。萨维茨基还强调，俄国无论在空间规模，还是在地理特性上，很多方面都是统一的，同时又与毗连国家的性质有区别，因而是“自身的大陆”（континент в себе）；这个既不像欧洲、也不像亚洲的大陆应当取名为“欧亚大陆”。

萨维茨基把这个通常用于“旧世界”整个大陆的标志用来指代这一大陆的中央部分，取代传统的二分法在“旧世界”的大陆板块上分出三个大陆：欧洲、欧亚大陆和亚洲。他进一步指出，可把俄罗斯国家的边界看作欧亚大陆的界限，俄国与欧亚大陆即是同一的，“欧洲与俄国”的对抗即是“欧洲与欧亚大陆”的对抗。在萨维茨基看来，欧洲与“欧亚俄罗斯”的气候特征差异巨大，而某些斯拉夫民族、土耳其人、波斯人、蒙古人等生活的地区在气候上与欧亚俄罗斯接近，这导致欧亚大陆与亚洲之间缺少固定的自然边界，一些“亚洲”民族也参与到“欧洲与欧亚大陆”的对抗中。

在文章第四部分中，萨维茨基不赞成非罗曼—日耳曼民族应消除“自我中心主义”（эгоцентризм）的观点。尽管特鲁别茨科伊强调，这是罗曼—

日耳曼文化的“致命缺陷”（роковой недостаток）。萨维茨基认为，使民族思想摆脱自我中心主义是不可能的，试图消除“全盘欧化”的民族不能放弃“自我中心主义”。在他看来，欧亚俄罗斯的文化解放将在欧亚大陆的自我中心主义与欧洲自我中心主义的对抗中实现，实现的保障就是建立有效的、创造性的、能团结众多力量的欧亚大陆“自我中心主义”。

萨维茨基认为，俄国革命是彼得一世的欧化改革引起民族分裂的最终结果。特鲁别茨科伊也曾强调，任何民族的欧化都会引起尖锐的阶级斗争，使从一种社会阶级向另一个阶级的转化变得困难，欧化有给俄国和俄国人民带来严重后果的危险。萨维茨基强调突厥民族在俄国历史上的巨大作用，认为欧亚大陆是一个多民族的大家庭。特鲁别茨科伊也指出，“那个以前被称为俄罗斯帝国，现在叫做苏联的国家的民族基础，只可能是居住在这个国家的整个民族的总和。后者被看作特殊的多民族国家，拥有自己的民族主义。”①

尽管特鲁别茨科伊也认为：“那个在历史前景中可以被称为俄国或苏联的现代国家，是成吉思汗建立的伟大蒙古帝国的一部分。”② 但与萨维茨基不同的是，特鲁别茨科伊并不推崇地理决定论。在他看来，游牧生活在成吉思汗帝国中所起的作用，在莫斯科公国时期被东正教信仰及其与日常生活的有机融合所代替，这种信仰和融合实质上并不依附于民族学的和地理的条件。在关于国家体制的问题方面，他认为思想制度时代应当代替民主时代。萨维茨基积极推崇这一观点。在萨维茨基看来，俄国布尔什维克革命家的优点是能吸引广大民众参与政治创造和实践主义。特鲁别茨科伊也认为，革命干部——苏联的主要阶层可以成为未来真正思想制度国家最好的干部来源。

从心理特征上讲，特鲁别茨科伊更喜欢平静的教学工作，而不是政治。尽管他也写一些政论题材的文章，但总是避免直接参与组织宣传活动。他

---

① Трубецкой Н.С. Общеевразийский национализм // Евразийская хроника. 1927. Вып. Ⅸ. С. 24.

② Трубецкой Н.С. *Наследие Чингисхана.* М., 1999. С. 225.

在 1925 年写给萨维茨基的信中表示，欧亚主义者拥有特殊的处世态度，从这种处世之道产生出特殊的世界观，从这种世界观可能会附带得出一些政治观点，但只是附带，“欧亚主义者变成政治家是自取灭亡”。[①]

萨维茨基仍坚持把欧亚主义变成政治运动的方针。1925 年，第四期《欧亚主义学报》发表了萨维茨基撰写的欧亚主义宣言，1926 年，萨维茨基又发表了《欧亚主义：尝试系统阐释》，1927 年，欧亚主义的纲领性文件面世，仍是萨维茨基执笔。1928 年末，巴黎欧亚主义小组的代表在法国克拉玛尔市组织发行周报《欧亚大陆》，公开表现出亲布尔什维主义倾向，遭到萨维茨基等人的抗议。萨维茨基宣布与该出版物脱离关系。特鲁别茨科伊对欧亚主义侧重政治感到遗憾，随后也写信并发表文章抗议该编委会的左倾路线，宣布自己脱离欧亚主义组织和欧亚主义运动。

1930 年，特鲁别茨科伊曾写信给萨维茨基解释自己当初的行为。“我们是伟大的诊断家，相当好的预言家，但不是好的思想家，因为当我们的预言实现时，是噩梦。我们预言新的欧亚主义文化会出现。现在这种文化确实存在，但绝对是噩梦。我们因之而恐惧，而且正是它对欧洲文化著名传统的轻视使我们恐惧（比如科学的地位等）。我们完全明白，现在和将来的国家体制是思想制度。但认真观察这一制度的实现，就会得出结论，这不是理想，而完全是噩梦。”[②] 萨维茨基在来信的页边上附言道：“这是特鲁别茨科伊 1930 年初形成的悲观主义最完整的表述。他似乎想用这种悲观主义为自己在克拉玛尔事件中的‘投降’行为辩解。20 世纪 30 年代中期他的这种悲观主义才开始消失。”[③]

萨维茨基积极追求的精神感染了特鲁别茨科伊，并吸引他重新参与欧亚主义的出版活动。从 1933~1937 年，特鲁别茨科伊发表了一系列文章，

---

① *Евразия: Исторические взгляды русских эмигрантов.* М., 1992. С. 152.

② Казнина О.А. Н.С.Трубецкой и кризис евразийства // Славяноведение. 1995. №4. С. 93.

③ Казнина О.А. Н.С.Трубецкой и кризис евразийства // Славяноведение. 1995. №4. С. 91.

其中大部分研究了他 1930 年就准备放弃的思想制度的原则。特鲁别茨科伊生命的最后时光在维也纳度过。1938 年，奥地利被德国合并，德军进驻维也纳，时任维也纳大学斯拉夫学教授的特鲁别茨科伊遭到盖世太保的迫害。盖世太保传讯了特鲁别茨科伊，并对他的住所进行搜查。特鲁别茨科伊的大部分手稿被没收，后被战火所毁。备受打击的特鲁别茨科伊在医院度过了自己最后一个生日，1938 年 6 月 25 日去世，年仅 48 岁。古米廖夫从萨维茨基那里得到这些消息，证实说，特鲁别茨科伊未被逮捕只因为他是公爵，是贵族。但其住所多次遭到粗暴搜查，导致有遗传性心脏病的特鲁别茨科伊心肌梗死，英年早逝。

特鲁别茨科伊与萨维茨基的生平与经历有相似之处。前者是盛产思想家、哲学家、神学家的著名公爵家族的典型代表，接受古典教育，专攻语言学；对语文学、斯拉夫主义、俄国历史、哲学感兴趣，爱国主义情感极其强烈。后者同样出身贵族，毕业于经济地理学专业，爱好广泛。十月革命后，二人都离开自己的祖国成为侨民。他们从各自的专业出发，从语言文化学与经济地理学的角度研究欧亚主义思想，探索俄国未来发展的道路。但特鲁别茨科伊注重理论，前后只有 10 余年参与欧亚主义研究；而萨维茨基既提出理论，又勇于实践，一生都为欧亚主义而奋斗。

2. 萨维茨基与维尔纳茨基

1921年，萨维茨基率全家移居布拉格，在这里他结识了维尔纳茨基[①]，由此成就了一段朋友式友谊和共同学术志趣的历史佳话。

---

① 维尔纳茨基 1887 年 8 月生于莫斯科的富裕家庭。他的父亲是俄国著名科学家，提出了“智力圈”理论。1905 年，维尔纳茨基考入莫斯科国立大学历史语文系。1911 年，维尔纳茨基举家搬到彼得堡。1913 年，维尔纳茨基成为圣彼得堡国立大学的编外副教授。1922 年 2 月，维尔纳茨基来到捷克的布拉格。他在布拉格的俄国法律系教学，积极参加研究工作和学术讨论，并开始了欧亚主义的出版活动。1927 年，维尔纳茨基离开捷克，到美国耶鲁大学工作，但仍然与萨维茨基保持密切关系，这种关系直至萨维茨基去世。

维尔纳茨基发表的第一篇欧亚主义文章是《历史事实中的教会“联合”》（« “Соединение церквей” в исторической действительности »），他尖锐批评了联合东正教会与天主教会的一切尝试。在维尔纳茨基看来，无论是拜占庭，还是罗马，都不是真心希望联合。1925 年，在第四期《欧亚主义学报》上，维尔纳茨基发表了文章《亚历山大·涅夫斯基的两大功绩》（« Два подвига св. Александра Невского »），主题是东正教与天主教的斗争。1927 年，在欧亚主义出版物上发表了维尔纳茨基的《俄国历史教程》（« Начертание русской истории »）第一卷。维尔纳茨基 1934 年发表了《从 6 世纪中叶至今的欧亚大陆历史经验》（« Опыт истории Евразии с половины Ⅵ века до настоящего времени »），1938 年发表了《俄国文化的各环节》（« Звенья русской культуры »）。

在大学期间，维尔纳茨基就认为，俄国既属于欧洲，也属于亚洲；蒙古入侵是俄国历史上的重要事件；向东方推进是俄国历史过程中最重要的特征。他提出俄国历史上时空之间相互关系的规律，认为当地的社会现象会在时间中发生变化，当时的社会现象会因空间不同而改变。维尔纳茨基强调时间与空间的联合，萨维茨基后来论证了这一点。

萨维茨基对维尔纳茨基产生了最大的影响，他们的书信和合作持续了几十年。萨维茨基在自己的“循规进化说”（номогенез）① 理论中发展了维尔纳茨基父亲（俄国自然主义者维尔纳茨基 В.И.Вернадский）的“智力圈”（ноосфера）② 思想，而维尔纳茨基在研究父亲奠定的科学传统时，也用到了萨维茨基的“发展空间”概念。1922~1923 年，维尔纳茨基在巴黎索邦

---

① “循规进化说”认为整个人类的、社会的事物都与自然界的事物相结合，这证实了宇宙的统一。萨维茨基把宇宙的统一理解为物质对组织和自我组织的先决能力，并扩展了作为人类社会基本原则的自我组织原则。萨维茨基认为，在“循规进化说”的概念和条规中，人类和自然的事物相当接近；自由与自我组织的特殊提法正是人的特征，并构成人“精神生活”（душевная жизнь）的内容与实质。

② 弗·维尔纳茨基认为“智力圈”是人类对自己居住的自然环境产生合理影响的范围。

大学讲授关于生物圈进化基础的课程，授课内容后来发表在《生物化学概要》(« Очерки биохимии »）上。在维尔纳茨基看来，“人类正在成为强大的地质力量，为了作为统一整体的人类的利益，它面临着改造生物圈的问题”。[①] 根据这些原理，萨维茨基发展了俄国革命的理论，提出研究其预定目标的任务。他认为欧亚主义就是“俄国民族意识尝试对俄国革命的事实进行创造性反应”。

萨维茨基认为发展空间是地理环境与人类社会相互作用的结果，维尔纳茨基以此概念作为自己历史概念的基础。在维尔纳茨基看来，历史过程是不断变化的发展空间类型：如果把欧亚大陆看成俄国历史的发展空间，那么在其范围内可以划出一些小的发展空间，如里海——黑海草原，第聂伯——基辅水域，伏尔加河——保加利亚河流域；并形成一些大的社会单位，如西徐亚帝国、匈奴帝国、蒙古帝国，然后是俄罗斯帝国。维尔纳茨基指出，俄罗斯国家扩张的历史，在很大程度上是俄罗斯人民适应自己的发展空间——欧亚大陆的历史，也是整个欧亚大陆空间适应俄国人民经济需要的历史。在维尔纳茨基看来，俄国人民的历史等同于俄罗斯国家的历史，都属于欧亚大陆的共同历史，而欧亚大陆的历史是尝试建立统一的欧亚主义国家的历史。

萨维茨基指出，可以把全部俄国历史看作一个体系，以思想、国家、经济构成之间相互关系的不同形式变化为基础，这些构成在两个主要欧亚主义地区中的每一个区域——草原和森林都出现过。维尔纳茨基运用萨维茨基的结论，指出全欧亚主义国家由于欧亚大陆的地理特征，是在森林与草原的斗争中形成。萨维茨基与维尔纳茨基保持一致，证明俄国历史、文化、经济上的很多事物都是两个独特的历史构造——旗形分布的地区（森林和草原）之间互动决定的。

---

① Степанов Н.Ю. Идеологи евразийства. П.Н.Савицкий // *Евразия:исторические взгляды русских эмигрантов.* М., 1992. С. 160.

萨维茨基强调，俄国在地缘政治领域继承了蒙古帝国的遗产，在精神文化领域受拜占庭的影响。维尔纳茨基在描述俄国历史的重要特征时，也强调拜占庭和蒙古的影响，认为蒙古的遗产是欧亚主义国家制度，拜占庭的遗产是东正教国家制度；蒙古遗产使俄国人民减轻了建立欧亚主义国家外形的工作，拜占庭遗产使俄国人民具备了创立世界强国必需的思想制度。

维尔纳茨基赞同萨维茨基的观点，认为在统一发展空间的基础上，从文化历史统一的角度看，苏联各民族的历史即是欧亚大陆的历史。维尔纳茨基一生都忠诚于欧亚主义。在第二次世界大战结束，欧亚主义运动中止以后，他仍继续传播欧亚主义思想。1956 年，萨维茨基被释放回到捷克斯洛伐克以后，恢复了与维尔纳茨基的通信，两人继续研究欧亚主义的问题。

1968 年萨维茨基在布拉格去世以后，维尔纳茨基在美国发表悼念文章，深情追忆了这位欧亚主义创始人为欧亚主义理想辛勤奋斗的一生。

二　古米廖夫与苏联时期欧亚主义的潜流

欧亚主义的第一次浪潮出现在 1920~1930 年的俄侨中，那时关注的中心主要是俄国的命运、“俄罗斯思想”，但其中最优秀的代表萨维茨基已经开始研究欧亚主义方案的地缘政治方面。古典欧亚主义者主要的地缘政治论题是：“俄国是一个特殊的国家，不像欧洲，而与亚洲极为相似。俄国既不是欧洲，也不是亚洲，是一个独立、特殊、完整、有机的世界。”①

在整个苏联时代，欧亚主义被视为白卫运动的思想组成部分，被冠之以“资产阶级”“帝国主义奸细”的思想而被命令禁止。萨维茨基回归祖国的漫长牢狱生活中，被禁止发表著述。当刑满获得自由并移居国外与妻儿团聚后，萨维茨基的著作也被禁止在苏联出版。就此，似乎欧亚主义思潮

---

① Колосов В.А. Мироненко Н.С. *Геополитика и политическая география.* М., 2002. С. 156.

在万马齐喑的苏联销声匿迹了，然而正是在这样的环境中，古米廖夫承担了欧亚主义思想薪火相传的历史使命。

古米廖夫是20世纪伟大的俄罗斯历史学家、思想家、东方学家、民族学家和民族起源理论的创始人，他自称是最后一个欧亚主义者。古米廖夫经历了俄罗斯历史上的整个苏联时期，预言了苏联的解体。他继承并发展了古典欧亚主义集大成者萨维茨基的思想，断言只有欧亚主义才能拯救俄罗斯。在他的科学论证中，欧亚民族的共同体和一体化理论得到了全面的解析和发展。他的研究成果为欧亚国家一体化的进程奠定了基础，他的思想的实践甚至直接体现在俄罗斯主导或积极参与的独立国家联合体、欧亚经济共同体和上海合作组织等方面。

古米廖夫指出，欧亚主义的重要意义在于帮助人们认识人类历史，懂得人类不是以欧洲为唯一中心的整体，而是由若干“不同景观”组成的多姿多彩的混合体。欧亚主义的主要长处在于将历史、地理和自然科学结合起来进行综合研究，因而前程远大。

1912年10月1日，古米廖夫生于彼得堡皇村的贵族之家。母亲是白银时代的著名诗人阿赫玛托娃（Анна Адреевна Ахматова）（1889~1966年），父亲是当时更有名的另一位诗人尼古拉·斯捷潘诺维奇·古米廖夫（Николай Степанович Гумилёв）（1886~1921年）。他17岁来到彼得堡，复读1年中学毕业后，想报考赫尔岑学院（Герценовский институт），但因其贵族出身未被录取。1934年秋，列宁格勒大学历史系录取了古米廖夫。1935年10月，他第一次被捕，遭关押了10天。1938年3月，古米廖夫第二次被捕，坐牢长达5年。1949年11月，古米廖夫第三次被捕，1956年5月11日获释。他在狱中仍继续学习、思考、做笔记。1960年，出版了古米廖夫编写的《匈奴》（« Хунну »）一书，主要依靠他在集中营时攒下的材料。1961年11月，古米廖夫通过了东方学博士学位论文答辩。

古米廖夫对欧亚大陆的定义与萨维茨基的欧亚大陆概念很接近。古米廖夫认为，三大洋环绕着一个广博的陆地，该大陆的西边是大西洋，东边是太平洋，南边是印度洋；这个大陆的西部是欧洲，东部是欧亚大陆；东部的气候特征是：严冬、干旱的草原和单一的地理景观——北方的森林和南方的草原。在他看来，地理景观的相似性决定了如今居住在俄国、蒙古和中亚地区的各民族的性格。古米廖夫具体指出，欧亚草原以东是东南半岛——被叫做中国（Китай）的季风区；“从历史文化方面看，我们把位于中国、西藏的山峦与西部半岛——欧洲之间的部分称作欧亚大陆”。①

萨维茨基把俄国领土理解为特殊的历史地理世界，是既不属欧洲又不属亚洲的独一无二的历史地理个体。古米廖夫将这一学说补充为“容纳性地理景观”（вмещающий ландшафт），是对该地区民族永远亲近的景观。对俄国人而言，这是河谷；对于芬兰—乌戈尔民族来讲，是分水地带；而对于突厥和蒙古人来说，是草原带。古米廖夫在1959~1964年进行考古勘察得出的科学结论，证明了他本人提出的民族历史生活与所在地理景观之间存在相互联系机制的设想。萨维茨基在1965年12月17日写给古米廖夫的信中表示，他不喜欢古米廖夫的术语“容纳性地理景观”。萨维茨基继续捍卫自己的术语“发展空间”，认为这一术语更宽泛。事实上，古米廖夫本人后来在自己的文章中也运用术语“发展空间”了。

萨维茨基最杰出的学生古米廖夫发展了整个欧亚主义思想并使之达到合乎逻辑的极限。在他看来，“大俄罗斯民族不仅是东斯拉夫人的分支，而且是一个特殊的、在突厥——斯拉夫融合基础上形成的民族”。②“大俄罗斯文明是在突厥——斯拉夫民族起源的基础上形成的，该起源在地理方面表现为森林和草原的联盟。正是森林与草原的地缘政治组合构成了俄国的历史实质，注定了它的文化、文明、意识形态和政治命运的性质。”③古米

① Гумилёв Л.Н. *Из истории Евразии.* М., 1993. С. 15.

② Колосов В.А. Мироненко Н.С. *Геополитика и политическая география.* М., 2002. С. 166.

③ Дугин А. *Основы геополитики.* М., Арктогея , 1997. С. 153.

廖夫认为，大俄罗斯是相对“年轻的”民族，它周围团结了欧亚主义帝国的超民族。西方民族处于民族起源的最后阶段，“重心必然将转移到更年轻的民族”。① 古米廖夫的民族起源（этногенез）和民族周期理论对于俄国地缘政治学的形成具有深刻的地缘政治意义。

在苏联，古米廖夫是最早捍卫突厥—蒙古历史特点的人。他对东方的认识开始于20世纪30年代初，他对游牧学和蒙古题材的研究与俄侨萨维茨基的欧亚主义主题不谋而合。他们的研究在当时绝对是相互独立的，20世纪50年代之前，萨维茨基尚不知道古米廖夫其人，而在列宁格勒和集中营的古米廖夫也不可能读到萨维茨基的欧亚主义著作。

古米廖夫始终认为自己是一名不折不扣的欧亚主义者。在一次答记者问中，他承认自己确实同意欧亚主义的历史方法结论。他认为“萨维茨基的主要原则是正确的：欧亚俄罗斯的边界（使之独立于西欧）沿着1月等温线延伸”。② 古米廖夫第3次出狱后，在埃尔米塔日博物馆工作时，认识了著名历史学家、列宁格勒国立大学的教授古科夫斯基（М.А.Гуковский）。后者与萨维茨基同被关押在摩尔多瓦监狱，二人在狱中结识并成为朋友。古科夫斯基把萨维茨基在布拉格的联系方式告诉了古米廖夫。③ 古米廖夫与萨维茨基通信10年后，二人才得以见面。1966年，古米廖夫到布拉格参加国际考古学会议，应萨维茨基的邀请提前了几天到达，萨维茨基专程到火车站迎接这位来自苏联的朋友。在发展欧亚主义概念时，“古米廖夫感觉自己是20世纪20~30年代欧亚主义著作的继承人”。④

古米廖夫对东方的热爱首先源自父亲，后者的诗集中有对中国古代诗人李白和杜甫诗句的自由改写；母亲阿赫玛托娃曾翻译过中国古代著名词

① Колосов В.А. Мироненко Н.С. *Геополитика и политическая география.* М., 2002. С. 167.

② Лавров С. *Лев Гумилёв: Судьба и идеи.* М., 2003. С. 26.

③ Лавров С. *Лев Гумилёв: Судьба и идеи.* М., 2003. С. 100.

④ Гумилёв Л.Н. *Ритмы Евразии.* М., 1993. С. 15.

人屈原的《离骚》，母子间通信的内容也充满了中国的主题。阿赫玛托娃称自己的祖上是成吉思汗的后裔。在一次访谈中，古米廖夫直接宣称，在他的血管中流淌着金帐汗国的建立者、成吉思汗长子术赤（Джучи）的血液。欧亚主义认为，成吉思汗不仅是一位天才的统帅，而且是具有雄伟气魄的国务活动家和新帝国权利的缔造者。古米廖夫本人也倾向于谈论成吉思汗杰出的组织才能，而不是统帅的天分。他同意古典欧亚主义的观点，成吉思汗不仅是伟大的征服者，也是伟大的组织者；作为一个大规模的国家组织者，他在自己的组织活动中，不仅依据当时狭隘的实用意图，而且遵循著名的最高原则——联合成和谐体系的思想。在古米廖夫看来，作为图兰民族的典型代表，成吉思汗自己不能用一种抽象的哲学表述为这一体系下定义，但他明显感受并意识到这种体系并渗透其中。古米廖夫认为，成吉思汗每一次单独的行动、每一个行为或命令，逻辑上都源于这一体系。根据成吉思汗的国家思想，执政者的权力应当依靠的不是任何统治阶级，不是任何执政的民族，不是任何确定的、执政的宗教，而是人的某种心理类型。

1958 年 10 月 27 日，萨维茨基从布拉格给古米廖夫写信说："成吉思汗的军队、统帅和继承者们是犯下很多残酷的罪行，但游牧民族的扩张精神比欧洲殖民主义精神更宽容更人性化。这不止有几千个而是几百万个证据。一些西班牙人在美洲无恶不作！还有葡萄牙人！还有英国人在东方和西印度的所作所为！非洲被破坏和几个世纪的黑奴贸易！我想指出，金帐汗国甚至在'乌兹别克的沙皇改信伊斯兰教'之后仍保留宽容精神。"① 古米廖夫同意萨维茨基的观点，认为蒙古人和西方的文明者相比，有时显得更宽容和人道。

1963 年 2 月 13 日，萨维茨基在写给古米廖夫的信中明确表示："事实

① Демин В. *Лев Гумилёв.* М.: Молодая гвардия, 2007. С. 160.

上罗斯从蒙古—鞑靼人那里得到了不少好东西，包括民族和宗教宽容的技巧。”[①] 很长时间以来，欧亚主义的概念未得到苏联历史学家的特别支持，几乎只有古米廖夫 1 人在孤独地捍卫着它。古米廖夫认为，当蒙古人首次出现在罗斯边境时，他们对俄罗斯人的意愿是和平的。他们真正的敌人是与俄国大公结盟的波洛伏齐人（11~13 世纪黑海沿岸草原上的突厥系游牧民族）。如果罗斯大公们在战前没有背信弃义地杀死鞑靼使者，那么金帐汗国多半不会参加战斗而是绕过去。只是在波洛伏齐人灭亡后，拔都（Батый，1209~1256 年，钦察汗国的建立者）才打算进军罗斯，然后进攻西欧。如果俄国大公们当时不帮助波洛伏齐人，那么战争和入侵罗斯完全可能不发生。因为游牧民族不需要覆盖着茂密森林的土地，而作为定居民族的罗斯人，不对草原蒙古兀鲁斯构成威胁。此外，还有一种反叛的思想，认为拔都完全没打算入侵罗斯，鞑靼—蒙古军队出现在罗斯公国的领土上是偶然的，是为了从后方包抄波洛伏齐人。

关于草原在欧亚大陆历史上的意义，萨维茨基的新发现对古米廖夫来说，仿佛是心灵的慰藉。他赞成萨维茨基的观点：草原带是欧亚大陆历史的脊梁。欧亚大陆的联合者不可能是出现并留在这个或那个河域地区的国家，尽管水路促进了欧亚大陆的文化获得最高发展。任何一个河流国家都处于来自横贯它的草原方面的威胁之下。相反，控制草原的人容易成为整个欧亚大陆的政治联合者。因此，欧亚大陆的统一比其他大陆的统一拥有更大的、无法比拟的力量，也需要更多的努力。古米廖夫承认，在自然地理景观中，最吸引他的是草原，大概他的祖上就是草原游牧民族。古米廖夫认为自己是最后一位欧亚主义者，为了宣布欧亚主义运动的新阶段，为了让欧亚主义理论在俄国再次流行，他在生前做了大量的工作。

第二次被捕后，古米廖夫在狱中仔细思考一个问题：是什么影响了

---

① Демин В. *Лев Гумилёв*. М.: Молодая гвардия, 2007. С. 162.

历史事件的产生。因为，用阶级斗争不能解释所有发生的历史现象。于是，他发现了一种新现象，把它称为“欲望”（пассионарность，来自拉丁语）[①]，也就是“没有任何明显的目标或以虚幻的、有时是死后的荣誉为目的而行动的渴望”。[②] 这种虚幻的目标有时有用，但经常是无益的。欲望绝对存在于所有的历史过程中，如果没有前者，就不可能发生后者。

第三次被捕后，古米廖夫在牢中尝试给“欲望”做出科学的定义。在他看来，欲望是一种能量，就像植物吸收的那种能量；欲望是行动和心理的特征；是表现在行动追求中的（有意识或经常是无意识的）个体的积极性，该行动旨在实现随便什么目标（常常是虚幻的），为了实现这一目标能做到超级努力并自我牺牲；欲望的冲动可以强大得使其载体不能估计自己行为的后果，甚至不能预见灭亡。古米廖夫以拿破仑一世为例：“远征埃及之后他的财富已经余生享用不尽，但拿破仑承担了非常冒险且结局悲惨的超重负担。争权是他欲望的表现方式。”[③]

古米廖夫在描述民族起源过程时引入术语“欲望”或“欲望推动力”（пассионарный толчок），认为这是不可解释的生理和精神能量的同时迸发。在他看来，突然将历史上存在的“旧的”民族与文化带入运动中，在空间、精神和技术扩张的激情中吸引不同的民族和宗教团体，这将导致对其他民族的征服并将其融合为崭新、积极、富有生命力的形式。强烈的欲望和民族起源的动态过程会导致特殊超民族的出现，后者符合政治组织和民族国家的形式。欲望逐渐降低后形成欲望的消沉（пассионарный надлом），民族起源进入否定阶段——保存和开始衰落。民族衰落、超民族分裂、帝国

① 中国学者陈训明把该词译为“进取精神”，李英男教授译作“元气”。笔者认为，直译为“欲望”更具动态性。

② Карельская Л.П. *Лев Гумилёв.* Москва-Ростов-на-Дону, Издательский центр « Март », 2005. С. 8.

③ Карельская Л.П. *Лев Гумилёв.* Москва-Ростов-на-Дону, Издательский центр « Март », 2005. С. 49.

崩溃的情况一直持续到新的“欲望推动力”产生。“当新的民族出现时，旧结构的残余还在其中熔炼。”① 一些民族保留“残余”状态，另一些民族则消失在新的民族起源进程中。

1957 年，古米廖夫的两本书得以出版：《从古代到公元 5 世纪的匈奴史》（« История Хунну с древнейших времён до Ⅴ в. н. э. »）和《6~7 世纪第一个突厥汗国的历史》（« История первого тюркского каганата Ⅵ - Ⅶ веков »）。古米廖夫在书中揭示了欧亚大陆出现和统一的起源。古米廖夫认为，在欧亚大陆的中心形成了带有同样名称的超民族——即欧亚主义民族。和萨维茨基一样，古米廖夫试图寻找关于这一民族之所以产生的解释，包括研究他们在欧亚大陆上的出现。在他看来，欧亚主义思想的最大价值是实现了历史、地理和自然学等科学的联合。古米廖夫认为这是欧亚主义的主要学术成就。

在研究欧亚大陆的发展史时，古米廖夫认为，欧亚大陆被联合过四次。最早由匈奴人短期统一过，然后是从黄海到黑海建立汗国的突厥人。第三次是成吉思汗领导的蒙古人统一了大陆。欧亚大陆的第四次统一仰仗于俄罗斯人，他们联合了除蒙古国和东突厥斯坦之外的大部分欧亚大陆，一直到太平洋沿岸，因而延续了蒙古人的传统。

俄国具有独特发展道路——欧亚主义道路这一思想，从 1920 年初开始广为人知并由一群优秀的俄国思想家进行充分论证。在大部分由萨维茨基执笔的 1926 年版欧亚主义宣言中，包含很多意识形态的目标和方法论，仿佛是针对后苏联时代和今天而定义的。古米廖夫的著作使俄国历史哲学思想发展中这一极其重要并富有成效的阶段达到顶峰。俄罗斯科学院院士潘琴科（А.М.Панченко）评价古米廖夫在科学史和世界思想史上的地位和作用时，认为“他是像柏拉图、亚里士多德和托马斯·莫尔一样伟大的思想

---

① Дугин А. *Основы геополитики.* М., Арктогея, 1997. С. 154.

家，是一个勇敢的人”。把欧亚主义理论与生物圈学说、智力圈学说及欲望说相结合使他成为整个流派的中心人物。“21 世纪是古米廖夫的世纪。在科学思想发展的这个阶段，他没有旗鼓相当的对手！”①

在古米廖夫看来，欧亚主义不会过时，它提出的问题不会丧失现实性；欧亚主义者的思想，首先是号召放弃像欧洲中心主义这类大众意识的误解；对于今天的俄罗斯来说，欧亚主义是唯一可能的选择。在谈到国家历史时，古米廖夫强调，即使在混乱年代，各民族也不想离开俄国。古典欧亚主义者 70 年前就指出了俄罗斯民族的这种品质：在欧亚大陆的民族之间经常形成并容易确立某种友好关系。1992 年，古米廖夫在去世前回答记者“今天谁能成为俄国的盟国”这个问题时，他说：“我知道一点并悄悄告诉您，如果俄罗斯将被拯救，那只有作为欧亚主义强国，也只能通过欧亚主义。”②

古米廖夫与萨维茨基都经受过十几年的牢狱之苦，但仍然深爱自己的祖国和人民，时常为俄国的命运担忧。二人始终对俄国及其未来充满信心，认为国家利益高于一切。萨维茨基在狱中写下的诗集中，充满了爱国主义情感。他是古典欧亚主义的创始人，认为欧亚主义的目标是创立一种新的俄罗斯思想，能思考在俄国发生的事件，并为青年一代指出行动的目标和方法。古米廖夫是萨维茨基欧亚主义思想的继承者，他扩展了欧亚主义的主题：不要仅仅寻找敌人，他们已经够多了；应当寻找朋友，这是生活中最主要的价值。我们应当寻找真正的盟友。突厥人和蒙古人可能成为真正的朋友，而英国人、法国人和德国人，只会巧取豪夺。作为承前启后的代表，古米廖夫为俄国新欧亚主义的产生发挥了巨大的作用。

---

① Демин В. *Лев Гумилёв.* М.: Молодая гвардия, 2007. С. 285.

② Карельская Л.П. *Лев Гумилёв.* Москва-Ростов-на-Дону, Издательский центр «Март», 2005. С. 67.

三　从古典欧亚主义到新欧亚主义：萨维茨基思想的现实意义

作为苏联国内唯一1名公开宣扬欧亚主义的历史学家，古米廖夫多年来孤独地捍卫着这一伟大的思想，直到20世纪80年代末90年代初。20世纪80年代末，苏联体系在俄罗斯社会解体，俄罗斯开始“国家复兴”的进程。它首先要为国家重新定位。在告别了社会主义之后，俄罗斯选择了“纯粹”的西方式道路，大西洋主义的、亲美的价值、模式和定位占了上风。但西方模式实践的失败宣告了“大西洋主义”道路的破产，也使这种思潮受到了激烈的批判。于是，另一种思想从沉寂中悄然兴起，俄罗斯社会开始关注欧亚主义思想。俄罗斯当代哲学家马斯林把古米廖夫看作古典欧亚主义的最后一位代表，他把欧亚主义思想分出三个阶段：古典欧亚主义、古米廖夫欧亚主义和新欧亚主义。古米廖夫的许多建议和观点对当代俄罗斯的社会思想产生了巨大影响。

20世纪90年代初期，俄罗斯学术界开始形成新欧亚主义思想。新欧亚主义关注的是全球地缘政治问题，在主要价值取向上与其相符的俄罗斯地缘政治学派为新欧亚主义思想的创立作出了决定性贡献。新欧亚主义者承认，在西欧重新修订反美立场方针的条件下，他们有可能在地缘政治上与西欧妥协。

新欧亚主义的重要代表杜金是俄罗斯哲学家（哲学副博士）、政治学家（政治学博士）、社会学家（莫斯科大学社会学系的教授）、政论家、新大学（Новый университет）的校长和国际欧亚主义运动的领导人。杜金的父亲是法学副博士，母亲是医学副博士。杜金是东正教徒，懂9门语言。1979年，杜金考入莫斯科航空学院（Московский авиационный институт），1990年开始发表著述。

2001 年 4 月，杜金创建全俄“欧亚大陆”社会政治运动，旨在支持普京的欧亚主义改革。杜金任政治委员会主席，苏斯洛夫（П.Суслов）任执委会主席。2002 年，该运动变成一党制（“欧亚大陆”党）。2003 年 11 月，苏斯洛夫将杜金开除出该党。2003 年 11 月 20 日，在莫斯科召开“国际欧亚主义运动”成立大会，俄罗斯 20 个地区和境外 22 个国家的代表参加了大会，杜金在会上做了重要报告。2003~2004 年末，国际欧亚主义运动最高委员会成立，杜金成为执行机关主席。

杜金在自己的专著中谈道，从古米廖夫的欧亚主义可以得出一些地缘政治结论。第一，欧亚大陆是名副其实的“发展空间”，有着最深厚的民族起源和文化起源基础，应从多极角度研究世界历史；第二，大俄罗斯国家制度基础上的森林与草原的地缘政治综合，是对亚洲和东欧实行文化战略控制的重要事实，这种控制促进了东西方的和谐与平衡；第三，西方文明处于民族起源最后的下行阶段，重心一定要转移到更年轻的民族；第四，在不远的将来可能会产生某种无法预料的“欲望推动力”，剧烈地改变全球政治和文化版图。

杜金认为，新欧亚主义有几种变体。

第一，完整、多维的意识形态。这是最主要和最发达的，由反对 1990~1994 年间自由主义改革的、持民族立场的政界人士所定义。主要指联合在报纸《白昼》（« День »）［后改为《明天》（« Завтра »）］和杂志《要素》（« Элементы »）周围的知识分子团体。这种新欧亚主义以萨维茨基、维尔纳茨基、特鲁别茨科伊等人的思想为基础，古典欧亚主义者们的历史分析完全适用于现在的情况。俄罗斯被看作地缘政治“大空间”的轴心，它的民族使命与俄罗斯帝国的建设是同一的；在社会政治层面上，这一流派倾向于欧亚社会主义，认为自由主义经济是大西洋主义阵营的典型特征。它有“亲共产主义的”趋势。传统主义者的思想，如“现代世界危机”“西方的衰落”等，作为重要的成分进入新欧亚主义，补充和发展了早期欧亚主义者提出的因素。

第二，欧洲大陆主义方案。这对历史上的侨民欧亚主义者而言，是完全陌生的因素，它把欧亚主义学说的活动范围扩展到了欧洲。杜金认为，新欧亚主义承认欧洲对于欧亚主义"大空间"具有地缘政治的完整性和战略重要性，尤其考虑到，正是不稳定划分欧洲地缘政治版图的因素导致了苏联在"冷战"中的失败。

第三，俄罗斯——伊斯兰大陆联盟的思想。选择伊斯兰国家（尤其是伊朗大陆）作为最重要的战略盟友是新欧亚主义的另一个特征，这一思想以在欧亚大陆西南沿岸实行反大西洋主义战略为基础。这一联盟可由俄国与伊斯兰文明的传统性加以论证，共同与反传统主义、世俗实用主义的西方相对立。

第四，"新两极"理论。这一理论在新欧亚主义方案中也很发达。西方在"冷战"中的胜利意味着两极世界的结束和单极世界的开始。新欧亚主义坚决反对单极性，认为只有通过新的两极才能实现这一点。而西方最不愿意回到两极，这对它是致命的危险。西方的战略家很清楚，他们在这一阶段的主要地缘政治任务是禁止形成大陆范围的大规模地缘政治联盟，该联盟可能与大西洋主义的力量成对比。从"历史的地理轴心"的利益出发，新欧亚主义认为，只有在新的两极中，欧亚大陆才能具有真正地缘政治自主的前景，并随后开辟多极性道路。真正的多极世界是每个民族和每个地缘政治联盟都能选择本身的价值体系。

古米廖夫也坚决反对以美国为首的单极世界，反对欧洲中心论。他明确指出，欧洲是世界中心，但巴勒斯坦也是世界中心，中国同样如此。欧亚主义的多中心论认为，这样的中心有好几个。

在杜金看来，欧亚主义大陆联盟不能成为华沙条约组织的简单恢复，从前的地缘政治大陆结构解体后不能再回复。"新的大陆联盟应当或是包括到大西洋的整个欧洲和欧亚大陆南部沿岸几个最重要的点——印度、伊朗、印度支那等，或是保障这些空间的友好中立，也就是让它们脱离大西洋主义的控制。”① 杜金强调，从很多原因来看，回到旧的两极都是不可能的，包括意识形态方面。新的欧亚主义两极应当根据完全不一样的意识形态前提并以完全不同的方法为基础。

新欧亚主义的其他变体，基本是上述思想的综合以适应变化的政治现实，或是实用经济的欧亚主义，旨在恢复从前苏联各共和国的经济互动（如哈萨克斯坦总统纳扎尔巴耶夫的方案）；或是扩张主义的主题（日里诺夫斯基的“强国”方案）；或是辞藻华丽地呼吁“欧亚主义共同性”，以保持俄联邦构成中俄罗斯民族与少数民族的统一（叶利钦政府某些活动家的方案）等。

在杜金看来，“俄罗斯新欧亚主义世界观历史上最重要的路标是弗·普京执政”。② 1999 年 8 月，俄罗斯首任总统鲍·叶利钦任命普京担任政府代总理。几个月后，他又辞去总统职务，宣布普京为代总统。2000 年 5 月，普京正式宣誓就职。杜金认为，“普京是位‘命运攸关的人物’，他的出现是形势的要求。普京是一种职能，历史的和地缘政治的职能。这是转折关头的欧亚主义的某种象征、某种意义和标志。我们应当使普京及其政权充满欧亚主义的内容”。③ 普京政府在第二次车臣战争中，坚决捍卫国家主权，维护了俄罗斯社会的稳定，这为他实施内外政策奠定了良好的基础。普京的强国战略是振兴俄罗斯，首先发展经济。与欧亚主义思想接近的是，他强调俄罗斯不能照搬西方模式，要走俄罗斯自己的道路。普京认为，“如果缺乏自己的文化定位，盲目追随外国的死板模式，就不可避免地会导致一个民族失去自己的面貌”。④

---

① Дугин А. *Основы геополитики.* М., Арктогея, 1997. С. 162.

② Дугин А.Г. Евразийство: от философии к политике // Независимая газ. 2001. 30 мая.

③ 〔俄〕罗伊·麦德维杰夫：《普京时代——世纪之交的俄罗斯》，王桂香等译，世界知识出版社，2001：369。

④ 〔俄〕普京：《普京文集（2002~2008）》，张树华等译，中国社会科学出版社，2008：444。

杜金认为，作为东西方枢纽的俄罗斯要恢复其往日帝国，必须在从西欧到日本的广泛联盟中充当中心角色，建设这样的欧亚帝国需要重新吸收像乌克兰和哈萨克斯坦这样的国家，并成为领导东正教的新俄罗斯。为了实现欧亚主义的地缘政治构想，杜金设法在欧亚主义运动和俄罗斯国家安全机构的关键人物之间建立了联系，得以进入普京克里姆林宫的内层，在起草 2000 年国家安全构想过程中起了中心作用。杜金的国际欧亚主义运动得到了俄罗斯总统府、莫斯科东正教以及俄罗斯穆斯林出资支持，欧亚主义哲学观的拥护者将继续在政府机构及克里姆林宫内部起重要作用。

古米廖夫曾经指出，俄罗斯肩负独特的欧亚主义使命。近年来，俄罗斯积极发展与东南亚国家的友好合作关系，特别是积极主动地发展了与中国有领土或领海争端的越南、马来西亚等国家的关系，似乎印证了这一思想。2010 年 11 月，越南和俄罗斯签署了一份价值 56 亿美元的核电项目。2011 年 11 月，俄罗斯向马来西亚出售 18 架苏 -30MKM 型战斗机，合同总金额达 9 亿美元。2012 年 7 月，越南国家主席张晋创访问俄罗斯，在索契与俄罗斯总统普京举行首脑会谈后表示越南将允许俄罗斯在金兰湾[①]建立船舶维修基地。而俄罗斯承诺将向越南贷款约 100 亿美元，其中约 80 亿美元用于在越南建设核电站。俄罗斯的这些举措蕴含着极大的地缘战略目的。一方面提高和增强了这些国家的军事实力和对抗中国的底气；另一方面损害了中国的战略利益，减轻了中国对俄罗斯的威胁。新欧亚主义把俄罗斯看作地缘政治“大空间”的轴心，宣扬其救世主义，认为其传统的欧亚主

---

① 位于越南南部的金兰湾处于连接太平洋与印度洋的交通要道上，地理位置十分重要，金兰湾在越南战争期间，曾成为美国主要的空军基地。1979 年，苏联与越南签署了一份长达 25 年租期的协约，金兰湾成为当时苏联最大的海外海军基地。苏联当年还在金兰湾兴建了大型卫星侦察、通信及导弹防空设施。苏联的航空母舰曾在金兰湾补给停留。苏联核潜艇、战略轰炸机及其他大型水面舰艇和海军陆战队都曾常驻金兰湾。但在 2002 年，俄罗斯以多年未使用为由撤出了金兰湾。俄罗斯重新进驻金兰湾，发展俄越军事技术合作以及国防与安全领域的全面伙伴关系，既可保障俄罗斯太平洋舰队的活动，又能帮助俄罗斯海军在太平洋和印度洋地区打击海盗。

义使命与俄罗斯的建设是同一的。尽管中俄两国已建立了双边战略伙伴关系，但俄罗斯并不希望中国成为亚太地区真正的领导者，而是阻碍中国的崛起，为自身的强大和最终一统欧亚大陆扫清障碍。

新欧亚主义的另一位代表是俄罗斯著名哲学家、政治学家和社会学家帕纳林。他 1966 年毕业于莫斯科大学哲学系，后获得哲学博士学位，成为教授。生前曾担任莫斯科大学哲学系政治学教研室主任和俄罗斯科学院哲学研究所社会哲学研究中心主任。他出版了 250 多篇学术著作，包括 18 部专著，如《政治学》（« Политология »）、《全球政治预测》（« Глобальное политическое прогнозирование »）等。

帕纳林进一步发展了古米廖夫“只有欧亚主义才能拯救俄罗斯”的思想，他认为俄罗斯具有传统的欧亚主义使命，这项使命在欧亚大陆的特殊魅力在于，其中感受不到某种蓄意的“结构主义”和自私的装腔作势。俄罗斯捍卫欧亚主义传统的思想，符合众多民族“清醒的理智”，因为这些人民懂得，在欧亚草原上或者是一起生活并捍卫共同的家园，或者是陷入对居心叵测的外部势力有利的不断的流血内讧。

帕纳林在文章《大西洋主义和欧亚主义之间》（« Между атлантизмом и евразийством »）指出，“作为占据东西方战略地位的俄罗斯国家，定期会碰到关于自己文明地位的问题；它不得不多次在寻找东西方推动因素之间的新的平衡中，决定自己文明的方位”。① 在他看来，俄罗斯面临两条路：或是成为独立的国家，或是停止存在。

帕纳林指出，俄罗斯的民族思想是：作为先锋带领弱者反对强者。他认为这一思想的基础是整个东正教教义和整个俄罗斯历史。在他看来，富国从来没有接受过俄罗斯，从不承认它是自己人。在与当今世界的强国寻求结盟时，俄罗斯注定要承受悲惨的孤独——穷国对其背叛行为感到愤慨，

① Панарин А.С. Между атлантизмом и евразийством // Свободная мысль. 1993 , №11 , С. 3.

也会排斥它。“在后苏联空间，在第三世界，我们实际上已经没有盟友。我们的对手担心，俄罗斯又将实现自己素有的使命——团结弱者反对强者。俄罗斯的存在使后者不能安睡。当今世界强者的主要对手是俄罗斯和它的俄罗斯思想。因此，他们的目标首先是要使我们丧失俄罗斯思想，然后摧毁我们的国家。”[①]

在《欧亚大陆中的俄罗斯：地缘政治的挑战和文明的应对》(« Россия в Евразии: геополитические вызовы и цивилизационные ответы »)一文中，帕纳林强调，西方积极利用穆斯林因素反对俄罗斯，这再一次证明西方派的答案对俄罗斯而言是幻想：“欧洲家庭”不接受俄罗斯，但准备靠它解决自己的问题。他认为俄罗斯正遭遇三类挑战——准备把俄罗斯挤出欧洲边界的西方、穆斯林东方和太平洋地区的挑战。面对西方挑战俄罗斯必须具有欧亚主义的国家政治和文明思想；应对第二种挑战应解决俄罗斯文明独特性的问题，放弃俄罗斯历史上彼得堡时期的西方遗产、回归彼得大帝之前的原型将找到已失去的东斯拉夫和图兰成分的统一，这是俄罗斯国家制度的基础；来自太平洋地区的挑战最严重，将导致俄罗斯地缘政治空间的不断缩小，为此俄罗斯必须找到适合自己的思想形式。

古米廖夫曾经指出，特殊超民族的出现和分裂。正如在90年前，苏联这一“特殊超民族”的出现和20年前它的解体。古米廖夫的研究成果为欧亚国家一体化的进程奠定了基础，他的思想的实践甚至直接体现在俄罗斯主导或积极参与的独立国家联合体、欧亚经济共同体和上海合作组织等方面。

古米廖夫早就预言，“欧亚大陆的统一比其他大陆的统一拥有更大的、无法比拟的力量，也需要更多的努力”。1991年，随着苏联的解体，俄罗斯主导的独立国家联合体（以下简称“独联体”）作为一个地区性的国际组

---

① http://www.pravaya.ru/iudi/451/6061?print=1.

织登上了历史舞台，由苏联原来的 11 个加盟共和国组成。欧亚大陆上这一大型区域联合组织，在区域经济一体化的大背景下，开始了经济一体化方面的合作。由于独联体各成员国之间经济合作的目标不完全一致，成员国在经济发展水平、经济改革方向和进展上存在明显的差异，致使独联体的区域经济一体化发展进程严重受阻。在独联体框架内分化出了欧亚经济共同体等次地区一体化组织，在独联体框架之外还有上海合作组织（以下简称“上合组织”）等地区组织。

当今世界，一体化已成为竞争力的重要成分，统一的市场将创造新的经济机遇。20 世纪 90 年代中叶，独联体区域内多双边一体化进程明显加快，欧亚经济联盟、关税同盟和统一经济空间等一体化组织相继产生。2000 年，俄、白、哈、吉、塔 5 国签署条约，决定将 1996 年成立的关税联盟改组为欧亚经济共同体。2001 年，欧亚经济共同体正式成立。2012 年，欧亚经济共同体国家间委员会会议在俄罗斯举行，与会各国就推进区域一体化进程等重要议题进行了探讨，同意在 2015 年 1 月 1 日前起草并签署关于建立欧亚经济联盟的条约。2001 年，上海合作组织在中国正式成立，中、俄、哈、吉、塔和乌兹别克斯坦这 6 个成员国的总面积就占了欧亚大陆总面积的 3/5。政府首脑们联合决定启动上海合作组织多边经济合作进程，宣布正式建立上海合作组织政府首脑定期会谈机制。上合组织已成为维护地区稳定的重要力量，是当今地缘政治生活中不可或缺的重要组成部分。它兼顾了中国、俄罗斯和中亚国家的利益，在深化俄中战略合作的同时，增进了俄与其他成员国之间的政治互信，推动了欧亚成员国间的经济合作。

古米廖夫断言只有欧亚主义才能拯救俄罗斯，俄罗斯的发展道路是独特的欧亚主义道路；俄罗斯是相对“年轻的”民族，它周围团结了欧亚主义帝国的超民族。欧亚主义传统在古米廖夫的著作和当代新欧亚主义的著作中得到进一步的发展，在俄罗斯的学术环境和社会环境中都产生了一种意识，必须树立一种新的民族思想，确立俄罗斯民族、国家和社会政治制度的特点以及它在当代地缘政治空间中的地位。俄罗斯文明的特点，它位于东西方之间的现象，不仅在地理上，而且在文化历史和社会政治层面都成为许多俄罗斯学者、政治家和政论家关注的对象。这一主题将促进俄罗斯的经济、政治和文化发生重大变化，俄罗斯正在走上复兴和独立发展之路。

2012年10月，由俄罗斯联邦科学教育部、圣彼得堡市政府和独立国家联合体议会联盟会议举办的列夫·古米廖夫（1912~1992年）诞辰100周年纪念国际学术大会“古米廖夫文化遗产和欧亚民族命运：历史，当代，前景”在俄罗斯圣彼得堡举行。古米廖夫欧亚主义概念的起源及理论基础，欧亚主义者的历史观点在古米廖夫学术概念中的继承与发展，欧亚主义传统在当代政论作品及文学中的表现与解读，都值得中外学术界关注。

新欧亚主义继承和发展了古典欧亚主义的救世主义传统，并极力宣扬，认为俄罗斯有能力振兴自己，拯救世界。因为俄罗斯有独特的地理位置，丰富的自然资源和历史遗产，某些尖端科技领先，国民整体素质较高，爱国主义思想已入人心。普京在他第二任俄罗斯联邦总统期内强调，俄罗斯要成为强国，必须依靠自己的力量加强国家建设。建设国家首先要社会团结，而社会团结需要统一的社会思想。在他看来，自古把俄罗斯人团结在一起的基本价值观念有：爱国主义、强国意识和国家的作用。在此基础上，他结合全人类共同的价值观，提出了“俄罗斯新思想”。“俄罗斯新思想”是一个特殊的合成体，综合了俄罗斯民族主义、大国主义、专制主义、集体主义和自由主义等因素。

1917年的俄国革命和后来的事件证明：斯拉夫派和西方派的旧争论虽未完全过时，但已经不合20世纪初俄国的事宜了。当时的历史实践表现出，这两种长期统治俄国精神生活的主要思想均不完善。俄国社会的发展需要一种新的思想，在不与俄罗斯政治思想传统断绝关系的同时，以社会进步和技术激进为方针。对于素来关心祖国命运的俄国知识分子来说，为国家未来的发展寻觅一条新的思想道路成为现实的迫切需要。在苏俄出现的思想真空由布尔什维主义填补，而在俄侨界诞生了欧亚主义。

萨维茨基是欧亚主义哲学流派的主要思想家和领袖。萨维茨基的欧亚主义思想是斯拉夫主义与西方主义思想的集合。萨维茨基不否定俄国历史上彼得一世时期的成就，但反对否定俄罗斯文化独特性的西方主义。他以批判的态度重新理解俄国历史的过程，一方面指出要战胜西方派的欧洲中心主义，认为欧洲中心主义阻碍了对俄国在世界历史过程中的地位和作用的认识，战胜欧洲中心主义的偏见是使俄国走出精神危机的必要条件。另一方面，萨维茨基要修正斯拉夫派关于俄国特点的狭隘观念，原则上对俄国存在的特点给予新的、全面综合的、使两种极端观点和谐一致的解释。

在俄国社会思想史中，萨维茨基第一个提出了相对严谨、周密的地缘政治理论，这是萨维茨基欧亚主义思想的核心。俄国的空间气候特征，经济发展条件，东西方文化的联系和相互影响是萨维茨基学术研究的中心。萨维茨基的基本观点是：欧亚俄罗斯是与欧洲和亚洲鼎立的特殊地理世界。在与欧亚主义同时代的、和欧亚主义出现之前的其他俄国哲学流派的思想中，关于俄国国家现在与将来的地理和地缘政治的边界问题是不明确的。萨维茨基的欧亚主义地缘政治模式填补了这一空白，他创立了自己完整、独特的地缘政治学说。当代俄罗斯政治家兼学者杜金指出，萨维茨基研究了有充分价值的、发达的俄罗斯政治理论，他认识到俄罗斯与西方大西洋主义趋势尖锐对立的大陆使命。萨维茨基是俄罗斯第一位地缘政治学家，也是世界地缘政治学派的创始人之一。

作为俄国地缘政治学派的创始人，萨维茨基提出了独特的文化地缘观念。他首先提出了自己的文化中心“位移观”。在他看来，有一些民族对其周围的历史环境产生过重大影响，从这些民族的文化中心发生地理位移的观点可以研究文化的演变。文化迁移观是萨维茨基独特的文化地缘思想之一，与拉采尔和麦金德等西方政治地缘学派的思想有所差异，为世界地缘政治思想补充了新的内容。

在萨维茨基的思想中，“欧亚大陆”概念具有重要意义。萨维茨基的学说是综合的，能解决吸引各社会政治流派的文化一致问题。欧亚主义思想的现实化能保障解决俄国的民族领土、社会经济和思想问题，欧亚主义思想的名称在国家、民族、文化方面都与“欧亚大陆”的概念有关，“欧亚大陆”是欧亚主义的中心概念。位于欧洲和亚洲之间的“欧亚主义大陆”（евразийский материк）具有把它变成“特殊世界”的自然气候的特征，该世界保障居住此地的民族有统一的经济、文化和政治发展。它的空间分界确定了其历史命运、在环境影响下形成的民族心理特点、宗教观点和情感、语言的一致性。萨维茨基认为，欧亚大陆的统一不是起源于基辅罗斯，而是成吉思汗帝国，后者在国家建设和保存东正教中起了重要的作用，作为和谐社会典范（真理国家）的莫斯科公国成为其直接继承者。萨维茨基认为，假定欧亚大陆与俄罗斯帝国的边界一致，那么可以将俄国与欧亚大陆视为同一，欧洲与俄国的对立也就是欧洲与欧亚大陆的对立。在萨维茨基看来，欧洲和亚洲的“马赛克碎片状”结构会造成一些封闭的、独立的小圈子产生，而欧亚大陆的自然条件最不适宜各种政治、文化和经济的“分离主义”；欧亚大陆无尽的草原使人们习惯于宽阔的视野和地缘政治组合的广阔空间，人们时常迁徙，不断变换居住地，不同民族和文化因素相互作用、相互交融。

为了说明社会主体和自然地理环境的统一，萨维茨基提出了“发展空间”的概念。“活的人或动物日常生活的、与周围环境和自身之间相互适应的广大空间即发展空间。”① 在萨维茨基看来，很多自然现象（如土地的地质构造、水文特征、土壤与植被的性质等）相互都有合理的联系，社会历史环境与之融合成一个“地理个体”或“地理景观”。社会历史环境与占据

① Савицкий П.Н. *Континент Евразия.* М., 1997. С. 283.

它的空间联合成一个整体，这就是“发展空间”。俄国的边界由带有斯拉夫的、突厥—鞑靼的和芬兰—乌戈尔因素的特殊大陆文明的发展空间决定，这些因素相互产生重要的影响。萨维茨基认为，它们的相互渗透产生了文化、政治、经济等方面的“图兰”现象。萨维茨基指出，民族“发展空间”的影响超越“遗传接近”的因素，在同一个发展空间的长期存在导致文化间的对话和不同文化因素的相互渗透。萨维茨基将欧亚大陆空间防线的存在作了分期，现实地证明了他的欧亚大陆国家形成的纲要。

萨维茨基认为，俄罗斯文化既不是欧洲文化，也不是亚洲文化，更不是二者的总和，而是独立的欧亚文化，同时吸收了西方和东方的经验，包括不同文明的因素。从文化发展的地理和地缘政治方面分析，欧亚文化是一个复杂的、由多种层次构成的体系。萨维茨基认为，欧亚文化的最早统一，不在基辅罗斯，也不在可萨王国，甚至不在东北罗斯，欧亚主义文化世界最早作为一个整体是在成吉思汗帝国时期。莫斯科公国继承了蒙古人的政治文化遗产，成为欧亚主义世界新的统一者。在萨维茨基看来，欧亚文化必须统一，并在人类文化中担任领导和首要作用，实现自己全人类的使命。萨维茨基高度评价了俄罗斯文化发展的前景。“俄罗斯文化现在不仅没有衰败，而且处于有力扩展的上升曲线。宗教哲学思想的新事物，艺术形式与社会问题答案中的新事物在这一扩展中都表现得同样有力。”①

萨维茨基的欧亚主义思想是俄罗斯思想、俄罗斯命运和俄罗斯灵魂主题的再现。20世纪20年代的社会政治环境十分独特，之前的社会政治理念、理论、习惯的思维模式、已定型的价值概念对该环境来说已经不合适，客观上需要新的、非传统的，在很大程度上与已定型的传统学说相对立的学说、观点和思想。现实生活对俄国知识分子提出了要求，需要重新思考俄国的命运和发展道路问题。欧亚主义的出现是注定的，因为欧亚主义思想

---

① Савицкий П.Н. Сила традиций и сила творчества // *Континент Евразия.* М., 1997. С. 139.

隐存于俄罗斯文化的深层中。这些深层的普遍意义是俄罗斯人对自身的意识：我们是谁，从哪里来，我们历史的根源是什么，我们文化的基础在哪里，我们国家的由来，俄罗斯思维方式的特点等，以及分析现在和预测未来。萨维茨基欧亚主义学说的实质是历史、社会、地缘政治、民族学、政治和宗教观点的交织。

萨维茨基创造了欧亚主义世界观的基础和中心，提出了欧亚俄罗斯世界的理想，从“思想制度”国家、国家—私有经济模式等方面阐释了自己的政治和经济思想。萨维茨基提出，欧亚主义思想有两个基础或前提用于建设真理思想的概念：个性学说与东正教信仰。萨维茨基认为，布尔什维主义是思想制度的不完美体现，真正的思想制度是欧亚主义，其执政思想的目标是——为居住在该自给自足特殊世界的全体民族谋福利。作为经济地理学的专家，萨维茨基十分深入地研究了欧亚俄罗斯世界的经济地理特征，认为其严酷的气候条件，远离“公海”海岸等，导致俄国必须发展地区间的交流，进行地区间的劳动分配和对新领土的经济开发。经济发展的困难必然导致国家干预经济。在萨维茨基看来，俄国社会应当建立名为“国家—私有制”的经济体系，要加强国家在调和与消除社会矛盾中的建设性作用。萨维茨基的经济理想是欧亚俄罗斯经济自给自足的大陆经济体制。

在关于俄国历史的问题方面，萨维茨基认为蒙古统治时期是俄国历史的必然阶段，蒙古时代对俄国思想文化和国家制度产生了巨大影响，蒙古占领对俄罗斯地缘政治的发展有重要意义。对 1917 年俄国十月革命进行历史哲学思考是欧亚主义概念的基石。萨维茨基强调：“思考俄国革命就是思考俄国历史，反言之，搞清楚革命的意义，我们就能弄清历史的意义。”① 萨维茨基认为俄国革命是俄国历史的必然规律，十月革命具有深刻意义，是欧亚俄罗斯历史上最重要的转变时期。

---

① Савицкий П.Н. *Континент Евразия.* М., 1997. С. 52.

综上所述，萨维茨基的欧亚主义思想主要由几个方面组成：第一，反对欧洲中心主义，承认各民族在原则上平等；坚决批评地对待罗曼—日耳曼的西方，后者追求人类的全面欧化，消灭民族文化的独特性。第二，证明欧亚俄罗斯所在的欧亚大陆是一个特殊的大陆，是区别于欧洲和亚洲的独特的文化地理世界，但倾向于亚洲；俄罗斯人民不止有斯拉夫人，它通过自己文化的“图兰因素”和欧亚大陆的非斯拉夫人相联系，和他们一起代表相似的心理类型，保障大陆的统一。第三，蒙古枷锁对俄国来说是幸运的，俄罗斯人正是从蒙古人那里接受了国家思想和将大陆联合成国家整体的思想。第四，俄国革命是俄国欧化过程的结束和“转向东方”的开始。第五，确定自由主义民主的崩溃，提出新的国家制度——思想制度来替换它；在思想制度中，按忠于一个共同的“执政思想”来挑选“执政层”。

萨维茨基的欧亚主义思想是俄国思想文化界近200年来涌现的有价值的济世良方，是对俄国历史问题的回答，也是对当代俄罗斯发展道路的预设。萨维茨基的欧亚主义思想在俄罗斯和世界史学史中具有深刻的根源，复杂的政治形势使这种思想具有现实意义。欧亚主义学说可以成为解决各种矛盾的有效的科学工具，欧亚主义范式可以成为科学认识和理解俄国现实的方法之一。萨维茨基的地缘政治理念呼吁民族情感，战胜抽象的阶级斗争理想。同时，他通过建设超民族国家试图战胜民族分离主义。尝试对俄国的东部地区和东方民族在历史上和未来的作用进行新的客观思考，在萨维茨基的欧亚主义思想中占有原则性的地位。

萨维茨基的欧亚主义学说促进了当代俄罗斯新的民族国家意识形态的创立，这种意识形态推动了俄罗斯与独联体各民族的互助合作和俄罗斯经济的集约发展。普京担任俄罗斯总统期间采取的某些政策，体现了萨维茨基欧亚主义思想的内涵。普京的外交政策首先以国家统一和领土完整为基础，利用经济外交改变地缘政治的关系。俄罗斯横跨欧亚大陆的地缘位置决定了普京政策的原则之一是既面向西方，又面向东方。在西方，它加深同欧盟的经济关系，建设“欧洲统一经济空间”；在东方，它积极推动能源和其他资源的输出，密切与亚太地区的经济联系。普京强调俄罗斯的欧亚属性，重视对亚洲远东地区的开发。对俄罗斯而言，加强与亚洲国家的关系非常重要，尤其是中亚国家。在地缘政治意义上，中亚连接欧、亚两洲，是世界的“心脏地带”，对欧亚大陆的事务有重大影响。

普京的强国战略是振兴俄罗斯，首先发展经济。与欧亚主义思想接近的是，他强调俄罗斯不能照搬西方模式，要走俄罗斯自己的道路。为了实现俄罗斯国内的建设目标，必须通过适宜的外交创造有利的国际环境。仔细研读普京为俄罗斯确立的主流意识形态——“主权民主”（суверенная демократия）的思想，可以从中发现新欧亚主义的深深印记。普京认为，“如果缺乏自己的文化定位，盲目追随外国的死板模式，就不可避免地会导致一个民族失去自己的面貌”。[①] 新欧亚主义继承和发展了古典欧亚主义的救世主义传统，并极力宣扬，认为俄罗斯有能力振兴自己，拯救世界。

从这个意义上讲，无论是“古典欧亚主义”还是它的变种“新欧亚主义”都将不仅成为重要的战略、哲学和社会政治工具，也将成为俄罗斯内外政策的必要因素。由此，中国学术界乃至国际学术界没有理由忽视萨维茨基及其欧亚主义思想。

① 〔俄〕普京:《普京文集（2002–2008）》，张树华等译，中国社会科学出版社，2008：444。

人名译名对照表

A

阿巴库莫夫	Виктор Семёнович Абакумов
阿列克谢耶夫	Николай Николаевич Алексеев
阿列夫拉斯	Наталия Николаевна Алеврас
安托申科	Александр Васильевич Антощенко
阿赫玛托娃	Анна Адреевна Ахматова

B

拔都	Батый
波尔金	Иван Никитич Болтин
邦达里	Андрей Юрьевич Бондарь
博斯	Otto Böss
贝斯特留可夫	Владимир Юрьевич Быстрюков

别尔嘉耶夫	Николай Александрович Бердяев
巴尔托尔德	Василий Владимирович Бартольд
比利莫维奇	Александр Дмитриевич Билимович
比齐里	Пётр Михайлович Бицилли

C

萨维茨基	Пётр Николаевич Савицкий
尼·彼·萨维茨基	Николай Петрович Савицкий
西济姆斯卡娅	Ирина Николаевна Сиземская
西蒙诺娃	Вера Ивановна Симонова
西尼亚金	Станислав Валериевич Синякин
斯科罗帕茨基	Павел Петрович Скоропадский
斯大林	Иосиф Виссарионович Сталин
斯捷蓬	Фёдор Августович Степун
斯捷潘诺夫	Николай Юрьевич Степанов
格·斯图卢威	Глеб Петрович Струве
斯图卢威	Пётр Бернгардович Струве
苏符钦斯基	Пётр Петрович Сувчинский
苏斯洛夫	Пётр Евгеньевич Суслов
索洛维约夫	Сергей Михайлович Соловьёв

D

达尼列夫斯基	Николай Яковлевич Данилевский
邓尼金	Антон Иванович Деникин
杜勃罗留波夫	Николай Александрович Добролюбов
达古恰耶夫	Василий Васильевич Докучаев

陀思妥耶夫斯基	Фёдор Михайлович Достоевский
杜金	Александр Гельевич Дугин
杜尔诺夫采夫	Владимир Иванович Дурновцев

E

伊格纳托夫	Ignatius ersten arabisch-Na Tuofu
伊万	Иван
伊凡雷帝	Иван Грозный
伊万诺夫	Всеволод Вячеславович Иванов
伊利英	Владимир Николаевич Ильин
叶基盖依	Едигей

F

费拉里	Aldo Ferrari
费多罗夫斯基	Николай Георгиевич Федоровский
费多托夫	Георгий Петрович Федотов
弗洛罗夫斯基	Георгий Васильевич Флоровский
菲洛费伊	Филофей
冯达明斯基	Илья Исидорович Фондаминский
弗兰格尔	Пётр Николаевич Франгель

G

古科夫斯基	Матвей Александрович Гуковский
列夫・古米廖夫	Лев Николаевич Гумилёв
尼・斯・古米廖夫	Николай Степанович Гумилёв
果戈理	Николай Васильевич Гоголь

H

霍米亚科夫	Алексей Степанович Хомяков

J

瓦西里・瓦西里耶维奇	Василий Васильевич Тёмный (Василий Ⅱ)
基里尔	Кирилл
基拉巴耶夫	Нур Серикович Кирабаев
基泽韦捷尔	Александр Александрович Кизеветтер

K

卡拉姆辛	Николай Михайлович Карамзин
卡尔萨文	Лев Платонович Карсавин
卡尔达舍夫	Антон Владимирович Карташев
科瓦列夫斯基	Il laisse Kovalevski (Пётр Евграфович Ковалевский)
库利舍尔	Александр Михайлович Кулишер
古楚汗	Кучум
克柳切夫斯基	Василий Осипович Ключевский
克柳奇尼科夫	Сергей Юрьевич Ключников
契伦	Rudolf Kjellén
孔达科夫	Никодим Павлович Кондаков

L

拉夫罗夫	Сергей Борисович Лавров

留克斯	Lee Cox zu bleiben
列昂季耶夫	Константин Николаевич Леонтьев
列宁	Владимир Ильич Ленин
鲁德涅夫	Вадим Викторович Руднев
罗素	Bertrand Russell

M

麦金德	Halford Makinder
梅勒—扎科梅尔斯基	Александр Владимирович Меллер-Закомельский
梅尔基赫	Александр Михеевич Мелких
门捷列夫	Дмитрий Иванович Менделеев
梅烈日科夫斯基	Дмитрий Сергеевич Мережковский
米哈伊洛夫斯基	Николай Константинович Михайловский
米留可夫	Павел Николаевич Милюков
莫吉良斯基	Николай Михайлович Могилянский
莫扎列夫斯基	Вадим Львович Модзалевский

N

亚历山大・涅夫斯基	Александр Ярославич Невский
尼古拉	Николай
诺维科娃	Лидия Ивановна Новикова

O

奥金佐夫	Борис Николаевич Одинцов
奥尔格尔德	Ольгерд Гедиминович

P

帕利耶夫斯基	Пётр Васильевич Палиевский
帕纳林	Александр Сергеевич Панарин
潘琴科	Александр Михайлович Панченко
帕舒托	Владимир Терентьевич Пашуто
帕先科	Виталий Яковлевич Пащенко
佩特留拉	Симон Васильевич Петлюра
皮萨列夫	Дмитрий Иванович Писарев
佩列斯韦托夫	Иван Семёнович Пересветов
普京	Владимир Владимирович Путин

Q

恰达耶夫	Пётр Яковлевич Чаадаев
车尔尼雪夫斯基	Николай Гаврилович Чернышевский
切尔内赫	Вера Алексеевна Черных

R

拉采尔	Friedrich Ratzel
梁赞诺夫斯基	Nikolai V.Riasanovsky
吕森	Jörn Rüsen

S

萨尔基相茨	Emanuel Sarkisyanz
施本格勒	Oswald Spengler
尼尔·索尔斯基	Нил Сорский

T

特鲁别茨科伊	Николай Сергеевич Трубецкой
帖木儿	Тимур
铁米尔—库特路易	Темир-Кутлуй
托尔斯泰	Лев Николаевич Толстой
托尔斯泰	Никита Ильич Толстой
脱脱迷失	Тохтамыш

V

维科	Giambattista Vico
维托夫特	Витовт

W

万达尔科夫斯卡娅	Маргарита Георгиевна Вандалковская
维尔纳茨基	Георгий Владимирович Вернадский
维尔纳茨基	Владимир Иванович Вернадский

X

沙波夫	Афанасий Прокофьевич Щапов

Y

约纳	Иона

Z

术赤	Джучи

专有名词译名对照表

A

阿维尼翁	Авиньон
阿拉尔——额尔齐斯分水岭	Арало-Иртышский водораздел
埃及	Египет
埃拉多斯	Эллада
奥斯陆	Осло

B

巴比伦	Вавилон
巴格达	Багдад
巴黎	Париж
《白昼》	« День »
白海——高加索平原	Беломорско-Кавказская равнина

布拉格德语大学	Пражский немецкий университет
布鲁塞尔	Брюссель
布哈拉	Бухара
彼得堡工学院	Петербургский политехнический институт
波尔塔瓦	Полтава
卑尔根	Берген
波斯	Персия
波洛茨克	Полоцк

C

《草原与定居》	« Степь и оседлость »
《从古代到公元 5 世纪的匈奴史》	« История Хунну с древнейших времён до Ⅴ в. н. э. »
《成吉思汗的遗产》	« Наследие Чингисхана »
《传统的力量和创造的力量》	« Сила традиций и сила творчества »
“除奸部”	“Смерш - Смерть шпионам”
《从地理学家的角度谈语言学问题》	« Вопросы лингвистики с точки зрения географа »
察里格勒	Царьград

D

《大陆——海洋》	« Континент-океан »
《地缘政治的基础》	« Основы геополитики »
底比斯	Фивы
东欧	Восточная Европа

E

《俄国与东方救世论》	« Russland und der Messianismus des Orients »
《俄国大学的学术著作》	« Научные труды Русского университета »
俄国法律系	Русский юридический факультет
《俄国教堂—俄国宗教建筑》	« Русские храмы - русское религиозное зодчество »
农业合作社学院	Русский институт сельскохозяйственной кооперации
俄国人民大学	Русский народный университет
俄国自由大学	Русский свободный университет
《俄国与世界市场》	« Россия и мировой рынок »
俄国的雅典	Русские Афины
《俄国的地理特征》	« Географические особенности России »
《俄国的地缘政治特征》	« Геополитические особенности России »
《俄国与欧洲》	« Россия и Европа »
《俄国的生产力》	« Производительные силы России »
《俄国工业的发展空间》	« Месторазвитие русской промышленности »
《俄国地缘政治的基础》	« Основы геополитики России »
《俄国历史问题》	« Проблемы русской истории »
《俄国历史的欧亚主义概念》	« Евразийская концепция русской истории »
《俄国历史地缘政治简论》	« Геополитические заметки по русской истории »
《俄国历史教程》	« Начертание русской истории »
俄国历史协会	Русское историческое общество
《俄国是特殊的地理	

世界》　« Россия - особый географический мир »

俄国境外历史档案委员会　Совет Русского заграничного исторического архива

《俄国铁路事业的创造性问题》　« Творческие проблемы русского железнодорожного дела (1936 г.)»

俄罗斯—保加利亚出版社　Российско-Болгарское книгоиздательство

《俄罗斯思想》　« Русская мысль »

《俄侨历史学：欧亚主义的诱惑》　« Историческая наука русской эмиграции: евразийский соблазн »

俄罗斯世界　Российский мир

俄语中学　Русская гимназия

叶卡捷琳娜达尔　Екатеринодар

G

高卢　Галлия

高加索　Кавказ

《关于党外性》　« О внепартийности »

《关于俄罗斯的宗教建筑》　« О религиозном зодчестве в России »

《关于国家社会主义党》　« О национал-социалистической партии »

《关于欧亚主义概念中的新俄罗斯文学》　« О новой русской литературе в евразийском понимании »

格底敏后裔　Гедиминовичи

《古米廖夫：命运与思想》

« Лев Гумилёв:судьба и идеи »

《国家的五年计划和经济发展》

« Пятилетний план и хозяйственное развитие страны »

国际欧亚主义运动　Международное евразийское движение

国务会议　Государственный совет

H

哈尔科夫　Харьков

花剌子模　Хорезм

J

盖利博卢　Галлиполь

《简明大英百科全书》　« Concise Encyclopaedia Britannica »

《捷克斯洛伐克工业和贸易述评》

« Обзор чешско-словацкой промышленности и торговли »

《捷克斯洛伐克的工业及它与俄国的联系》

« Чехословацкая промышленность и её связи с Россией »

金帐汗国　Золотая Орда

君士坦丁堡　Константинополь

《近10年来俄国自然生产力研究》

« Изучение естественных производительных сил России за последние десять лет »

《经济学说史》　« История экономических учений »

《经济形而上学和它的经验认识》

« Метафизика хозяйства и опытное его познание »

旧大陆　　Старый Свет

H

赫尔岑学院　　Герценовский институт

K

可萨王国　　Хазарское царство

克里斯蒂安尼亚　　Христиания

克里特文化　　Критская культура

克拉斯诺亚尔斯克　　Красноярск

克罗列韦茨县　　Кролевецкий уезд

库兹巴斯　　Кузбасс

孔达科夫档案学院　　Архивный институт имени Н.П.Кондакова

孔达科夫讲习班　　Семинар имени Н.П.Кондакова

L

《来自俄罗斯地理的过去》

« Из прошлого русской географии »

《论工业的国家因素和私人因素问题：18~20 世纪的俄国》

« К вопросу о государственном и частном начале промышленности:Россия XVIII – XX вв. »

《论欧亚主义经济学说》« К вопросу об экономической доктрине евразийства »

《论游牧学研究的任务》« О задачах кочевниковедения »

《历史的地理轴心》　　« Geographical Pivot of History »

《历史·文化·语言》　　« История·культура·язык »

罗马　　Рим

罗斯托夫 Ростов
《两个世界》 « Два мира »
《6~7 世纪第一个突厥汗国的历史》
« История первого тюркского каганата Ⅵ – Ⅶ веков »

M

《面向东方》 « Исход к Востоку »
《面向东方 · 预感和实现 · 欧亚主义者的观点》
« Исход к Востоку · Предчувствия и свершения · Утверждение евразийцев »
《民主理想与现实》 « Democratic ideals and reality »
《明天》 « Завтра »
美索不达米亚 Месопотамия
摩苏尔 Мосул
蒙古圈 Монголосфера
莫斯科航空学院 Московский авиационный институт

N

《尼布楚条约》 « Нерчинский договор »

O

奥德萨 Одесса
《欧洲和亚洲之间的俄罗斯 : 欧亚主义的诱惑》
« Россия между Европой и Азией : Евразийский соблазн »
欧亚大陆 Евразия
《欧亚大陆》 « Континент Евразия »

《〈欧亚大陆报〉不是欧亚主义的机关刊物》
« Газета ‹Евразия›не есть евразийский орган »
《欧亚大陆的节奏：时代与文明》
« Ритмы Евразии: эпохи и цивилизации »
《欧亚大陆民族中的俄罗斯人》
« Русские среди народов Евразии »
《欧亚大陆：俄国侨民的历史观点》
« Евразия: исторические взгляды русских эмигрантов »
《欧亚大陆之路》 « Пути Евразии »
《“欧亚大陆”还是“神圣罗斯”？》
« “Евразия” или “Святая Русь”? »
《欧亚大陆中的俄罗斯：地缘政治的挑战和文明的应对》
« Россия в Евразии: геополитические вызовы и цивилизационные ответы »
欧亚俄罗斯 Россия-Евразия
《欧亚俄罗斯世界》 « Мир России-Евразии »
《欧亚俄罗斯地理述评》 « Географический обзор России-Евразии »
《欧亚主义》 « Евразийство »
《欧亚主义的两副面孔》 « Два лика евразийства »
《欧亚主义历史构想》 « Евразийство как исторический замысел »
《欧亚主义意识形态》 « Идеология евразийства »
《欧亚主义的地理和地缘政治基础》
« Географические и геополитические основы евразийства »
《欧亚主义的俄罗斯结》 « Русский узел евразийства »
《欧亚主义思想和现代性》 « Евразийская идея и современность »
《欧亚主义学报》 « Евразийский временник »

《欧亚主义新闻》	« Евразийская хроника »
欧亚主义委员会	«Совет евразийства»
《欧亚主义文集》	« Евразийский сборник »
《欧亚主义文学的思想和道路》	« Идеи и пути евразийской литературы »
欧洲	Европа
《欧洲与欧亚大陆》	« Европа и Евразия »
《欧洲与人类》	« Европа и человечество »

P

《破坏自己家乡的人》	« Разрушающие свою родину »

Q

切尔尼戈夫省	Черниговская губерния
《切尔尼戈夫·古乌克兰艺术概要》	« Чернигов.Очерки искусства старой Украины »
《驱逐中的俄罗斯文学》	« Русская литература в изгнании »
全俄“欧亚大陆”社会政治运动	Общероссийское политическое общественное движение “ Евразия”
《全球政治预测》	« Глобальное политическое прогнозирование »

R

《人类地理学》	« Antropogeographie »
日本	Япония

S

《萨维茨基著作中社会政治思想的发展》 « Развитие общественно-политической мысли в трудах П. Н. Савицкого »

《萨维茨基在侨民时期（1920~1938 年）的社会政治和学术活动》 « Общественно-политическая и научная деятельность Петра Николаевича Савицкого в годы эмиграции（1920~1938）»

萨维谢沃庄园 Савищево

《苏联百科词典》 « Советский энциклопедический словарь »

《苏联和东方的贸易（尝试进行经济 – 统计分析）》 « Торговля СССР с Востоком（опыт хозяйственно-статистического анализа）（1937 г.）»

斯摩棱斯克 Смоленск

《世界的统一》 « Единство мироздания »

神圣东正教罗斯 Святая православная Русь

使徒行传 Деяния апостолов

《生物化学概要》 « Очерки биохимии »

世界岛 World Island

T

《特鲁别茨科伊文化哲学中的俄罗斯文化历史自决因素》 « Факторы культурно-исторического самоопределения России в культурософии Н.С.Трубецкого »

《特鲁别茨科伊和欧亚主义》 « Н.С.Трубецкой и евразийство »

《特鲁别茨科伊公爵的历史哲学文章（最后一位欧亚主义者的札记）》	« Историко-философские сочинения князя Н.С.Трубецкого(заметки последнего евразийца) »
托拉斯	Трест
突厥斯坦平原	Туркестанская равнина
特洛伊	Троя
突厥斯坦	Туркестан

W

《维尔纳茨基的社会政治观点和活动》	« Общественно-политические взгляды и деятельность Г.В.Вернадского»
维捷布斯克	Витебск
谓切	вече
《文化的迁移》	« Миграция культуры »
《无价珍宝的毁灭与重建》	« Гибель и воссоздание неоценимых сокровищ »
乌拉尔	Урал
乌拉尔山脉	Уральские горы
外喜马拉雅山和外兴都库什山的印度	Загималайская и Загиндукушская Индия
沃尔斯克拉河	Ворскла

X

西欧	Западная Европа

《西方的没落》 « The Decling of The West »

西西伯利亚平原 Западно-Сибирская равнина

西徐亚—西伯利亚文化 Скифо-сибирские культуры

《寻找自己的道路：欧洲和亚洲之间的俄罗斯》 « В поисках своего пути : Россия между Европой и Азией »

新大学 Новый университет

心脏地带 heartland

《消息报》 « Известия »

小亚细亚 Малая Азия

《匈奴》 « Хунну »

Y

雅典 Афины

亚洲 Азия

亚洲前哨 Передняя Азия

《伊戈尔远征记》 « Слово о полку Игореве »

伊朗 Иран

《要素》 « Элементы »

印度支那 Индокитай

《宇宙的统一》 « Единство мироздания »

叶卡捷琳堡 Екатеринбург

伊尔库茨克 Иркутск

Z

《大西洋主义和欧亚主义之间》	« Между атлантизмом и евразийством »
《在华沙的历史学家国际大会上 1933 年》	« На международном съезде историков в Варшаве.1933 г. »
《在途中：欧亚主义者的观点》	« На путях: утверждение евразийцев »
《在为欧亚主义的斗争中》	« В борьбе за евразийство »
《主人和经济》	« Хозяин и хозяйство »
《自深处》	« Из глубины »
《战胜西方》	« Преодоление запада »
《转向东方》	« Поворот к Востоку »
《政治地理学》	« Politische Geographie »
中国	Китай
中亚	Средняя Азия
《政治学》	« Политология »

参考文献

（一）外文著作

萨维茨基的专著：

1. *Континент Евразия*［M］. M., 1997.
2. *Месторазвитие русской промышленности*［M］. Берлин,1932. Вып.1:Вопросы индустриализации.

萨维茨基的文章：

1. Географический обзор России-Евразии, Газета«Евразия»не есть евразийский орган. //*Мир России-Евразии*［M］. M., 1995.
2. Идеи и пути евразийской литературы, Проблемы русской истории, Русские среди народов Евразии, Основы геополитики России. // *Русский узел евразийства*［M］. M., 1997.

3. Из прошлого русской географии. // *Научные труды Русского университета*［M］. Прага,1931.Т. Ⅳ.
4. К вопросу об экономической доктрине евразийства, О внепартийности［J］. // Евразийская хроника. Париж,1926,1927. Вып.6, 8.
5. На международном съезде историков в Варшаве.1933 г., Сила традиций и сила творчества... Единство мироздания. // *Евразия:исторические взгляды русских эмигрантов*［M］. М.,1992.
6. Производительные силы России, Хозяин и хозяйство, К вопросу о государственном и частном начале промышленности:Россия XⅧ - XX вв.［J］. // Евразийский временник. Берлин, 1923, 1925; Париж, 1927. Кн.3, 4, 5.
7. Пятилетний план и хозяйственное развитие страны //*Политическая история русской эмиграции*［M］. М., 1999.

其他著作：

1. Антощенко А.В. *"Евразия" или "Свягая Русь"?*［M］., Петрозаводск, 2003.
2. Федоровский Н.Г. *В поисках своего пути : Россия между Европой и Азией*［M］. издательство Логос, М., 1997.
3. Блинова С., Филина М. *Дети русской эмиграции*［M］. издательство Терра , М., 1997.
4. Вандалковская М.Г. *Историческая наука русской эмиграции:евразийский соблазн*［M］. М.: изд-во "Памятники исторической мысли", 1997.
5. Вернадский Г.В. *Новый журнал*［M］. Нью-Йорк, 1968. Кн. 92.
6. Гумилёв Л. *Ритмы Евразии*［M］. издательство Экспросс. М., 1993.
7. Данилевский Н. *Россия и Европа*［M］. издательство С-Петербургского

университета, Санкт-Петербург, 1995.

8. Демин В. *Лев Гумилёв* ［M］. М.: Молодая гвардия, 2007.
9. Дугин А. *Основы геополитики* ［M］. издательство Арктогея-центр, М., 1999.
10. Дурновцев В., Кулешов С. *Культурное наследие российской эмиграции 1917-1940* ［M］. М.,1994.
11. Исаев И. *Пути Евразии* ［M］. издательство Русская книга, М.,1992.
12. Карельская Л.П. *Л.Н.Гумилёв* ［M］. Издательский центр «Марта», Москва – Ростов – на – Дону, 2005.
13. Кирабаева Н.С. *Евразийская идея и современность* ［M］. М., 2002.
14. Королев К. *Классика геополитики,* ⅩⅩ *век* ［M］. М., 2003.
15. Ключников С. *Русский узел евразийства* ［M］. издательство Беловедье, М.,1997.
16. Колосов В.А., Мироненко Н.С. *Геополитика и политическая география* ［M］. издательство Аспект Пресс, М., 2002.
17. Лавров С. *Лев Гумилёв: судьба и идеи* ［M］. М., 2000.
18. Леонова Е. *Восток-Запад-Россия* ［M］. издательство Прогресс-традиция, М., 2002.
19. Назаров М. *Миссия русской эмиграции* ［M］. издательство Кавказский край, Ставрополь, 1992.
20. Новикова Л.,Сиземская И. *Россия между Европой и Азией: Евразийский соблазн* ［M］. издательство Наука, М., 1993.
21. Олейник О., Меметов В. *Интеллигенция, эмиграция, отечество: проблема патриотизма в творческом наследии представителей российского зарубежья 20-30-х годов* ⅩⅩ *века* ［M］. Иваново, 1997.
22. Пашуто В.Т. *Русские историки эмигранты в Европе* ［M］. М.:

Наука, 1992.

23. Пащенко В. *Идеология евразийства* ［M］. M., 2000.
24. Попов А. *Русское зарубежье и архивы* ［M］. M., 1998.
25. Раев М. *Россия за рубежом* ［M］. Издательство Прогресс-академия, M., 1994.
26. *Русское зарубежье* ［M］. Золотая книга эмиграции. Энциклопедический биографический словарь. M., 1997.
27. Трубецкой Н. *История·культура·язык* ［M］. издательство Прогресс, M., 1995.
28. Трубецкой Н. *Наследие Чингисхана* ［M］. M., 1999.
29. Фрейнкман-хрусталёва Н., Новиков А. *Эмиграция и эмигранты* ［M］. Санкт-Петербург, 1995.

（二）外文论文

1. Абдулов В.В. Уфимские грани евразийства:（Заметки участника конф. «Евразийство: историко-культурное наследие и перспективы развития»）［J］. // Филос. мысль. Уфа, 2001. № 1. С.118-119.
2. Айзатулин Т. Между молотом Европы и наковальней Азии: Ист. память и самопознание ［J］. // Родина. 1993. № 5/6. С.19-23.
3. Актуальные проблемы теории и практики евразийства: Список лит. за 2002-2003 гг. /Сост. И.П.Смирнова ［J］. // Вестн. Библиотечной Ассамблеи Евразии. 2003. № 3. С.32-34.
4. Алеврас Н.Н. Истоки «евразийства» в ракурсе историософских традиций российской науки XIX - нач. XX веков ［J］. // Евразийство: проблемы осмысления:（По итогам междунар. науч. конф. 14-15

сент. 2000 г.）/Вост. ин-т экономики, гуманит. наук, упр. и права. Центр этнологических исслед. УНЦ РАН. Башк. гос. пед. ун-т; Отв. ред. Р.И.Якупов. Уфа, 2002. С.61-65.

5. Алексеев В.В. Регион - Нация - Культура: грани евразийской парадигмы［J］. // евразийство: проблемы осмысления:（По итогам междунар. науч. конф. 14-15 сент. 2000 г.）/Вост. ин-т экономики, гуманит. наук, упр. и права. Центр этнологических исслед. УНЦ РАН. Башк. гос. пед. ун-т; Отв. ред. Р.И.Якупов.- Уфа, 2002. С.121-131.
6. Алиев И. Евразийство как национальная идея: Россия может быть измерена только тюркским аршином [N]. // НГ-сценарии. 1998. №4（8 апр.）. С.15.
7. Антощенко А.В. Споры о евразийстве. *ОЕвразии и евразийцах. библиографический указатель*［M］. Петрозаводск, 1997. С.16.
8. Арыстанова Б. Евразийство - основа соединения культур［J］. // Библиотека. 2002. № 1. С.88-89.
9. Альдо Феррари К истории Евразийской идеи : взгляд с Запада［J］.// Евразийство: проблемы осмысления. 2002. Уфа. С.40.
10. Борисова В.В. Евразийство и русская классическая литература［J］. //Евразийство: проблемы осмысления:（По итогам междунар. науч. конф. 14-15 сент. 2000 г.）/Вост. ин-т экономики, гуманит. наук, упр. и права. Центр этнологических исслед. УНЦ РАН. Башк. гос. пед. ун-т; Отв. ред. Р.И.Якупов. Уфа, 2002. С.220-227.
11. Василенко И.А. Русская школа геополитики: Власть континента или Россия-Евразия, Срединная земля［J］. // Евразийство: проблемы осмысления:（По итогам междунар. науч. конф. 14-15 сент. 2000 г.）/Вост. ин-т экономики, гуманит. наук, упр. и права. Центр

этнологических исслед. УНЦ РАН. Башк. гос. пед. ун-т; Отв. ред. Р.И.Якупов. Уфа, 2002. С.262-275.

12. Вахитов Р. Евразийский проект: Геополитический выбор тюрок Евразии (анализ потенциальных сценариев) [J] . // Истоки. 2000. № 22. С.4, 8-9.

13. Вахитов Р.Р. Евразийский проект и его враги: (Критика критики евразийства) [J] . // Философский космос России: памяти Н.А.Бердяева (1874-1948) . Материалы науч. конф. Уфа, 1998. С.156-180.

14. Вахитов Р. Путешествие дилетантов, или Как аспиранты Шариповы сокрушали евразийство: (Критика критики евразийства) [J] . // Истоки. 1998. № 9. С.5-10.

15. Вахитов Р. Тюрки Евразии: анализ сценариев геополитического развития [J] . // Бельские просторы. 2001. № 12. С.153-163.

16. Гарипов Т.М. Евро Азийская языковая общность: за и против [J] . // Евразийство: проблемы осмысления: (По итогам междунар. науч. конф. 14-15 сент. 2000 г.) /Вост. ин-т экономики, гуманит. наук, упр. и права. Центр этнологических исслед. УНЦ РАН. Башк. гос. пед. ун-т; Отв. ред. Р.И.Якупов. Уфа, 2002. С.197-203.

17. Герасимов Ю.К. Религиозная позиция евразийства [J] .// Рус. лит. 1995. № 1. С.159-176.

18. Гиренок Ф. Евразийские тропы [J] . // Вестн. высш. шк. 1992. № 7/9. С.34-43.

19. Губман Б.Л. Евразийский синдром // *Россия и Запад: диалог культур: Сб.* науч. тр [M] . Тверь, 1994. С.6-14.

20. Джангужин Р. Центрально-азиатский вектор евразийства //

Евразийская идея и современность: Сб. /Под ред. Н.С.Кирабаева и др. [M] . М., 2002. С.216-227.

21. Джангужин Р.Н. Центрально-азиатский вектор евразийства // Евразийство: проблемы осмысления: (По итогам междунар. науч. конф. 14-15 сент. 2000 г.) [J] .//Вост. ин-т экономики, гуманит. наук, упр. и права. Центр этнологических исслед. УНЦ РАН. Башк. гос. пед. ун-т; Отв. ред. Р.И.Якупов. Уфа, 2002. С.145-156.
22. Дурновцев В.И. П.Н.Савицкий // *Историки России* XVIII – XX *веков* [M] . Вып. 6. М., 1999.
23. Евразийская идея: вчера, сегодня, завтра: Из материалов конф., состоявшейся в Комис. СССР по делам ЮНЕСКО /Москва, 1991/ [J] . // Иностр. лит. 1991. № 12. С.213-228.
24. Евразийство: за и против, вчера и сегодня: (Материалы " круглого стола ") [J] . // Вопр. философии. 1995. № 6. С.3-48.
25. Евразийство и культуры мира: понятия, концепции, термины [J] . // Вестн. Библиотечной Ассамблеи Евразии. 2003. № 3. С.28-32.
26. Евразийство и современность: (По материалам "круглого стола") [J] . // Вестн. высш. шк. 1993. № 5. С.33-42.
27. Евразийство: историко-культурное наследие и перспективы развития: Тезисы докл. междунар. науч. конф. (14-15 сент. 2000 г.) [C]. //Вост. ин-т экономики, гуманит. наук, упр. и права (ВЭГУ). Центр этнологических исслед. УНЦ РАН. Башк. гос. пед. ун-т; Редкол.: Е.К.Миннибаев (отв. ред.) и др. Уфа: Изд-во «Восточный университет», 2000. 200 с.
28. Евразийство: проблемы осмысления: (По итогам междунар. науч. конф. 14-15 сент. 2000 г.) [C]. //Вост. ин-т экономики, гуманит.

наук, упр. и права. Центр этнологических исслед. УНЦ РАН. Башк. гос. пед. ун-т; Отв. ред. Р.И.Якупов. Уфа: Изд-во «Восточный университет», 2002. 324 с.

29. Зотов В.Д. Евразийская идея: политические аспекты в прошлом и настоящем［J］. // Социально-гуманитарные знания. 2000. № 5. С.3-21.

30. Игнатов А. «Евразийство» и поиск новой русской культурной идентичности［J］. // Вопр. философии. 1995. № 6. С.49-64.

31. Исаев И. Геополитические корни авторитарного мышления: Ист. опыт евразийства /в России/［J］. // Дружба народов. 1993. № 11. С.139-149.

32. Исаев И. Евразийство: идеология государственности［J］. // Общественные науки и современность. 1994. № 5. С.42-55.

33. Исаев И. Евразийство: миф или традиция?［J］. // Коммунист. 1991. № 12. С.106-118.

34. Исхаков Д.М. Критика новой евразийской идеологии в современном Татарстане[C]. // Евразийство: проблемы осмысления:（По итогам междунар. науч. конф. 14-15 сент. 2000 г.）/Вост. ин-т экономики, гуманит. наук, упр. и права. Центр этнологических исслед. УНЦ РАН. Башк. гос. пед. ун-т; Отв. ред. Р.И.Якупов. Уфа, 2002. С.24-29.

35. Кабашов С. Долгая дорога к евразийству: /Об евразийском феномене Башкортостана/［J］. // Бельские просторы. 2000. № 10. С.126-135.

36. Каганский В.Л. Кривда и правда евразийства:（Смысл и статус евразийской концепции пространства России）. Ст.1. Евразийство как позиция［J］. // Общественные науки и современность. 2003. № 4. С.63-80.

37. Каграманов Ю. Какое евразийство нам нужно［J］. // Новый мир. 2002. № 3. С.123-138.

38. Киркин М.А. Методологические уроки классического евразийства［J］. // Человек. 2002. № 1. С.68-70.

39. Киркин М. Национальная идея в России: прошлое и современность: /Евразийство как национальная идея/［J］. // Диалог. 2000. № 8. С.23-31.

40. Климанова Т. «Ни Европа, ни Азия - третий мир»: /Об евразийстве/ [N] . // Рос. вести. 1994. 2 апр. С.4.

41. Ключников С. Русский узел евразийства［J］. // Наш современник. 1992. № 3. С.174-180.

42. Кляшторный С.Г. Россия и тюркские народы: евразийская перспектива［J］. // Звезда. 1995. № 9. С.199-207.

43. Кожинов В. Историософия евразийцев［J］. // Наш современник. 1992. № 2. С.140-144.

44. Колеров М.А. Братство св. Софии: «веховцы» и евразийцы（1921-1925 гг.）［J］. // Вопр. философии. 1994. № 10. С.143-166.

45. Конторер Д. Гуманизм и постмодернистское вырождение политики: / Об исламско-тевтонтской идеологии неоевразийства и ее угрозе мировому демократическому сообществу/［J］. // Россия XXI. 2002. № 2. С.4-45.

46. Кузеев Р.Г. Евразия: альтернативы теоретических подходов и перспективы изучения[C]. // Евразийство: проблемы осмысления:（По итогам междунар. науч. конф. 14-15 сент. 2000 г.）/Вост. ин-т экономики, гуманит. наук, упр. и права. Центр этнологических исслед. УНЦ РАН. Башк. гос. пед. ун-т; Отв. ред. Р.И.Якупов. Уфа,

2002. С.87-113.

47. Кузнецов П. Евразийская мистерия［J］. // Новый мир. 1996. № 2. С.163-186.

48. Кузьмин А. Евразийский капкан［J］. // Мол. гвардия. 1994. № 12. С.149-160.

49. Кузьмин А. Россия в оккультной мгле, или Зачем «евразийцы» маскируются под русских патриотов［J］. // Мол. гвардия. 1993. № 2. С.207-222.

50. Люкс Л. Евразийство: /Ст. из Германии/［J］. // Вопр. философии. 1993. № 6. С.105-114.

51. Люкс Л. Евразийство и консервативная революция［J］. // Вопр. философии. 1996. № 3. С.57-69.

52. Люкс Л. Заметки о «революционно-традиционалисткой» культурной модели «евразийцев»［J］. // Вопр. философии. 2003. № 7. С.23-34.

53. Люкс Л. «Третий путь», или Назад в Третий рейх?: /О журн. «Элементы» и его притязаниях на духовное наследие евразийцев/ / Пер. с нем. А.В.Маркина［J］. // Вопр. философии. 2000. № 5. С.33-44.

54. Манихин О.В. Евразийство: Предчувствия и свершения［J］. // Сов. библиогр. 1991. № 1. С.78-81.

55. Милюков П. Евразианизм и европеизм в русской истории:（Публикация /Пер. с англ. В.Хачатурян）［J］. // Европейский альманах: История. Традиции. Культура. М., 1994. С.58-66.

56. Муталипов Ж. Евразийская идея как культурологическая проблема［J］. // Филос. исслед. 2002. № 1. С.81-89.

57. Мяло К., Нарочницкая Н. Восстановление России и евразийский

соблазн ［J］. // Наш современник. 1994. № 11/12. С.211-219.

58. Нарочницкая Н., Мяло К. Еще раз о «евразийском соблазне» // Наш современник. 1995. № 4. С.128-137.

59. Никитин В. Между Западом и Востоком - полдень: /Полемика об евразийстве/［J］. // Истоки. 1998. № 13. С.5.

60. Новиков А. Брак в коммуналке: Заметки о современном евразийстве ［J］. // Звезда. 1998. № 2. С.229-238.

61. Новикова Л.И., Сиземская И.Н. Два лика евразийства: /Об идейн. течении рус. зарубежья 1920-х гг./［J］. // Свобод. мысль. 1992. № 7. С.100-110.

62. О концепции евразийства: /Обсуждение ст. Р.Г.Шарипова и Э.А.Шариповой «Евразийство для Евразии: панацея или дурман?» // Ф.Ф.Шаяхметов, Р.И.Якупов, М.Д.Киекбаев, Т.Г.Миннияхметова, Р.Г.Кузеев ［J］. // Вестн. Акад. наук РБ. 1998. Т.3, № 3. С.65-78.

63. Орлов Б. Евразийство: в чем суть? ［J］. // Общество и экономика. 2001. № 9. С.93-104.

64. Орлов Б. Неизбежность евразийства-неизбежность тупика: / Полемика с В.Чкуасели/ [N] .// Независимая газ. 2001. 12 мая. С.8.

65. Орлова И.Б. *Евразийская цивилизация: Социально-ист. ретроспектива и перспектива* ［M］. М.: Изд-во «НОРМА», 1998. 275 с.: ил. Список лит.: С.269-273.

66. Очирова Т. Геополитическая концепция евразийства ［J］. // Общественные науки и современность. 1994. № 1. С.47-55.

67. Панарин А.С. Между атлантизмом и евразийством ［J］. // Свобод. мысль. 1993. № 11. С.3-15.

68. Панарин А.С. Россия в Евразии: геополитические вызовы и

цивилизационные ответы［J］. // Вопр. философии. 1994. № 12. С.19-31.

69. Панарин А.С. Соблазн западничества и аскеза евразийства: Заметки «консерватора»［J］. // Знание-сила. 1994. № 1. С.64-71.

70. Россия и Запад: /Из истории филос. дискус.: Ст. из газ. «Евразия», Париж, 1929, № 16, № 20 /Публ. и предисл. С.С.Хоружего/［J］. // Вопр. философии. 1992. № 2. С.71-77.- Содерж.: Философия и В.К.П. /А.Кожевников; Философия и В.К.П.: По поводу ст. А.В.Кожевникова /Л.П.Карсавин.

71. Рязановский Н. Возникновение евразийства /Пер. с англ. И.Виньковецкого под ред. Н.Ермаковой［J］. // Звезда. 1995. № 2. С.29-44.

72. Сендеров В.А. Евразийство - миф XXI века?［J］. // Вопр. философии. 2001. № 4. С.47-55.

73. «Славянофилы эпохи футуризма»: (Из истории евразийского движения) // *Политическая история русской эмиграции. 1920-1940 гг.: Документы и материалы: Учеб. пособие*［M］. /Под ред. А.Ф.Киселева. М.,1999. С.236-302.

74. Степанов Н.Ю. Идеологи евразийства. П.Н. Савицкий // *Евразия:Исторические взгляды русских эмигрантов*［M］. М., 1992.

75. Федоров А. Евразийство как русское философско-культурное движение: основные положения и актуальные аспекты［J］.// Бельские просторы. 2000. № 11. С.163-173.

76. Федоров П. Голоса совести: евразийские мотивы в кн. С.Т.Аксакова «Детские годы Багрова-внука» и повести Мустая Карима «Долгое-долгое детство»［J］. // Бельские просторы. 2002. № 1. С.123-135.

77. Феррари А. К истории евразийской идеи: взгляд с Запада[C].// Евразийство: проблемы осмысления: (По итогам междунар. науч. конф. 14-15 сент. 2000 г.) /Вост. ин-т экономики, гуманит. наук, упр. и права. Центр этнологических исслед. УНЦ РАН. Башк. гос. пед. ун-т; Отв. ред. Р.И.Якупов. Уфа, 2002. С.39-51.

78. Хачатурян В. П.Милюков и теория Евразии ［J］ . // Европейский альманах: История. Традиции. Культура. М.,1994. С.56-57.

79. Чкуасели В. Неизбежность евразийства: Большинство народа в России не хочет копировать западную цивилизацию[N] .// Независимая газ. 2001. 15 марта. С.8.

80. Щерба А.А. Государственно-патриотическая идея евразийства: (Ист. филос. анализ) [D]. Автореф. дис. канд. филос. наук. М., 2002. С. 21.

81. Riasanovsky N.V. The emergense of Eurasianism ［J］ .// California Slavic Stadies. 1967. Vol. 4. PP. 39-72.

（三）中文著作

1. 安启念:《俄罗斯向何处去》[M]，中国人民大学出版社，2003。

2. 白晓红:《俄罗斯拉夫主义》[M]，商务印书馆，2006。

3. 尼・别尔嘉耶夫:《俄罗斯思想》[M]，三联书店，1996。

4. 以塞亚・伯林:《俄国思想家》[M]，译林出版社，2001。

5. 曹特金:《俄罗斯学者谈新欧亚主义》[J]，《史学理论研究》1999 年第 4 期。

6. 陈训明:《阿列克谢耶夫及其欧亚主义国家思想》[J]，《东欧中亚研究》2002 年第 1 期。

7. 陈训明:《萨维茨基及其欧亚主义地缘政治思想》[J],《东欧中亚研究》2001 年第 3 期。
8. 陈训明:《俄罗斯的欧亚主义》[J],《东欧中亚研究》2000 年第 3 期。
9. 陈训明:《古米廖夫及其欧亚主义述评》[J],《东欧中亚研究》2002 年第 3 期。
10. 陈训明:《特鲁别茨科伊的欧亚主义思想》[J],《俄罗斯研究》2003 年第 4 期。
11. 陈训明:《维尔纳茨基及其欧亚主义历史观》[J],《俄罗斯中亚东欧研究》2003 年第 5 期。
12. 姜毅:《重振大国雄风——普京的外交战略》[M],世界知识出版社,2004。
13. 德·谢·利哈乔夫:《俄罗斯思考》[M],军事谊文出版社,2002。
14. 李兴耕:《俄罗斯的新欧亚主义思潮与欧亚党》[J],《俄罗斯研究》2003 年第 2 期。
15. 刘涧南:《新欧亚主义研究》[M],黑龙江教育出版社,2008。
16. 罗伊·麦德维杰夫:《普京时代——世纪之交的俄罗斯》[M],世界知识出版社,2001。
17. 普京:《普京文集(2002-2008)》[M],中国社会科学出版社,2008。
18. 奥·斯宾格勒:《西方的没落》[M],商务印书馆,1991。
19. 王明进:《美刊论述俄罗斯的欧亚主义思潮》[J],《国外理论动态》1999 年第 10 期。
20. 张建华:《俄国知识分子思想史导论》[M],商务印书馆,2008。
21. 张建华、唐艳:《近 10 年来我国学术界关于欧亚主义问题研究综述》[J],《俄罗斯中亚东欧研究》2005 年第 6 期,第 77~82 页。
22. 张树华、刘显忠:《当代俄罗斯政治思潮》[M],新华出版社,

2003。
23. 郑羽:《中俄美在中亚：合作与竞争（1991-2007）》[M]，社会科学文献出版社，2007。
24. 郑羽、蒋明君:《普京八年：俄罗斯复兴之路（2000-2008）》[M]，经济管理出版社，2008。

后　记

人一生都会有梦想，但青年时代产生的梦想尤其刻骨铭心。1998 年，我完成了在北师大俄语专业 7 年的学习生活，竞聘来到中国社会科学院研究生院外语教研室担任俄语老师。工作 1 年后，深感所学之不足，需要“更上一层楼”，于是就有了报考博士研究生、获得博士学位的梦想。在选择专业方向时，从教学对象的需求和自幼对历史文化的浓厚兴趣出发，我最终决定报考母校的世界历史专业：攻读俄国史的博士学位。

由于种种原因，2004 年我才着手准备考博。1999 年产生的梦想在 5 年后变成了一点一滴的希望。在各位友人和师长的帮助下（有的帮我整理复习材料，有的为我精心辅导），2005 年我考取了北师大历史系的在职博士研究生。从外语专业转到历史专业，对我来说是很大的挑战，需要补充大量的历史知识，学习史学研究的方法，培养撰写历史类学术论文的能力。因此，即使用 4 年的时间来完成这些工作，也是远远不够的。但是，导师的培养给了我信心和动力，使我能坚持在治学之路上勇往直前。

我要衷心感谢的第一人就是我的导师——张建华先生。从得知我被录取的那一天起（当时离入学还有好几个月），张老师就给我安排了学习任务（如阅读相关书目，到北京大学参加 2005 年暑期全国历史课程培训班等），希望我抓紧时间弥补跨专业的不足。“隔行如隔山”，一切都得从头开始。从选题到论文框架，从最基本的写作方法到研究方法，张老师以超常的耐性谆谆教导、诲人不倦，耗费了无数的心血。他对学生始终保持高标准、严要求，对论文最后定稿和本书的出版寄托很大的期望。

我由衷感谢的另一人是我的母亲——李昌碧女士。2006 年春，当得知我边上学、边工作，还独自照顾幼儿（我先生从 2005 年 12 月开始被派驻国外工作，一直持续 6 年零 4 个多月，2012 年上半年才结束驻外工作回国）累至心脏出问题后，患高血压、冠心病多年的母亲在身体虚弱、需人照顾的父亲催促下，离开家乡，从千里之外来到北京帮我操持家务。在我出国留学期间，母亲以惊人的毅力独自接送孩子入园、上学、学小提琴，督促孩子练琴，照顾孩子起居。为了不耽误我的学习时间，母亲一直隐瞒病情，带病坚持操劳到我论文基本完成，才因病情恶化而住院做手术。

我还要感谢我的儿子——谭琦。儿子刚两岁，就被我送进了幼儿园。为了复习考试，我又把 3 岁多的他送了全托。儿子很听话，也很懂事，节假日也不缠着我陪他，盼我早日完成学业。今年他已在一所有名的重点中学读初中，愿他一生快乐健康，平安顺利！

先生每年回国休假时，总是尽量多照顾家庭和孩子，帮我解除后顾之忧。回国近两年来，虽然工作依旧繁忙，每周总有几天不能与家人共进晚餐，但对我的工作与科研十分支持，对于我需要的资料占用了家里很大的空间也没有怨言。公公婆婆也时常问候，嘘寒问暖。还有师弟、师妹、同事、领导等无数人热心帮助，大力支持，我才走到了今天。他们的名字我不在此一一赘述，而是铭刻在心中。滴水之恩，当涌泉相报。

2009 年我博士毕业，经历了 5 年的艰辛，终于实现了 10 年前的梦想。

这也成为我人生的一个新的起点。人一生没有几个持续梦想的10年和艰苦求学的5年，这将是我生命中最宝贵的一段。

青年时代的梦想成真，有幸进入历史学的殿堂，对我的世界观和人生观产生了巨大影响。任何人物与事件都位于历史的坐标中，不能孤立，而要结合背景分析问题；人如沧海之一粟，功名利禄如过眼云烟；见贤思齐，真情无价；知识永远需要不断充实更新，学无止境。从博士学位论文答辩通过到本书定稿，又过去近5年的时间。1999~2009，2004~2014，一个10年，交织着又一个10年，前一个梦想指引着发展的道路，牵引出后来的梦想。身兼人民教师与史学工作者的职责，不仅要教书育人，还要有科学研究的使命感。要治学严谨，刻苦钻研，及时了解并介绍国外学术界的成果，为当代中国俄罗斯学的研究尽一份力！

在此，对所有关心、帮助过我的人们致以最诚挚的敬意！向社科文献出版社的工作人员表示衷心的谢意，感谢他们的辛勤劳动！

图书在版编目(CIP)数据

萨维茨基的欧亚主义思想研究 / 粟瑞雪著. —北京：社会科学文献出版社，2014. 11
ISBN 978-7-5097-6054-3

Ⅰ. ①萨… Ⅱ. ①粟… Ⅲ. ①地缘政治学-研究-俄罗斯-现代 Ⅳ. ①D751.2

中国版本图书馆CIP数据核字（2014）第106654号

萨维茨基的欧亚主义思想研究

著　　者 / 粟瑞雪

出 版 人 / 谢寿光
项目统筹 / 祝得彬
责任编辑 / 陈　荻

出　　版 / 社会科学文献出版社·全球与地区问题出版中心（010）59367004
地址：北京市北三环中路甲29号院华龙大厦　邮编：100029
网址：www.ssap.com.cn
发　　行 / 市场营销中心（010）59367081　59367090
读者服务中心（010）59367028
印　　装 / 北京鹏润伟业印刷有限公司

规　　格 / 开　本：787mm×1092mm　1/16
印　张：16. 25　字　数：219千字
版　　次 / 2014年11月第1版　2014年11月第1次印刷
书　　号 / ISBN 978-7-5097-6054-3
定　　价 / 68. 00元

本书如有破损、缺页、装订错误，请与本社读者服务中心联系更换

版权所有 翻印必究